论语的智慧

——12个重要概念解读

陆振兴　刘　英　著

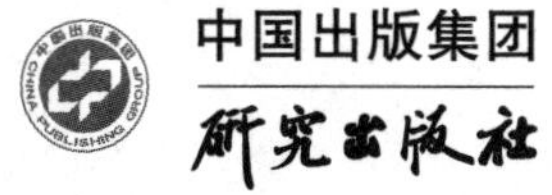

图书在版编目 (CIP) 数据

论语的智慧：12个重要概念解读 / 陆振兴, 刘英著
. -- 北京：研究出版社，2022.9
ISBN 978-7-5199-1295-6

Ⅰ. ①论… Ⅱ. ①陆… ②刘… Ⅲ. ①儒家②《论语》– 研究 Ⅳ. ①B222.25

中国版本图书馆CIP数据核字(2022)第147186号

出 品 人：赵卜慧
出版统筹：张高里　丁　波
责任编辑：范存刚　寇颖丹

论语的智慧
LUNYU DE ZHIHUI
——12个重要概念解读
陆振兴　刘　英　著
研究出版社 出版发行
（100006　北京市东城区灯市口大街100号华腾商务楼）
北京中科印刷有限公司印刷　新华书店经销
2022年9月第1版　2022年9月第1次印刷
开本：710毫米 × 1000毫米　1/16　印张：20
字数：286千字
ISBN 978-7-5199-1295-6　定价：59.80元
电话（010）64217619　64217612（发行部）

目录

（代序）写好中华优秀传统文化的创造性转化和创新性发展这篇大文章……01

第一篇　学

一、《论语》关于学习的论述……001
二、《论语》学习思想的价值及其局限……004
三、我们今天应当如何学习……011

第二篇　友

一、《论语》对交友问题的论述……019
二、《论语》交友思想的价值……021
三、我们今天应当如何交友……022

第三篇　君子

一、《论语》关于君子的论述……027
二、《论语》君子思想的价值及其局限……032
三、我们今天应当如何推进人的建设……037

第四篇 仁

一、《论语》关于仁的论述 …… 047
二、《论语》关于仁的思想观念的价值及其局限 …… 051
三、孔子仁学在中国的历史实践 …… 057
四、进一步做好中国传统仁文化的转化、发展工作 …… 060

第五篇 义

一、《论语》论义 …… 067
二、《论语》论义的价值及其历史影响 …… 070
三、继续做好道义文化的转化、发展工作 …… 071

第六篇 礼

一、《论语》关于礼的论述 …… 076
二、《论语》论礼的思想理论的价值及其局限 …… 080
三、礼制在中国的历史演变 …… 084
四、按照礼的本质要求继续推进现代礼制建设 …… 090

第七篇 乐

一、乐的本质 …… 100
二、乐与国家治理 …… 102
三、乐与人的建设 …… 104
四、乐文化在古代中国的历史实践 …… 106
五、近现代中国音乐文化的变革与人民音乐文化的诞生 …… 108
六、推进实现新时代人民音乐文化大发展大繁荣 …… 109

第八篇　知

一、《论语》论知 …… 113
二、《论语》论知的价值及其局限 …… 117
三、继续做好《论语》论知优秀内容的转化、发展工作 …… 121

第九篇　信

一、《论语》论信 …… 131
二、《论语》论信的理论和实践价值 …… 136
三、继续做好《论语》论信思想理论的转化、发展工作 …… 140

第十篇　忠孝

一、《论语》关于忠的论述 …… 147
二、《论语》关于孝的论述 …… 149
三、《论语》关于忠孝关系的论述 …… 151
四、《论语》忠孝思想的价值及其局限 …… 152
五、忠孝文化在古代中国的历史实践 …… 155
六、继续做好中国传统忠孝文化的清理批判和转化、发展工作 …… 159

第十一篇　政

一、《论语》论政 …… 163
二、《论语》论政的理论贡献及其局限 …… 172

三、孔子政治思想对中国政治和社会的影响…… 176
四、继续做好孔子政治思想的清理扬弃和转化、发展工作…… 184

附录一：《论语》论学…… 192
附录二：《论语》论友…… 198
附录三：《论语》论君子…… 202
附录四：《论语》论仁…… 210
附录五：《论语》论义…… 217
附录六：《论语》论礼…… 219
附录七：《论语》论乐…… 224
附录八：《论语》论知…… 227
附录九：《论语》论信…… 232
附录十：《论语》论忠孝…… 236
附录十一：《论语》论政…… 240
附录十二：中国传统文化发展简明历程…… 252

后　记…… 283

（代序）

写好中华优秀传统文化的创造性转化和创新性发展这篇大文章

2021年7月1日，习近平总书记《在庆祝中国共产党成立100周年大会上的讲话》中指出“坚持把马克思主义基本原理同中国具体实际相结合、同中华优秀传统文化相结合”。[1]2014年9月24日，习近平总书记《在纪念孔子诞辰2565周年国际学术研讨会暨国际儒学联合会第五届会员大会开幕会上的讲话》中，强调对待传统文化，“要坚持古为今用、推陈出新，结合新的实践和时代要求进行正确取舍”，“努力实现传统文化的创造性转化、创新性发展”。[2]贯彻落实习近平总书记重要指示，坚持把马克思主义基本原理与中华优秀传统文化相结合，写好传统文化转化和发展这篇大文章，对于繁荣和发展社会主义文化，建设社会主义现代化强国，实现中华民族伟大复兴，具有十分重大的意义。

一、中国传统文化发展脉络

中国是世界上文明起源最早的国家之一。源远流长、丰富多彩的中国文化，是中华民族的光荣和骄傲，是中国人民对人类文明做出的突出贡献。

文化是人类活动的产物，是人类体力劳动和脑力劳动的结晶，是人类创造的全部物质产品和精神产品的总和，也是人类活动经验和教训的积累。一个国家、一个民族的文化体量和文化内涵，是由其全体国民活动的空间的大小和时间的长短决定的，是由其全体国民对自然界和人类社会的认识、利用和改造的多寡构成的。

中国地域辽阔，人类活动的空间广大；中国历史悠久，人类活动的时间久长。中华民族自古以来就是一个多民族共生共存不断融合交流的民族共同体，中国自古以来就是世界上人口最多的国家。中华大地拥有多样化的地形地貌和气候形态，自然环境复杂，为人类生存发展提供了多方面的便利，也带来了多方面的困难和问题。这些因素，都为中华民族的文化创造准备了世界上其他国家、其他民族难以企及、难以获得的条件，因而也决定了中华民族创造的文化体量和文化内涵同样是世界上其他文明难以比肩的。

从远古时代的中华文明发端起，到1911年清朝统治结束，在漫长的原始社会、奴隶社会和封建社会里，中华民族创造了体量巨大、内容无比丰富的中国古代文化，即中国传统文化。[3]根据中国古代不同历史时期的文化特色，中国传统文化的发展，大体上可以划分为远古、夏商西周、春秋战国、秦汉、魏晋南北朝、隋唐、宋元明清等几个阶段。

远古文化　考古发现表明，早在170万年以前，中华大地就有了人类活动。[4]远古时期，人类的生存环境十分恶劣。洪水肆虐，江河泛滥。海浪咆哮，山崩地裂。烈日当空，赤地千里。各种各样的自然灾害，严重威胁着远古人类的生存发展。在同艰苦险恶的自然环境的抗争中，中华民族的祖先，创造了极为宝贵的远古文化。近代以来，特别是新中国成立以来的考古发现，充分证明了中华大地远古文化的多姿多彩。与当时的历史条件相对应，远古文化的内容，主要表现为远古人类战天斗地的精神，表现为对神灵的膜拜和对英雄的赞美。由于那时还没有文字，只留下像有巢氏建造房屋、神农氏尝百草、燧人氏钻木取火、女娲补天、夸父逐日、后羿射日、精卫填海那样的口口相传的神话故事，只留下像三皇五帝号令天下、选贤任能、禅让帝位那样的历史传说。比如司马迁在《史记》中描述轩辕黄帝“生而神灵，弱而能言，幼而徇齐，长而敦敏，成而聪明”；称颂帝尧“其仁如天，其知如神。就之如日，望之如云。富而不骄，贵而不舒”；[5]讲述“帝尧之时，洪水滔天，浩浩怀山襄陵，下民其忧”； 记载鲧治水无状遭诛后，其子禹“继鲧之业”，“劳身焦思，居外十三年，过家门不敢入”，“以开九州，通九道，陂九泽，度九山”。[6]越来越多的考古发现，为我们展示了远古人类在极其艰苦的条件下缔造中华文明的状况，我们从中也可以寻觅到远古时期中华民族早期文化的踪影。

夏商西周文化 公元前21世纪，夏王朝建立，这是当时世界上最早的国家之一。公元前17世纪，商代夏。公元前11世纪，周代商。从夏朝立国到春秋战国之前，夏商西周文化在1400多年的历史长河里得到了很大的发展。国家的出现，是人类社会的巨大进步，是人类社会从原始无序状态进入文明状态的标志。国家是其疆域内全体国民的命运共同体。国家形成后，在全国范围内，结束了过去氏族社会中部落之间无休止的争斗和战争，全体人民在国家政权的保护下可以相对稳定地生产生活。夏商西周时期的文化，主要表现为两个方面。一是反映劳动人民的生产生活。比如《诗经·七月》描绘周代早期春耕、蚕桑、制衣、狩猎、酿酒、造屋、宴饮活动，反映了劳动人民生活的酸甜苦辣；《诗经·关雎》歌颂青年男女真挚纯洁的爱情；《诗经·采薇》抒写从军将士的爱国情怀、征战之苦和思归心绪；《诗经·硕鼠》揭露了统治阶级的贪婪无耻，反映了人民群众的反抗斗争和对美好生活的渴望。二是反映国家治理。夏商西周文化神化奴隶贵族的统治，鼓吹王权神授，同时也强调明德保民，反对统治阶级骄奢淫逸，对后世文化发展产生了重大而又深远的影响。

春秋战国文化 春秋战国时期是中国社会从奴隶制向封建制过渡的大动荡、大变革时期。随着社会生产力的发展，诸侯国的经济、军事实力日益壮大。周王朝经历了幽王之乱，并于公元前770年将都城从镐京（今陕西西安）东迁到洛邑（今河南洛阳）之后，周王室对全国的控制力日趋减弱，从“礼乐征伐自天子出”，逐步演变为“礼乐征伐自诸侯出”，中国出现了诸侯国之间混战、兼并，这种被孔子称之为“天下无道”[7]的局面。在整个春秋战国时期（东周时期），愈演愈烈的诸侯国争霸和兼并战争，破坏了西周时期那样相对稳定的社会秩序，给人民群众带来了沉重灾难，也给一些关注现实的有识之士带来了苦闷和困惑。在这样的社会背景下，出现了一系列问题：如何建设一个理想的社会，如何重建稳定的社会秩序，如何制止兼并战争，如何保障人民群众安定有序的生产生活，如何看待天子、诸侯、卿大夫权势的分合消长，如何认识人生和社会，如何寻觅人生真谛，如何在争斗不休的社会里安放人的心灵？这些问题激发了人们的关注和思考，激发了人们的探究和辩论，形成了儒、道、阴阳、法、名、墨等一大批思想流派，从而在中国社会出现了一次前所未有的思想文化领域百花齐放、百家争鸣的盛况。

孔子盛赞西周的典章制度，尤其仰慕其礼乐文化，提出了以“君君、臣臣、父父、子子”为核心的政治观念，希望通过“克己复礼”，重建尊君抑臣的等级秩序。他高度重视人的作用，提出了仁、义、礼、智、信等方面的行为准则和忠恕之道。老子看穿了世俗社会的纷扰和人们对名利的争夺，并将其视为社会动荡和人生无聊的根源，强调遵守天道，与民休息，“损有余而补不足”，反对统治阶级对人民的横征暴敛，“损不足以奉有余”[8]，主张无为不争、贵柔守雌、绝圣弃智，洞悉事物有无、人生祸福转化之理，建立人人自足、自得其乐的小国寡民的理想社会。[9]墨子提出兼爱、非攻，倡导非乐、节用，要求尚贤、亲士，强调“官无常贵，民无终贱”，[10]反对贵族世袭政权和儒家的亲亲尊尊，试图通过说教的办法，实现“饥者得食，寒者得衣，劳者得息，乱者得治”[11]的社会建设目标。法家代表人物韩非强调法治的极端重要性，认为“国无常强，无常弱。奉法者强则国强，奉法者弱则国弱”，强调信赏必罚，“法不阿贵”，“刑过不避大臣，赏善不遗匹夫”，[12]要求加强中央集权，强化中央权威。以诸子百家为代表的春秋战国文化，关注国家治理，关注人生和社会，取得了一大批思想理论成果，提出了一系列治国理政和改善人生的办法、措施，对推动当时中国社会变革和未来中国社会的发展，产生了多方面的重大影响，也是对世界文化发展做出的一份重大贡献。春秋战国文化在中国文化发展和世界文化发展的历程中，都是一个金光闪耀的高峰。

秦汉文化　公元前221年，秦始皇一统天下，结束了春秋战国以来500多年的诸侯割据状态，建立了统一的多民族的封建国家。公元前206年，刘汉代嬴秦而立。秦汉时期，在思想文化建设上，发生了两件对中国传统文化的发展产生极为重大影响的大事。一个是秦始皇焚书坑儒，另一个是汉武帝罢黜百家、独尊儒术。对前者，人们普遍认为这是秦始皇排斥言论，实行专制主义统治的措施。而人们对后者及其影响的认识，却是不够的、不到位的，有的还是错误的。两件事情，一是排儒、毁儒，一是尊儒、捧儒，表面上看截然相反，但究其实质，究其动机和目的，却是完全一致、完全相同的。就其对中国社会发展产生的影响来讲，可以说，后者的危害更大，因为焚书坑儒只是一次极端事件，而儒学独霸，却影响了中国2000多年，影响了整个封建社会。

秦始皇焚书坑儒，发生在公元前213年。缘起于“诸生不师今而学古，以非当世，惑乱黔首”。[13]汉武帝独尊儒术，起于“今师异道，人异论，百家殊方，指意不同，是以上亡以持一统”，于是，采纳了董仲舒“诸不在六艺之科、孔子之术者，皆绝其道，勿使并进”[14]的建议。这两件事的发生，在当时有其历史和时代必然性——秦皇汉武为建立和巩固国家的统一，迫切需要统一思想意识。

在汉武帝独尊儒术之后，儒学成了官学，取得了独霸学术的地位，但它同时也失去了与其他学术流派相互争鸣、论辩健康发展的条件，成为单纯的御用文化，成为儒生仕进和博取功名的“禄利之路”，[15]成了维护封建专制统治的工具，严重阻碍了中国学术文化的发展。

在儒学独霸的环境下，汉代文化走上儒家经学畸形发展的道路。两汉经学家虽在解释儒家经典上下了极大功夫，取得了一大批成果，但其学术僵化、思想狭隘。从董仲舒开始，又融入了神化专制统治的迷信说教。到了后来，出现了今文经学与古文经学之争，还出现了宣扬神灵怪异荒诞不经的谶纬之学，汉代的学术发展走上了邪路。如此，中华传统文化在经历春秋战国高峰之后，开始走下坡路。正是由于儒学独霸，中华文化没有在春秋战国文化的基础上打开更加宽广的视野。

魏晋南北朝文化　这一时期，中国传统文化在度过秦汉禁锢、沉闷的状态之后，出现了一些上升景象。自汉末至南北朝，中国社会一直处于长时期、全局性的社会分裂动荡之中。政治风云瞬息万变，百姓朝不保夕。面对冷酷无情的社会现实，中国传统文化进入了一个在社会的危难之中寻找心灵安慰、寄托的特殊时期。以王弼、何晏、阮籍、嵇康、向秀、郭象等为代表的思想家，用老庄思想糅合儒家经义，创立了魏晋玄学，试图通过探讨天道、自然、有、无、名教等重大哲学命题，窥探国家和社会治理之路，摸索人生逻辑。汉代传入中国的佛教，在汉代并没有兴盛起来，但它遇上了魏晋南北朝社会动荡的大环境，一下子在中国生根发芽并枝繁叶茂地生长起来。“南朝四百八十寺，多少楼台烟雨中。”[16]形成于汉朝的道教也获得了生存与发展的条件，并出现了与儒、佛合流的情况。以曹操父子为代表的建安诗人，以陶渊明、谢灵运为代表的东晋南朝诗人，用优美纯洁的诗文，真切形象地描绘惨淡无助的人生，读来令人心头泣血、扼腕叹息。

隋唐文化 隋唐时期，中国重新实现了统一。在经济发达的同时，文化也呈现充满生机活力的繁荣局面。唐太宗君臣谈古论今，研究国家治乱兴衰之道，彰显出高度的政治自信与政治自觉。一部《贞观政要》，为后世留下了极为宝贵的政治文化遗产。唐诗是这一时期最重要、最具代表性的文化成就。在唐朝这个政治、经济空前强大的东方大国，上至皇帝，下至黎民百姓，吟诗言志蔚然成风，中国俨然成了诗的国度。唐人用脍炙人口的诗篇赞美祖国大好河山，描绘多姿多彩的社会生活，吟诵酸甜苦辣叠加的人生。唐王朝重视儒学，但对之不持“独尊”态度。在相对宽松、自由的环境中，出现了傅奕、韩愈、李翱、柳宗元、刘禹锡等一大批著名思想家。佛教在全国各地广泛传播，还出现了宗派，呈现出盛世繁华景象。唐朝皇帝追尊老子李耳为祖先，大力提倡道教。国家鼓励儒释道三教论衡，促进了佛学、道学对儒学的渗透融合。随着中西文化交流的发展，祆教、景教、摩尼教、伊斯兰教等外国宗教文化也传入中国。隋唐时期的文化，是继春秋战国之后，中国传统文化发展出现的又一个高峰。

宋元明清文化 这一时期，中国封建专制统治发展到登峰造极的地步，儒学在中国社会又取得了独尊地位。无论是程朱理学还是陆王心学，都极力宣扬儒学纲常名教，极力维护封建专制统治秩序。当欧洲文艺复兴、思想启蒙运动和资产阶级革命蓬勃兴起，科学、民主、自由、平等先进思想深入人心并引领欧美进入近代资本主义社会的时候，正是明清王朝自大自尊、故步自封，极力用儒学教义束缚人们思想，极力挽救行将就木的封建专制统治的时候。这导致中国文化发展一潭死水、裹足不前，并被世界文明进步的潮流远远地甩在了后面。可喜的是，这一时期的文学，却以不太引人注目的表现形式，取得了惊世骇俗的成就。宋词秉承唐诗的风采，成为与唐诗比肩的文化瑰宝。元曲、明清小说异军突起，揭示封建专制统治的罪恶，颂扬人间公平正义。特别是曹雪芹的《红楼梦》，直面封建统治行将崩溃的社会现实，全面曝光封建伦理道德的虚伪和封建价值观念的荒谬，颂扬人间真善美。明清小说是中国传统文化的又一座高峰，它与先秦诸子百家学说、唐诗宋词一起三足鼎立，支撑起中国传统文化的宏伟大厦。

1840年鸦片战争后，中国逐步沦为半殖民地半封建社会，伴随着救亡图存，特别是中国革命的脚步，中国封建社会走到了尽头，中国传统文化的发展也结束了自己的行程。

二、清理中国传统文化，传承弘扬中华优秀传统文化，是一项伟大而艰巨的任务

时代发展到21世纪，有着5000年文明史的中国，正在伟大的中国共产党领导下，进行建设社会主义现代化强国的伟大事业。今日中国是历史中国的发展，现代中国文化是中国传统文化和中国近代文化的接续发展。为把今日中国建设好，把现代中华文明创造好，我们必须全面、深入、系统地清理中国传统文化，从中汲取促进今日中国前行的精神力量。这是我们肩负的一项重大历史责任，也是一项伟大而艰巨的任务。

（一）实现马克思主义中国化的必由之路

中国共产党是马克思主义政党。一部中国共产党的历史，就是一部马克思主义中国化的历史。坚持马克思主义基本原理与中华优秀传统文化相结合，是实现马克思主义中国化的必由之路。

在新民主主义革命、社会主义革命和社会主义建设时期，我们党坚持把马克思主义基本原理与中国具体实际相结合，同中华优秀传统文化相结合，创立了毛泽东思想。在改革开放和社会主义现代化建设新时期，我们党坚持“两个结合”，形成了中国特色社会主义理论体系。党的十八大以来，在以习近平同志为核心的党中央坚强领导下，中国特色社会主义进入

新时代。我们党坚持“两个结合”，创立了习近平新时代中国特色社会主义思想。习近平新时代中国特色社会主义思想，是当代中国马克思主义、二十一世纪马克思主义。

高度重视研究、传承和弘扬中华优秀传统文化，是我们党的优良传统。早在新民主主义革命时期，毛泽东主席就向全党提出了清理中国传统文化的任务。他指出：“学习我们的历史遗产，用马克思主义的方法给以批判的总结，是我们学习的另一任务。我们这个民族有数千年的历史，有它的特色，有它的许多珍贵品。对于这些，我们还是小学生。今天的中国是历史的中国的一个发展，我们是马克思主义的历史主义者，我们不应当割断历史。从孔夫子到孙中山，我们应当给以总结，承继这一份珍贵的遗产。”[17]“中国的长期封建社会中，创造了灿烂的古代文化。清理古代文化的发展过程，剔除其封建性的糟粕，吸收其民主性的精华，是发展民族新文化提高民族自信心的必要条件。”[18]

在毛泽东主席的倡导下，延安时期，为推动中国革命，指导抗日战争，我们党在学习研究中国历史文化方面做了大量工作。毛泽东主席亲自带头学习研究中国古代史，研究中国古代思想文化。1938年5月，创建延安马列学院，同年9月，更名为中央研究院，全面系统地开展中国政治、中国经济、中国思想文化、中国教育、中国文艺、中国新闻、中国历史的研究，推进了马克思主义与中国实际、中国传统文化的结合。中华人民共和国成立后，党中央始终把学习研究中国传统文化作为发展新文化、建设新中国的一项重大工程，有力地保障和促进了社会主义革命和社会主义建设，保障和促进了改革开放和社会主义现代化建设。

党的十八大以后，中国特色社会主义进入了新时代。党中央和习近平总书记高度重视文化建设，强调文化自信，大力推进马克思主义与新时代中国特色社会主义建设实际、与中华优秀传统文化相结合。

（二）实现中国特色社会主义文化大发展大繁荣的内在要求

实现中国特色社会主义文化大发展大繁荣，主要有五个方面的力量源泉。其一是马克思主义。中国特色社会主义文化，其性质与新民主主义文化、社会主义革命文化和社会主义建设文化、共产主义文化一样，都属于马克思主义的文化范畴，都坚持人民至上的价值取向，文化建设的目的都是服务于建设社会主义社会，最终实现共产主义。推进中国特色社会主义文化建设，必须毫不动摇始终坚持以马克思主义为指导，这是一个最基本的原则。其二是中国特色社会主义建设的伟大实践。中国特色社会主义文化，生长于中国共产党领导人民进行的中国特色社会主义建设的实践之中，又保障和促进中国特色社会主义建设。其三是新民主主义革命文化、社会主义革命和社会主义建设文化。中国特色社会主义文化，是在接续中国革命和社会主义建设时期的文化的基础上发展起来的，是在新的历史条件下续写革命文化和社会主义建设文化的新的光辉篇章。其四是中华优秀传统文化。其五是外国先进文化。这五个方面的力量，一个都不能少。列宁说过，“只有了解人类创造的一切财富以丰富自己的头脑，才能成为共产主义者”。[19]同样，只有调动一切积极的进步的力量，才能实现中国特色社会主义文化大发展大繁荣。

中国近现代文化是在批判地继承中国传统文化、传承弘扬中华优秀传统文化的基础上发展起来的。“中华优秀传统文化是中华民族的突出优势，是我们在世界文化激荡中站稳脚跟的根基”。[20]我们必须高度重视、百倍珍惜中华优秀传统文化，充分挖掘利用好这座文化宝藏，结合新的时代条件和时代要求，推进中华优秀传统文化的创造性转化和创新性发展，实现中国特色社会主义文化大发展大繁荣。

（三）提高国民文明素质，建设社会主义现代化强国的客观要求

人的建设是社会建设的根本。社会主义是迄今为止人类历史上最美好的社会形态。没有具备社会主义思想文化素质的社会主义建设者，是不可能建成社会主义现代化强国的。

中国古代尽管创造了光辉灿烂的古代文明，也创造了极为珍贵的优秀传统文化，但是，由于政权掌握在奴隶主贵族和封建统治者手里，文化只是掌握在少数有钱、有权势的人手里，广大人民群众没有文化，国民文化素质低，这是造成中国社会发展长期停滞的根本原因。中国共产党是用世界上最先进的思想理论武装起来的马克思主义政党。我们党高度重视文化教育。从中国共产党成立起，就高度重视用先进的优秀的思想文化和科学文化教育人民，提高军队文化素质，提高全民族文化素质。早在井冈山斗争和中央苏区时期，毛泽东同志就在中国工农红军中成立了红军教导队，提高红军干部、战士的文化和军事素质。后来，红军教导队发展成中国工农红军大学。抗日战争时期，工农红军大学又改名为中国人民抗日军政大学。在此基础上，到解放战争时期，又发展为中国人民解放军国防大学。延安时期，在极其艰苦的情况下，延安创办了中共中央党校、中国人民抗日军政大学、延安大学、鲁迅艺术学院等近三十所高等学校，培养了大批干部人才，为夺取抗日战争胜利和建立新中国奠定了坚实的文化教育基础。中华人民共和国成立后，我们党大力发展教育文化事业，在工人、农民中广泛开展文化扫盲运动。我们党用100年的时间，新中国用70年的时间，建立了西方国家用300多年的时间才建成的近现代国民教育体系，彻底改变了旧中国极少数人掌握文化的社会现状，全民文明素质实现了跨越式的提高，有力地保障了新中国经济社会发展。

在我们党和新中国教育文化事业发展历程中，清理中国传统文化，传承和发展中华优秀传统文化，对中国人民文化素质的提高发挥了极为重要

的作用。在建设社会主义现代化强国的新征程中，我们更需要在马克思主义指导下，进一步做好中国传统文化的清理工作和中华优秀传统文化的传承工作，用全民文化素质的进步和提高，保障和促进社会主义现代化建设的伟大事业。

（四）提高中国国际地位、国际影响力的必然选择

在世界古代文明史上，中国是一个影响巨大的文明大国。春秋战国时期的文化，特别是诸子百家学说，是中华民族对世界文明做出的突出贡献，是一笔巨大财富，至今仍闪耀着真理和智慧的光辉。隋唐时期，中国以其引领世界的文明成就令全世界景仰。宋元至明清，由于中国封建王朝实行极端专制主义统治，极大地阻碍了中国社会的发展进步。随着欧美近现代文明的兴起，中国被世界文明进步的潮流远远地甩在了后面。鸦片战争之后，中国逐步沦为半殖民地半封建社会，中华民族备受歧视、欺压和凌辱。苦难之中，中国人民经过100多年的斗争。特别是1921年中国共产党成立后，在中国共产党领导下，中国人民夺取了民主革命的伟大胜利，建立了人民当家作主的新中国。在1949年9月21日中国人民政治协商会议的开幕式上，毛泽东主席指出，“我们的民族将再也不是一个被人侮辱的民族了，我们已经站起来了”。毛泽东主席满怀信心和激情地强调，随着新中国经济建设高潮的到来，“不可避免地将要出现一个文化建设的高潮。中国人被人认为不文明的时代已经过去了，我们将以一个具有高度文化的民族出现于世界”。[21]

新中国成立后，经过70多年的努力奋斗，毛泽东主席的预言变成了现实。新中国大力弘扬中华优秀传统文化，大力弘扬革命文化，大力发展社会主义文化，用举世瞩目的社会主义经济和文化建设成就，重新赢得了世界人民的尊重。

党的十八大以来，在以习近平同志为核心的党中央坚强领导下，中国

特色社会主义建设取得了历史性成就，发生了历史性变革。我们坚信，随着马克思主义中国化进一步推进，随着中华优秀传统文化传承发展工程的全面实施，中华民族将迎来新的经济建设和文化建设高潮，中华文明对推动世界文明进步将发挥更大的作用和影响，中国的国际地位和国际影响力将进一步提高。

三、清理中国传统文化应当注重把握的原则

中国传统文化积淀深厚，体量巨大，内涵丰富，良莠混杂。其优秀部分，是中华民族勤劳和智慧的结晶，是我们的前人留给我们的极其宝贵的精神财富。其糟粕部分，是中国奴隶社会和封建社会的反动统治制造的，也是前人认识能力受限和认识事物的理念、方法错误造成的，是我们前行的巨大障碍和沉重负担。清理中国传统文化，必须坚持以马克思主义为指导，坚持人民至上，坚持正确的目标导向，实事求是地对待我们的文化遗产，既要剔除中国旧时代留下的文化垃圾，甩掉文化包袱，也要传承和弘扬优秀传统文化，汲取我们前行的精神力量，更好服务和促进社会主义现代化强国建设。

（一）坚持马克思主义的指导

马克思主义是人类历史上最先进最科学的思想理论。清理中国传统文化，传承弘扬中华优秀传统文化，推动中华优秀传统文化的创造性转化和创新性发展，必须坚持以马克思主义为指导，用马克思主义哲学、政治经济学和科学社会主义的基本原理，用马克思主义关于社会发展的思想理论，用人民至上的学说，用辩证唯物主义和历史唯物主义，指导我们做好清理甄别、传承弘扬、转化发展的各项工作。

（二）坚持实事求是

实事求是，是一种美德，也是一种社会公德。清理中国传统文化，必须坚持实事求是的原则，客观公正地对待一切传统文化遗产。在研究和清理过程中，决不能先入为主，决不可掺入个人偏见，决不能把腐朽落后的思想文化视为珍宝，也决不可对优秀的思想文化熟视无睹。

（三）坚持人民至上

人民至上，是社会主义的核心价值原则之一。人民是历史的创造者，是推动人类文明进步的决定性力量。清理中国古代文化，必须坚持人民至上的原则，把人民至上的文化哲学和价值伦理，作为甄别和评判古代思想文化的标准。一切代表人民的利益、符合人民的利益、尊重人民的地位、关心人民疾苦的思想文化，都是先进的、优秀的文化遗产；一切反对、漠视、剥夺人民利益的思想文化，仇视、敌视、愚弄人民的思想观念，都是反动的、落后的文化遗产。在天子至上的古代社会，神化专制统治、竭力维护专制统治的主流思想文化，就属于后一类，属于必须清除和批判的文化糟粕。

（四）坚持服务于社会主义建设

清理中国传统文化，就是要用中国传统文化的智慧、有益的思想观念和我们前人的经验教训，作为借鉴参考，作为精神养料，以服务和促进中国特色社会主义现代化建设。清理中国传统文化的目的，绝不是要在21世纪复活孔孟，复活李杜苏辛，复活儒法墨道，复活两汉经学、魏晋玄学、程朱理学和陆王心学，这一点必须明确下来，否则，我们的清理工作就会走上邪路。

（五）坚持服务于人的建设

建设一个美好世界，使人类拥有一个美好的未来，是人类的共同目标。到本世纪中叶，把我国建设成为富强民主文明和谐美丽的社会主义现代化强国，是全党和全国各族人民正在进行的前无古人的伟大事业。建成社会主义现代化强国，需要我们做好多方面的工作，需要我们搞好经济建设、政治建设和文化建设、生态文明建设和社会建设，同时也需要我们搞好人的自身建设。人的建设是其他一切建设的根本和保障。没有高度文明的人，就不会有高度文明的社会。清理中国传统文化，必须瞄定建设有社会主义觉悟、有文化的社会主义新人这个目标和方向，用中华优秀传统文化强调的爱国情怀和进取精神，强化我们建设社会主义现代化强国、实现中华民族伟大复兴的使命担当；用前人的智慧和力量提高我们认识世界和改造世界的能力；用前圣先贤的高尚的人格魅力，强化我们建设社会主义思想理念和道德情操；用先哲们的质朴、宁静和通达，抚慰现代社会人们心灵的纷乱、焦虑。

四、写好中华优秀传统文化转化、发展这篇大文章

清理中国传统文化，传承和弘扬中华优秀传统文化，使命光荣，责任重大。我们要深入贯彻落实习近平总书记强调的“推动中华优秀传统文化创造性转化、创新性发展”的指示要求，写好中华优秀传统文化的转化和发展这篇大文章。

（一）深挖中华优秀传统文化蕴含的“理”，通过转化、发展，丰富中国特色社会主义理论体系

中国几千年的奴隶制和封建制社会，制造了很多欺骗人民、愚弄人

民、压迫人民、剥削人民的思想理论。在中国传统文化中，这样的歪理邪说和荒唐无耻的论调比比皆是、司空见惯。同时，人民群众在追求美好人生的奋斗中，在反抗剥削和压迫的斗争中，在对人生和社会问题的思考中，在他们医治社会弊病、改善社会状况的努力中，也提出了很多有价值的思想理论。这些思想观念，是中国传统文化的精华，是中华优秀传统文化的重要组成部分。对中华优秀传统文化中蕴含的“理”进行深入挖掘，通过转化、发展，可以为建设中国特色社会主义，提供宝贵的理论材料和精神给养，提高我们认识世界的能力和水平，促进社会主义和共产主义思想理论建设。

挖掘中华优秀传统文化的蕴含的“理”，通过转化、发展，服务于中国革命、建设、改革的理论创造，是中国共产党的优良传统。在中国革命、建设和改革的整个过程中，我们党持之以恒地开展这方面的工作，取得了突出的成就。

毛泽东同志是致力于中华优秀传统文化转化、发展工作的光辉典范。在他的诗文中，常常用中华优秀传统文化，作为他阐述新思想新观念的原料。在《为人民服务》一文中，他引用中国古代杰出的历史学家和文学家司马迁关于生命价值的观点，来阐述中国共产党人的生命价值观，阐明中国共产党和人民军队全心全意为人民服务的根本宗旨。他说：“我们的共产党和共产党领导的八路军、新四军，是革命的队伍。我们这个队伍完全是为着解放人民的，是彻底的为人民的利益工作的。”“人总是要死的，但死的意义有不同。中国古时候有个文学家叫做司马迁的说过：‘人固有一死，或重于泰山，或轻于鸿毛。’[22]为人民利益而死，就比泰山还重；替法西斯卖力，替剥削人民和压迫人民的人去死，就比鸿毛还轻。”在《愚公移山》一文中，他用愚公移山感动上帝的故事，阐述中国共产党从事的伟大事业和如何才能赢得人民的支持。他说：“古代有一位老人，住在华北，名叫北山愚公。他的家门南面有两座大山挡住他家的出路，一座叫做太行山，一座叫做王屋山。愚公下决心率领他的儿子们要用锄头挖去这两座大山。”挖山的任务是艰巨的。但不管别人如何怀疑，如何嘲笑，都不能改变他的坚定决心和坚强意志，愚公和他的儿子、邻人们“毫不动摇，每天挖山不止。这件事感动了上帝，他就派了两个神仙下凡，把两座山背走了”。[23]讲述了这个故事，毛主席就说，“现在也有两座压在中国人民头上的大山，一座叫做帝国主义，一座叫做封建主义。中国共产党早就下了决心，要挖掉这两座山。我们一定要坚持下去，一定要不断地工作，我们也会感动上帝的。这个上帝不是别人，就是中国的人民大众。全国人民一起起来和我们一道挖这两座山，有什么挖不平呢？”[24]

党的十八大以来，中国特色社会主义进入新时代。习近平总书记高度重视并大力推动中华优秀传统文化的转化、发展工作。习近平总书记亲力亲为，率先垂范，在他的重要讲话和重要文章中，常常引用古人格言名句，阐发繁荣社会主义文化、建设社会主义现代化强国和实现中华民族伟大复兴的新思想新理论。2018年5月18日，他在全国生态环境保护大会上的讲话中，征引庄子“天地与我并生，而万物与我为一”[25]、李白“天不言而四时行，地不语而百物生”[26]、荀子“万物各得其和以生，各得其养以成”[27]等人与自然关系的认识，阐发新时代中国特色社会主义生态文明思想，强调人与自然是生命共同体，要坚持人与自然和谐共生，“像保护眼睛一样保护生态环境，像对待生命一样对待生态环境”。[28]2021年12月14日，他在中国文联第十一次全国代表大会、中国作协第十次全国代表大会开幕式上的讲话中，引用唐朝文以贯道的思想观念，阐述文化、文艺对于国家和民族的意义，阐述文艺工作者的时代使命。他指出：“文化是民族的精神血脉，文艺是时代的号角。”他强调：“广大文艺工作者要深刻把握民族复兴的时代主题，把人生追求、艺术生命同国家前途、民族命运、人民愿望紧密结合起来，以文弘业、以文培元，以文立心、以文铸魂，把文艺创造写到民族复兴的历史上，写在人民奋斗的征程中。”

中国共产党是伟大的党，是人类文明进步的引领者，也是珍爱中华优秀传统文化，并致力于将其转化、发展的引领者。我们的领袖为我们树立了榜样，我们当不负时代，不负重托，担起责任，扛起使命，推陈出新，勠力前行。

（二）深挖中华优秀传统文化蕴含的“知”，通过转化、发展，改进我们做好社会主义现代化建设各项工作的理念方法

这里讨论的理念、思路和方法，是主观作用于客观的东西，属于“知”的范畴。中华优秀传统文化，蕴含着极其丰富的智慧，蕴含着取之不尽、用之不竭的“知”，它是中华民族缔造中华文明实践经验的总结，是前人留给我们的极其宝贵的财富。深挖中华优秀传统文化蕴含的“知”，通过转化、发展，可以为我们今天从事的社会主义现代化建设事业提供解决问题的理念思路和方式方法。比如，经济建设方面，我们强调共同富裕，反对两极分化，这种协调发展的理念，也得益于孔夫子社会认知的启迪。他说：“丘也闻有国有家者，不患寡而患不均，不患贫而患不安。”[29]比如军事问题，《孙子兵法》开篇即言：“兵者，国之大事也，死生之地，存亡之道，不可不察也。”[30]孙子此言，乃客观真理。我们进行社会主义现代化建设，必须高度重视军事问题。我们坚决捍卫和平，但也要做好战争准备。一旦遇到战争，就要争取胜利，这是关乎现代化建设和中华民族前途命运的大事。而要赢得战争，就要研究与战争相关的理念方法问题，研究战略战术问题。以《孙子兵法》为代表的中国古代军事文化蕴含的军事理念、方法和谋略，同样能够服务于我们今天做好军事斗争准备。再比如写文章，中国有重视著书立说的传统，把立言与立德、立功一起，视为人生三不朽的大事。[31]曹丕提出：“盖文章，经国之大业，不朽之盛事。”[32]但是，要写出一手好文章，却不是一件容易的事。写文章

要掌握写文章的方法。曹丕的《典论·论文》、陆机的《文赋》和刘勰的《文心雕龙》等经典文论，为我们留下了写诗作文的锦囊妙计。有一次，毛泽东主席在审定《中共中央关于纠正电报、报告、指示、决定等文字缺点的指示》时加写了几段文字，其中一段是："一切较长的文电，均应开门见山，首先提出要点，即于开端处，先用极简要文句说明全文的目的或结论（现在新闻学上称为'导语'，亦即中国古人所谓'立片言以居要，乃一篇之警策'）唤起阅者注意，使阅者脑子里先得一个总概念，不得不继续看下去。"[33]毛泽东主席在这里谈的写文章的方法，就是陆机在其《文赋》中提出来的。毛泽东主席是诗文大家，对陆机之言心领神会。他的《中国社会各阶级的分析》，以"谁是我们的敌人？谁是我们的朋友？这个问题是革命的首要问题"开篇，即是"立片言而居要，乃一篇之警策"的典型运用。[34]

明末，冯梦龙编了一部《智囊》，分上智、明智、察智、胆智、术智、捷智、语智、兵智、闺智、杂智十部，凡二十八卷，辑录了上起先秦下迄明代的智术计谋之事，大到治国理政，小至日常生活，覆盖面广，无所不包。冯梦龙编纂《智囊》的目的，在于探讨总结历史的经验教训，他说："人有智犹地有水，地无水为焦土，人无智为行尸。智用于人，犹水行于地，地势坳则水满之，人事坳则智满之。周览古今成败得失之林，蔑不由此。"[35]我们今天清理中国传统文化，挖掘中华优秀传统文化蕴含的"知"，冯梦龙的做法值得我们借鉴。

（三）深挖中华优秀传统文化蕴含的"德"，通过转化、发展，促进新时代社会道德建设

高度重视道德建设，是中华民族的优良传统，是中华文化的突出特点。先秦诸子百家学说、两汉经学、魏晋玄学、宋明理学，皆以谈道论德为旨要，探讨天道人情物理，阐释人生与社会的道德规范。以《春秋》

《左传》《史记》《资治通鉴》为代表的古代史学，亦皆以劝诫为宗旨，总结历史经验教训，记社会治乱兴衰之事，述人生进退善恶之道。以唐诗宋词、明清小说为代表的古代文学，描述世态炎凉，播撒人性光辉，同样是以传道明德为旨归。文以载道，文以弘德。深挖中华优秀传统文化蕴含的道德伦理，通过转化、发展，促进当代中国道德建设，传承文明薪火，建功伟大时代，我们责无旁贷，义不容辞。

要深挖中华优秀传统文化蕴含的社会公德。天地运行，皆有其道；万事万物，皆有其理。循道而行，依理而为，利人利物，即是德。明白社会公理，按照社会公理做人做事，按照社会公理治国治家治身，即是遵守社会公德的表现。只要大多数人恪守社会公德，我们生活的社会就越来越美好。这里重点讨论以下几个方面的社会公德。

爱国　国家是全体国民的命运共同体。爱国是公民的责任和义务，是最基本的社会公德。每一位公民享受着国家提供的生存和发展的保障，都必须无条件地爱国，并为国家发展贡献力量。事实上，一个国家的发展进步，最根本的推动力量就是爱国，就是公民对国家发展作出的奉献。

值得我们骄傲自豪的是，爱国作为中华民族的优良传统，几千年来，一直推动着中国的发展，维系着中华民族的生存。这也是中华文明几千年不曾中断的根本原因之一。当一个王朝处于上升时期、充满活力的时候，帝王忧国爱民，官员担当尽责，百姓爱国奉献。爱国主义汇聚成国家发展、蓬勃向上的力量。当国家处于危难之际，总有一批像岳飞、文天祥、于谦那样的英雄挺身而出，总有一批像王安石、张居正那样的中流砥柱挽大厦之将倾。当前，我们处于实现中华民族伟大复兴的伟大时代，全体人民都应当高扬中华民族爱国奉献的伟大旗帜，把我们的力量汇成建设社会主义现代化强国的滚滚洪流。

平等待人　人人生而平等。平等待人是社会公理，是社会公德。但在中国古代社会，在中国传统文化中，平等待人没有被视为社会公德。推崇等级观念，强调上下尊卑，是历代反动统治者维护其统治的法宝，更是中国封建社会长期停滞的根本原因。在这个社会公德缺位的情况下，帝王被神化为天子，官员高高在上，黎民百姓被视为草野愚民。但是，令人欣慰的是，在几千年是非颠倒的社会里，一些有识之士不同程度地提出了平等待人这个公德。孟子就是一个主张君臣之间相互尊重、有平等待人观念的思想家。他曾经对齐宣王说："君之视臣如手足，则臣视君如腹心；君之视臣如犬马，则臣视君如国人；君之视臣如土芥，则臣视君如寇仇。"[36]明末清初进步思想家黄宗羲认为，臣对君的关系，不是奴仆而是师友。"我之出尔仕也，为天下，非为君也；为万民，非为一姓也。""出而仕于君也，不以天下为事，则君之仆妾也；以天下为事，则君之师友也。"[37]孟子、黄宗羲的平等意识，是中国传统文化中极为罕见的思想瑰宝。

清正廉洁　秦始皇统一天下之后，废除了周王朝的分封制度，废除了诸侯、卿大夫的世袭制度，在全国推行郡县制，委派官员分赴各郡县，将治理国家的公共职位向全社会开放。还天下一个"公"字，这是秦始皇的伟大历史贡献。公共职位，为天下人共有，这是一个公理。官员履职尽责，自当廉政奉公，这是社会公德。强调清正廉洁、秉公执法、秉公行政、秉公用权，反对徇私枉法，并旌表包拯、海瑞那样的模范官员，是中国传统文化的一个突出特点。当然，在私有制社会，要求官员恪尽职守、勤政为民，并不是一件容易的事情。但清正廉洁作为一项官德，一项重要的社会公德，起着维系世道人心的重要作用。

个人美德　在中国古代社会，出现过一些开明君主，出现过不少杰出人物和进步思想家，更有勤劳智慧善良的人民，他们的个人美德，也是留给我们的极其珍贵的精神财富。比如汉文帝爱惜民力，唐太宗善于纳谏，陶渊明、李白追求自由，范仲淹先天下之忧而忧，后天下之乐而乐，等等，都需要我们认识总结，并将之转化为建设社会主义现代化强国的精神动力。

（四）深挖中华优秀传统文化蕴含的“情”，通过转化、发展，增强当代中国文化魅力，丰富和美化人们的精神世界

文化是感情的载体，诗文是表达和传播感情的工具。在漫长的中国古代社会，长期的奴隶制和封建专制统治造成了人们内心的扭曲和精神的贫乏，造成了人们的势利、功利心理。对外在的官职和财富的追逐，成了多数人的人生目标和价值取向，极大地影响了人们的精神世界，影响了人们正常的沟通交流。人与人之间，缺乏真情，缺乏相互尊重，人际交往体现的不是彼此平等，不是做人的尊严，而是相互利用，看重的是对方能够给自己带来什么方便、什么好处。如此，造成了一个畸形的“人情社会”。很多时候，这个“人情”是通过行贿、受贿、拉关系实现的，体现的并不是真善美，而是假恶丑。这种畸形的人情社会，当发展到极端的时候，就是社会的腐败和堕落，就是人们对社会的仇恨。

在中国古代社会中，人不尊重人，人歧视仇视人，人蔑视轻视人，它扫荡了维系社会健康发展本应有的人人平等关系和建立在其之上的真诚友爱，扫荡了人的高贵和尊严，使人世间充斥着无穷无尽的仇怨，也给中国传统文化印上了极为鲜明的反抗和斗争色彩。比如夏桀统治的时候，荒淫无道，人民群众不堪忍受，发出了“时日曷丧，予及汝皆亡”的呐喊。[38]秦始皇穷奢极欲，大兴土木，无休止地征发徭役力役，“丁男被甲，丁女转输，苦不聊生，自经于道树，死者相望”[39]造成了“人与之为怨，家与之为仇”[40]的局面，激起了人民群众的愤怒和反抗。

从总体上看，中国古代社会是黑暗的，是冷酷无情的，但也不总是漆黑一团，也有相对安宁温暖的时候，毕竟封建皇帝有优有劣。遇上勤政爱民、惜民的开明君主，自然会受到百姓的爱戴，国家也就有了向上进步的力量，社会就会随之出现繁荣昌盛的局面。

人民群众是渴望光明的，是期待美好生活的，即便再恶劣的环境，也阻止不住他们对生活的热爱，阻止不住他们之间的真诚交往和真挚交流。

在中国传统文化中，留下了许多蕴含爱与真情的文字作品，它们是中华优秀传统文化的重要组成部分。对之进行深入挖掘，通过提炼、转化和发展，可以为我们今天的文化建设，增添温暖人心、凝聚人心的力量。这里看几个例子。

《诗经》《诗经》是中华优秀传统文化宝库中的一颗明珠。《诗经》讲述的爱情、亲情、友情，纯洁无瑕，纤尘不染，彰显着人性的高贵与尊严。孔子说："《诗》三百，一言以蔽之，曰'思无邪'。"[41]捧来诵读，如沐春风，可荡涤俗世，感化人心。

三曹诗 曹氏父子的诗文，以情取胜，情深意浓。他们抒豪情壮志，叹人生多艰，既有对人民苦难的怜悯，也有对社会安宁的期盼。乱世之中的曹操，怀抱救世安民的雄心壮志，将美好图景展现在人们面前："对酒歌，太平时，吏不呼门。王者贤且明，宰相股肱皆忠良。咸礼让，民无所争讼。三年耕有九年储，仓谷满盈。斑白不负戴。雨泽如此，百谷用成。却走马，以粪其土田。爵公侯伯子男，咸爱其民，以黜陟幽明。子养有若父与兄。犯礼法，轻重随其刑。路无拾遗之私。囹圄空虚，冬节不断。人耄耋，皆得以寿终。恩泽广及草木昆虫。"[42]读了曹操这首诗，我们对诗人的爱国情怀肃然起敬。在坚持人民至上的当代中国，我们更应当满怀豪情，付出真情，把社会主义现代化国家建设好。

唐诗宋词 以李杜苏辛为代表的唐宋诗人心怀天下苍生，痛快淋漓地挥洒对祖国、对自然、对生活、对自由的热爱。杜甫听到唐王朝的军队收复失地的消息，欣喜若狂，喜极而泣，吟出千古不朽的诗篇："剑外忽传收蓟北，初闻涕泪满衣裳。却看妻子愁何在，漫卷诗书喜欲狂。白日放歌须纵酒，青春作伴好还乡。即从巴峡穿巫峡，便下襄阳向洛阳。"[43]杜甫的赤子之心，催人泪下，感人肺腑。我们无论何时何地吟诵此诗，都会有一股暖流涌上心头。

人无情不可立于世，文无情不能传之久。每一篇经典诗文，都是饱蘸深情厚爱写就的。我们要深挖中华优秀传统文化蕴藏的情感资源，奉献真情奉献爱，建功中国特色社会主义新时代。

（五）深挖中华文化蕴含的“美”，通过转化、发展，美化人们心灵，促进国家建设

美是客观存在，也是人生状态。一个人追求美，可以成就美好人生；一个民族、一个国家追求美，可以创造美好社会；全人类追求美，可以缔造美好世界。

中国几千年残酷的剥削制度，带来了罄竹难书的社会罪恶，也给中国传统文化留下了许多假恶丑的东西。中国传统文化“丑”的一面，集中体现在神化帝王统治、奉行权力崇拜及轻视敌视人民大众等方面，清理这些丑的东西，是建设社会主义先进文化的重要任务。

事物都有另一面。中华优秀传统文化与旧中国的反动文化，相比较而存在，相斗争而发展。锦绣中华，大好河山，为中华文化赋予了天然的美。人民大众对美的追求，铸就了中华文化壮美、秀美、华美的风骨神韵。中华文化的美给中国社会带来精神慰藉，是中华民族和中华文明前行中极其宝贵的精神力量。深挖中华优秀传统文化蕴含的美，既是对前人的尊重，也是我们建设社会主义现代化国家的现实需要。

中华优秀传统文化有得天独厚的自然美。中华大地，幅员万里，地形地貌复杂，生态气候多样，平原丘陵广布，奇山异水纷呈。有秀美甲天下的桂林山水，有奇绝冠世界的黄山风光，有连绵数千里接天吻云的高山峻岭，有逶迤万里奔腾咆哮的大江大河，得天独厚的自然景观，是造物主对中华民族的厚爱，是中华民族享受不尽的幸福之源。江山多娇，时刻召唤着中华儿女美的创造。“天地有大美而不言”，[44]那是对不懂她、不知欣赏珍惜她的俗人而讲的，而对于向往美、追求美的中华优秀儿女来说，美丽动人的祖国母亲，天天都在给他们讲述美的故事，给他们赋予了美的气

质、美的追求。他们歌颂祖国母亲，歌颂在祖国母亲怀抱里的幸福美好生活。李白是最懂中华山水的诗仙，他是中华优秀传统文化自然美的集大成者。几行“山随平野尽，江入大荒流。月下飞天镜，云生结海楼”[45]的诗句，就将突破巴蜀万重峡壁的长江奔向广袤无际的江汉平原后的丰姿，描绘得淋漓尽致。范仲淹没有到过岳阳，但洞庭之美却藏在他的心间：“衔远山，吞长江，浩浩汤汤，横无际涯，朝晖夕阴，气象万千”。[46]知美向美是人生的福分，我们应当学习李白、范仲淹，不然，我们不仅辜负了祖国母亲，也辜负了自己。

中华优秀传统文化有积淀深厚的人文美。中华文明源远流长。在中国古代史上，一代又一代中华民族的优秀儿女，追求自由，追求进步，追求光明，追求做人的尊严，创造了极其丰富的闪耀着人性美的优秀文化，创造了春风和煦、繁花似锦的精神世界。他们渴望天下大同，为我们描绘了一个“大道之行，天下为公”，“选贤与能，讲信修睦”，“老有所终，壮有所用，幼有所长，鳏寡孤独废疾者皆有所养”[47]的理想社会。他们不务奢华，崇尚俭朴，追求精神享受。他们认为，“山不在高，有仙则名。水不在深，有龙则灵。”他们陶醉于绿苔青草陪伴，怡情于“调素琴，阅金经”，“谈笑有鸿儒”[48]之中。他们厌恶世俗的自私、贪婪和虚伪，追求“采菊东篱下，悠然见南山”[49]的自由自在，向往“阡陌交通，鸡犬相闻”“黄发垂髫，并怡然自乐”[50]的安定生活。

凡此种种，我们应将中华优秀传统文化蕴含的妙不可言的“美”，通过转化、发展，熔铸于社会主义现代化建设之中。

五、写作《论语的智慧——12个重要概念解读》，是做好转化、发展工作的一种尝试

汉武帝罢黜百家、独尊儒术之后，儒学在中国思想文化领域取得了一

家独霸的地位，孔子被封建王朝捧上了神位。正是由于这个原因，《论语》也就在中国古代社会占据了异乎寻常的位置。可以说，在中国2000多年的封建社会中，没有任何一个人，没有任何一本书，能像孔子和《论语》那样，对古代中国产生那么久远、那么深刻的影响。

在新时代，繁荣发展中国特色社会主义文化，离不开对中国古代典籍的研究、清理，离不开对其中蕴含的优秀思想文化成分进行转化和发展。由于《论语》地位特殊，做好《论语》的研究工作，具有异乎寻常的意义。我们写作《论语基本概念研究》，就是做好转化、发展工作的一种尝试。

在《论语》中，有一系列基本概念：学、友、君子，仁、义、礼、乐、知、信，忠孝和政。孔子与他的弟子，与君主、卿、大夫、士等人围绕这些基本概念展开讨论，提出了许多关于人生、社会、治国理政的重要思想。本书将《论语》中的上述基本概念设专题逐一进行研究，梳理《论语》对于这些基本概念及相关问题的论述，研究孔子师徒提出的思想观点的价值及其认识局限，研究这些思想观点在古代中国的历史实践及其作用和影响，研究这些思想观念的清理、转化和发展。

通过对这些基本概念的集中研究，我们发现，这些基本概念都是人的建设、社会建设和治国理政的基本问题。《论语》开篇记录了孔子的这句话："学而时习之，不亦说乎？有朋自远方来，不亦乐乎？人不知而不愠，不亦君子乎？"[51]讲了学习、交友、修身三个重大问题，涉及《论语》的三个基本概念——学、友、君子。仁、义、礼、乐、知、信，是又一组特色鲜明的基本概念。其中的义，主要是讲做合宜之事，做应该做的正确的事，说合宜的话，说应该说的话。义者，宜也。礼，讲的是人伦物理，是社会道德规范和行为规范，是人生和社会问题、治国理政问题的一些基本道理。礼是理的表达形式。礼者，理也。礼乐一体，礼主理，乐主情，孔子师徒常常把礼乐一起讨论。知者，智也，讲的是人们的认识问题。信，讲的是人与人之间的交流和彼此信任的问题。人际交往是人心的交流。信者，心也。人们提高了认知能力，言行循理，做合宜之事，用真心实意交往，再节之以礼乐，就可以成为一个有爱心、守规矩的仁人。忠、孝，是《论语》关于伦理道德的基本概念，也是中华民族的传统美德。除讨论人生和社会问题以外，《论语》讨论最多的就是治国理政。政是《论语》中的基本概念之一。或许由于这个原因，后世有了半部《论语》治天下的说法。这些基本概念，各自独立，又相互联系。孔子师徒依托这些基本概念，建构了系统完整的人的建设、社会建设和治国理政的思想理论体系。

孔子师徒建构这个思想理论体系的出发点是以人为本，建立和维护安定有序的社会局面，实现社会治理。在这个体系中，有不少很有价值的思想观点，比如学而不厌、诲人不倦，仁者爱人，为仁由己，为政以德，以礼让为国，民无信不立，朝闻道夕死可矣，笃信好学、守死善道，杀身成仁，等等，这些思想观念，在建构积极健康的人生哲学和政治哲学上，在改善人生、促进社会进步、加强社会治理上，具有基础性的作用。这些积极向上的思想观点，经过转化、发展，有的已经成为中国革命文化和社会主义文化的重要组成部分，有的为中国革命文化和社会主义文化建设提供了有益营养。与这些主干性的思想观点相配套的，还有更多具体的思想认识，我们在集中研究每一个基本概念时，都作了研究梳理。

受历史和时代的局限，《论语》中也有不少落后、保守甚至是错误反动的思想观念，需要我们进行实事求是的分析、批判，如君君、臣臣、父父、子子，上知与下愚不移，民可使由之、不可使知之，唯女子与小人难养，等等。汉武帝罢黜百家、独尊儒术之后，这类思想观点被专制统治者改造利用，成为维护封建等级秩序和压迫剥削人民的理论依据。对此，本书也做了客观、具体的分析。这是我们清理中国古代文化遗产必须切实做好的一项工作。

中华人民共和国是在4000多年奴隶制统治和封建专制统治的土壤上建

立起来的，清理中国古代思想文化的任务十分繁重。清理工作又直接关乎中国特色社会主义现代化建设。由于《论语》在中国2000多年封建时代的特殊地位和特殊影响，《论语》中有的思想观念甚至融入了中国人的精神血脉，在中国人的思想观念中扎了根，对其开展清理、转化、发展工作，难度和责任又非其他中国古籍可比，因此，我们必须在习近平新时代中国特色社会主义思想指导下，坚守人民至上的立场，以实事求是的科学态度，对其进行梳理。我们必须慎之又慎，严谨细致，不掩其美，不讳其恶，不能把糟粕说成精华，也不能把精华说成糟粕，必须客观公正地描绘其本来面目。只有这样，才能真正做好转化、发展工作，才能无愧于历史，无愧于古人，才能不负时代，不负人民。

注释

[1] 习近平：《在庆祝中国共产党成立100周年大会上的讲话》，《人民日报》2021年7月2日第2版。

[2] 习近平：《努力实现传统文化创造性转化、创新性发展》，《习近平谈治国理政》第2卷，外文出版社2017年11月第1版，第313页。

[3] 首先要说明的是，对人类创造的物质文化，人们的争议较少，而对人类创造的精神文化，探讨的任务却是十分艰巨繁重。本文探讨的中国传统文化，主要是指中国传统的思想文化。

[4] 王巍：《百年考古，成就辉煌》，《光明日报》2021年11月1日第14版。

[5]《史记·五帝本纪》。

[6]《史记·夏本纪》。

[7]《论语·季氏》。

[8]《道德经》第七十七章。

[9]《道德经》第八十章。“小国寡民”，民各“甘其食，美其服，安其居，乐其俗。邻国相望，鸡犬之声相闻，民至老死不相往来”。

[10]《墨子·亲士上》。

[11]《墨子·非命下》。

[12]《韩非子·有度》。

[13]《史记·秦始皇本纪》。

[14]《汉书·董仲舒传》。

[15]《汉书·儒林传赞》。

[16] 杜牧：《江南春》。

[17] 毛泽东：《中国共产党在民族战争中的地位》。

[18] 毛泽东：《新民主主义论》。

[19] 列宁：《青年团的任务》。

[20]《中共中央关于党的百年奋斗重大成就和历史经验的决议》（2021年11月11日中国共产党第十九届中央委员会第六次全体会议通过）。

[21] 毛泽东：《中国人民站起来了》。

[22]《汉书·司马迁传》："人固有一死，或重于泰山，或轻于鸿毛，用之所趋异也"。

[23]《列子·汤问》。

[24] 毛泽东：《愚公移山》，《毛泽东选集》第三卷，人民出版社1991年6月第二版，第1102页。

[25] 庄周：《庄子·齐物论》。

[26] 李白：《上安州裴长史书》。

[27] 荀况：《荀子·天论》。

[28]《习近平谈治国理政》（第三卷），外文出版社2020年6月第1版，第361页。

[29]《论语·季氏》。

[30]《孙子·计篇》。

[31] 左丘明：《左传·襄公二十四年》："豹闻之，太上有立德，其次有

立功，其次有立言，虽久不废，此谓之不朽。”

[32] 曹丕：《典论·论文》。

[33] 毕桂发：《毛泽东批阅古典诗词曲赋全编》下册，中国工人出版社1997年7月第1版，第1565—1566页。

[34] 陆机：《文赋》。毛泽东引用时误将“立片言而居要”中的“而”写作“以”。

[35] 冯梦龙：《智囊自叙》。

[36]《孟子·离娄下》。

[37] 黄宗羲：《原臣》。

[38]《尚书·汤誓》。

[39]《汉书》卷六四《严安传》。

[40]《汉书》卷五一《贾山传》。

[41]《论语·为政》。

[42] 曹操：《对酒》。

[43] 杜甫：《闻官军收河南河北》。

[44]《庄子·知北游》。

[45] 李白：《渡荆门送别》。

[46] 范仲淹：《岳阳楼记》。

[47]《礼记·礼运》。

[48] 刘禹锡：《陋室铭》。

[49] 陶渊明：《饮酒》（其五）。

[50] 陶渊明：《桃花源记》。

[51]《论语·学而》。

第一篇 学

人是具有学习和实践能力的生命存在。人生是人学习和实践的过程。人类的学习和实践，推动着人类社会的发展变化，也影响和带动着自然界的发展变化。研究学习问题，对人类社会是有益的，对爱护自然、保护自然，实现人与自然和谐共处也是有益的。

一、《论语》关于学习的论述

学，是《论语》中一个十分重要的概念。《论语》中有很多关于学习问题的论述。（参见附录一：《论语》论学）

孔子是世界著名的思想家，也是一个伟大的教育家。他冲破“学在官府”的束缚，收徒讲学，对文化教育事业的发展发挥了开风气之先的作用。孔子根据自己的人生阅历，结合对人生和社会问题的认识，结合他的学习和教学经验，和他的学生们一起提出了一整套关于学习问题的思想、观点。

（一）学习乃立身处世之本

《论语》开篇讲的第一句话就是学习。“子曰：‘学而时习之，不亦说乎？有朋自远方来，不亦乐乎？人不知而不愠，不亦君子乎？’”[1]在孔子看来，学习、交友、修身，乃人生三件大事。他把学习与修德、徙义、改过一起，作为人立身处世的根本要求。他说：“德之不修，学之不讲，闻义不能徙，不善不能改，是吾忧也。”[2]孔子的学生曾子也把学习与忠、信并列，作为省视自己的三件事。他说：“吾日三省吾身，为人谋而不忠乎？与朋友交而不信乎？传不习乎？”[3]孔子强调读书人要“笃信好学，守死善道”[4]，反对贪图安逸，指出“士而怀居，不足以为士矣”。[5]他称许颜回“好学，不迁怒，不贰过”[6]，“一箪食，一瓢饮，在陋巷，人不堪其忧，回也不改其乐。贤哉，回也”[7]。

（二）好学才能上进

孔子认为，学习是进步的阶梯，好学才能上进。好学者，可以完善自己、提高自己、规范自己。他说：“好仁不好学，其蔽也愚；好知不好学，其蔽也荡；好信不好学，其蔽也贼；好直不好学，其蔽也绞；好勇不好学，其蔽也乱；好刚不好学，其蔽也狂。”[8]他鼓励他的弟子学《诗》，指出：“诗，可以兴，可以观，可以群，可以怨。迩之事父，远之事君，多识于鸟兽草木之名。”[9]他以自己为例，说明学习对于成就人生的重要性。他说：“我非生而知之者。好古，敏以求之者也。”[10]“十室之邑，必有忠信如丘者焉，不如丘之好学也。”[11]“吾十有五而志于学，三十而立，四十而不惑，五十而知天命，六十而耳顺，七十而从心所欲，不踰矩。”[12]他潜心学习，学而不厌，教育学生，诲人不倦，开创了儒学，成就了一番影响深远的思想文化事业。

（三）学以明理

学习是人类追求真理的过程。《论语》强调学以明理，学以崇德，学以弘道。孔子的学生子夏提出：“百工居肆以成其事，君子学以致其道。”[13]子张也说：“士见危致命，见得思义，祭思敬，丧思哀，其可已矣。”[14]孔子推崇《周易》，教导学生学习研究《周易》。他说“加我数年，五十以学《易》”[15]，明“吉凶消长之理，进退存亡之道”[16]，就不会有大过错了。

（四）学以致用

孔子重视学习，也重视实践，强调学习与实践相结合，学习为实践服务。他说：“学而时习之，不亦说乎？”[17]他的学生曾子，坚持把学到的知识运用到实践中去，并把“传不习乎”作为“三省吾身”的一项内容。[18]在孔子看来，学习的真正价值在于运用，认为学习固然重要，但只顾学习不能做事，那就是白学了。他说：“诵《诗》三百，授之以政，不达；使于四方，不能专对；虽多，亦奚以为？”[19]

（五）学习方法

《论语》提出了一系列指导学习的方法，也是对学习的具体要求。

一是开动脑筋，举一反三。孔子常常采用启发式教学，“不愤不启，不悱不发”，对于思维僵化、不能融会贯通的学生，对于“举一隅不以三隅反”的学生，便不再教他。[20]由此，希望弟子们思维活跃起来，把所学的东西弄明白，以期收到“告诸往而知来者”的学习效果。[21]

二是学思结合。孔子说：“学而不思则罔，思而不学则殆。”[22]“吾尝终日不食，终夜不寝，以思，无益，不如学也。”[23]

三是温故知新。孔子说：“温故而知新，可以为师矣。”[24]子夏说：“日知其所亡，月无忘其所能，可谓好学也已矣。”[25]

四是强调教学相长，提倡向他人学习。有一次，孔子和他的学生子夏一起学习《诗经》，读到《诗经·卫风·硕人》那首诗，子夏请教他的老师，“巧笑倩兮，美目盼兮，素以为绚兮”讲的是什么道理。这句诗的意思是，姑娘的笑容那么迷人，是因为有一个长着酒窝的俊美的面庞；姑娘的眼神那么娇媚，是由于有一双晶莹的眼睛。这就像绘画一样，有一幅底色上佳的画纸，然后才有美丽的图画。于是，孔子就对子夏说："绘事后素。"就是说画纸美画图才美。子夏明白了老师讲的道理，于是又说，礼乐不也是在仁义的基础上产生的吗。对于子夏的理解，孔子非常满意，他说："起予者商也！"[26]赞许子夏是一个能够启发老师的学生。孔子提倡"敏而好学，不耻下问"[27]，他"入太庙，每事问"[28]。当有人向他的学生子贡问起"仲尼焉学"的时候，子贡说："文武之道，未坠于地，在人。贤者识其大者，不贤者识其小者。莫不有文武之道焉。夫子焉不学？而亦何常师之有？"[29]

五是择善而从。孔子说："三人行，必有我师焉。择其善者而从之，其不善者而改之。"[30]"盖有不知而作之者，我无是也。多闻，择其善者而从之；多见而识之；知之次也。"[31]

六是持之以恒。孔子认为，学习贵在持续努力，切忌功亏一篑。他说："譬如为山，未成一篑，止，吾止也。譬如平地，虽覆一篑，进，吾往也。"[32]他高度赞誉颜回坚持不懈的学习精神，他说，颜回学习，"吾见其进也，未见其止也"，[33]"语之而不惰者，其回也与！"[34]

除上述几个方面的要求外，孔子还强调学习是为了自我完善、自我提高，不是为了装样子，给别人看的。他说："古之学者为己，今之学者为人。"[35]他要求他的学生，对待学习要有实事求是的态度，"知之为知之，不知为不知"，[36]绝不能干出强不知以为知的蠢事来。

二、《论语》学习思想的价值及其局限

（一）从人生价值角度看，《论语》好学上进的思想是正确的

人的生命是宝贵的。生命对于每一个人来说，都只有一次。一个人的生命价值，是由其生命状态及其对他人、对社会、对自然界带来的积极影响决定的。只有个人的人生状态是积极向上的，对社会的作用是正面的，

整个人类社会和自然界才会一天比一天好，才符合人类的整体利益。《论语》提出的好学上进思想，指明了学习的意义和作用，体现的是正确的人生价值观，对人的自身建设具有永恒的指导意义。从孔子提出要求到现在，2000多年过去了，社会发生了巨大变化，但人们对于学习的意义尚未统一认识，很多人害怕学习，鄙视学习；很多人的学习不是为了完善和提高自己，不是为了上进，而是为了牟取自身利益。他们追求的不是代表人类整体利益的天下之公，而是一己之私。这就为人类社会和自然界的发展带来很多危险。比如说，宋元明清时代，中国人的学习就出了大问题。个人的学习乃至全社会的学习都偏离了好学上进、追求文明进步的轨道，学习成了人们追求功名利禄的手段，成了一部分人强词夺理、颠倒黑白、愚弄百姓的秘密武器。学习发挥的作用，不是促进了人类社会的进步，而是促使了人群和社会的堕落。这个过程一直持续了近千年，最终酿成了整个中华民族的生存危机。再比如20世纪上半叶，德国、意大利、日本的学习出现了根本性的问题，纳粹主义侵蚀了人们的头脑，导致了第二次世界大战的发生，给世界人民带来了深重灾难。从正面情况看，欧洲文艺复兴和思想启蒙运动之后，特别是英、法、美资产阶级革命胜利之后，人们的学习打通了追求自由、平等、民主、进步的上进通道，并由此开启了人类社会近代化、现代化进程。中国人民反帝反封建斗争开展以来，特别是五四运动和中国共产党成立以来，人们的学习从封建时代追求功名利禄、极端自私自利的枷锁中解放出来，步入了救亡图存、实现民族复兴的光明之路。经过100多年的努力学习和艰苦奋斗，中国人民取得了巨大成就，极大地改变了中华民族的面貌，极大地促进了中国的发展进步。

1950年，毛泽东主席题写“好好学习，天天向上”，激励了广大青少年为建设新中国而努力学习、奋斗。毛泽东主席的这句话，与孔子好学上进的思想是一致的。这句话不仅适用于青少年，也适用于所有人。好好学习是成长进步的必由之路。只有好好学习，才能天天向上。反之，如果学习的事情搞不好，那会天天向下的。

（二）从认识论角度看，《论语》学以致用的思想是有积极意义的

《论语》对学习和实践问题的论述，主要有三种情形。一是将学与习分开讲，学是求知，习为实践。《论语·学而》开篇第1章的“学而时习之，不亦说乎？”[37]、《学而》第4章的曾子“三省吾身”的三件事之一“传不习乎？”[38]就属于这种情形，这种分开讲的次数很少。二是单讲求知。比如《学而》第6章：“弟子入则孝，出则悌，谨而信，泛爱众，而亲仁。行有余力，则以学文。”[39]《述而》篇第17章：“加我数年，五十而学《易》，可以无大过矣。”[40]三是《论语》中的学，本身就包括学和习两个内容，是求知与实践的统一。比如《学而》篇第14章：“君子食无求饱，居无求安，敏于事而慎于言，就有道而正焉，可谓好学也已。”[41]《雍也》篇第3章孔子称许“有颜回者好学，不迁怒，不贰过”[42]等，即属于这种情形。

一切认识皆来源于实践，生而知之是不存在的。孔子关于“生而知之”的观点是错误的，是他思想上的局限和不足。但他强调学以明理、学习可以使人进步，在认识论上是正确的。最难能可贵的是，他强调学习、实践并重，学习为实践服务的思想，对激励人们努力学习、改善人类社会是有积极意义的。

孔子学以致用的思想，在中国2000多年的封建社会中，对鼓励读书人入仕做官、致力于社会改造发挥了重要作用。明清之际，王夫之、黄宗羲、顾炎武等一批进步思想家，提出了经世致用的思想，他们的思想，与孔子学以致用的思想是一致的。

孔子学以致用的思想，在当今社会也是完全适用的。对其中的道理，大多数人是明白的，但在实际落实中，还存在着学习与实践脱节的情况。

（三）从方法论角度看，《论语》实事求是和温故知新的观点是无比珍贵的

《论语》提出了开动脑筋、学思结合、温故知新、教学相长、择善而从、持之以恒、实事求是等一系列正确有效的学习方法，说明孔子师徒已经比较全面准确地掌握了学习的门径，拥有了登堂入室的钥匙。这些方法，至今仍在指导着我们的学习。在这些方法之中，最宝贵的是实事求是和温故知新。

实事求是 孔子强调“知之为知之，不知为不知”的学习方法和学习态度，这是孔子学习思想的灵魂。学习的过程，是格物致知的过程，是探究人情物理、完善提高自己和改善社会的过程。学习的唯一正确的目的是求知明理，唯一正确的用途是促进人类的进步。因此，搞好学习，唯一正确的态度和方法是实事求是，只能是知之为知之，不知为不知。对我们学习的东西，研究的对象，对我们要获得的知识，要寻求的道理，下决心搞到手。不搞明白，决不罢休。我们要像愚公移山那样干，直到搞明白为止。一次弄不明白，可以搞两次、三次，搞一千次一万次都是可以的。一天弄不明白，可以搞两天、三天，搞一千年一万年也都是允许的。只有这样，我们才能日积月累地获得更多的知识和真理，才能更好地提高自己和改善外部世界。这就要求我们，在整个学习过程中，无论何时何地，无论研究什么事物，推动什么工作，都必须坚持实事求是的原则，知之为知之，不知为不知。只有这样，我们才能把学习搞好，才能把事情做好。否则的话，我们就是自己欺骗自己，自己愚弄自己，自己挖断了自己前进的道路，自己为自己设下了退步与堕落的陷阱。

对学习采取实事求是的态度和方法，讲明白不容易，做起来就更难了。相当一部分人对这个道理是不太明白的，相当多的人在学习中没有贯彻这个原则、这个方法。有些人并不是真正不明白，他们揣着明白装糊

涂，他们常常知之装作不知，不知佯为知。

比如，中国古代的帝王，那些开国君主，就像刘邦、朱元璋之流，本来都是普通人，都是靠造反起家当上了皇帝。他们反对社会腐败，反抗统治者的剥削压迫，完全是正义的。因为哪里有剥削，哪里就有反抗；哪里有压迫，哪里就有斗争。这个道理是无可置疑的社会公理。他们反抗斗争取得胜利，是值得整个社会，特别是下层人民群众欢庆的，他们建立的新政权、新秩序，具有天然的合理性、合法性。但是因多种因素的制约，他们却没有大张旗鼓地宣扬这个道理、这个公理、这个天理，即使有一些宣传，也不是很到位。他们舍弃了捍卫政权、重建新秩序的最可靠的资本和最有力的武器，却因袭君权神授、王权天赋的歪理邪说，编造一些荒诞不经的东西，来神化自己的统治。

《史记·高祖本纪》开篇就说：高祖，“父曰太公，母曰刘媪。其先，刘媪尝息大泽之陂，梦与神遇。是时雷电晦冥，太公往视，则见蛟龙于其上。已而有身，遂产高祖”。[43]《明史·太祖本纪》说，太祖朱元璋，母陈氏，“方娠，梦神授药一丸，置掌中有光，吞之寤，口含香气。及产，红光满室。自是，夜数有光起。邻里望见，惊以为火，辄奔救，至则无有”。[44]对这种蓄意编造的谎言，有谁敢抱着实事求是的精神去戳破呢？这其中既有知之佯作不知，也有真不知，更有其他一言难尽的原因。这样做使自己建立的具有天然合理性的新政权落入了与过去的反动政权同样的地位，也使自己建立的新社会逐步堕落为他们历经艰辛粉碎的那样的旧社会。

再比如，1492年哥伦布开辟新航路、发现新大陆以后，西方列强开始了罪恶的侵略殖民活动。他们杀戮殖民地、半殖民地国家的人民，掠夺殖民地、半殖民地国家的财富，罪恶累累，罄竹难书。对他们的侵略行径，必须声讨。这是最简单不过的道理。但是，遗憾的是，在殖民地、半殖民地国家，总有一些人，无视殖民者犯下的罪恶，千方百计为殖民者辩护，甚至把殖民者美化为传播文明的救星。事实上，这些人对殖民统治的罪恶是清楚的，但他们为了自身利益，却知之装作不知。这种无视天下公理、认贼作父的罪恶行径，严重阻碍了殖民地、半殖民地国家人民的反抗斗争，助长了西方列强的嚣张气焰，极大地阻碍了世界历史的前进。

温故知新 人的认识，是一个从无到有、从知之不多到知之较多再到知之更多的过程。一切新知，都是在自己和前人固有认识的基础上产生的。孔子提出的温故知新的学习方法，对我们认识世界和改造世界具有十分重要的指导意义。

孔子是一个尊重前人的思想家。他深入研究《诗》《书》《礼》《易》等古代文献，深入研究夏商以来的，特别是西周的典章制度，在“温故”方面做了大量工作，从温故中获得不少新知，取得了巨大成就。可以说，他创立儒学，主要得益于他对古代文献的研究。这是一个方面。另一方面，我们又不得不说，在研究现状、研究社会变革方面，在“知新”上，相对于“温故”而言，孔夫子下的功夫是不够的。这或许是他过于沉醉于周王朝的礼乐制度，过于推崇周王朝的“郁郁乎文哉”的缘故。他习惯了向后看，对当前发生的问题、遇到的矛盾，缺乏深入客观的分析，只看到了周初社会的安定与美好，希望用周初的礼乐制度重建尊卑有序的社会秩序。虽然他也知道，周之制度，也是损益夏商制度得来的，即“周监于二代”，[45]但他没有由此推演下去，没有找到周王朝损益夏商制度的经验和奥秘，更没有结合当前社会发展的趋势，借鉴周初社会建设的经验，找出一条正确的切实可行的符合时代前进要求的办法来。就是说，温故是对的，但温故不能只研究过去事物的表面现象，更应该研究过去事物运动变化的内在机理和内在规律。只有这样，才能提出符合时代前进的理论，拿出解决现实问题的有效办法措施，推动社会前进。这一点，也是孔子在学习研究问题上的局限之一。

（四）思维方法偏于僵化保守，对现实问题缺乏深入分析，是孔子学习思想的最大缺陷

孔子生活的春秋末年，社会较西周时期发生了巨大变化，但仍是一个等级森严的奴隶制社会。除绝无人身自由的奴隶外，从事耕稼的平民，处于社会下层。在奴隶主贵族垄断政权、垄断学习的时代，他们为奴隶主贵族缴粮纳贡，辛苦耕作，还被剥夺了受教育的权利。对这种不合理的社会现状，孔子不仅看不到其中存在的罪恶和不合理，而且还把它视为当然。他把人分为四等，把周王朝的最高统治者视为生而知之的圣人，把中间阶层的人分作“学而知之”和“困而学之”两个等级，把下层百姓视作“困而不学”的下人。他将下层百姓受剥削压迫视为当然，对他们的贫苦生活没有丝毫的同情怜悯。他鼓励他的学生读书做官，反对他们学习耕稼。他说：“生而知之者上也；学而知之者次也；困而学之，又其次也；困而不学，民斯为下矣。”[46]“耕也，馁在其中矣；学也，禄在其中矣。”[47]

孔子这种歧视劳动人民的思想观念，为奴隶时代和封建时代统治阶级实现剥削人民、压迫人民的反动统治提供了理论依据，也为读书人追逐功名利禄提供了理论基础。这种反动保守的思想观念，极大地阻碍了中国社会的发展进步。

（五）对《论语》学习思想的总体认识

《论语》学习思想，内涵丰富、意蕴深厚，是孔子师徒留给后人的极其宝贵的财富。孔子及其弟子高度重视学习，提出学以立身、学以上进、学以明理、学以致用的思想观点，提出开动脑筋、学思结合、温故知新、教学相长、择善而从、持之以恒、实事求是的学习方法，构筑了一座巍峨辉煌的学习思想殿堂。孔子的学习思想，他的学而不厌、诲人不倦的精神，他在教育方面取得的成就，奠定了他作为伟大的教育家的崇高地位，

受到了古今中外人们的景仰。当然，他们师徒的学习思想中也有不足，甚至错误的一面，这是他们所处的时代和认识上的局限造成的。我们应当历史地客观地对待他们，不能苛求他们。

三、我们今天应当如何学习

当前，在以习近平同志为核心的党中央坚强领导下，中国人民正在满怀豪情地进行着建设社会主义现代化强国的伟大事业。我们已经实现了第一个百年奋斗目标，开启了向第二个百年奋斗目标迈进的新征程。建设中国特色社会主义，是前无古人的伟大实践，需要我们把学习的事情办好，确保中国特色社会主义航船行稳致远。

（一）认真总结中国封建时代学习的教训

孔子高度重视学习，提出了一系列关于学习的理论观念。自汉武帝罢黜百家、独尊儒术之后，儒学取得了独尊独霸的地位，但历代封建统治者只是把儒学作为维护统治的工具，孔子关于学习的很多重要思想并未得到真正的贯彻落实。

比如读书人如何做官的问题，这个问题在2000多年的封建社会里始终没有得到解决。孔子强调学以明理，学以致用，鼓励学生通过从政，济世救民。他不反对他的学生从政获取正当的俸禄，但要求他们恪尽职守，不允许他们干蠹政害民之事。鲁哀公十一年（公元前484年）的冬天，鲁国执政季孙要施行田赋制度，增加赋税。在季孙那里做事的孔子的弟子冉求跑来向他说明此事。孔子告诉他“君子之行也，度于礼，施取其厚，事举其中，敛从其薄”，“若不度于礼，而贪冒无厌，则虽以田赋，又将又足”，明确反对季孙、冉求对百姓横征暴敛。[48]对孔子的劝诫，冉求没有听纳，依然为季氏“聚敛而附益之”。对此，孔子气愤难忍，他说：冉求“非吾徒也。小子鸣鼓而攻之，可也”。[49]对百姓厚施薄敛是孔子的核心思想之一。但是在2000多年的封建时代，那些做官的读书人，虽自视为“圣人之徒”，却背弃了孔子的教诲，干起了欺压百姓、一味追求功名利禄的勾当。历朝历代的腐化堕落，都与这个问题有直接的关联。

纵观2000多年的封建时代，学习上存在的问题很多，教训极为深刻。一是学习动机不纯，普遍把读书学习作为当官的敲门砖，把升官发财作为人生追求。二是知行不一，学的是格物、致知、正心、诚意、修齐、治平，干的是自私自利、欺上瞒下、鱼肉百姓。三是思想僵化保守，读书学习，本来属于日新上进的事情，但中国封建时代的读书人普遍存在顽固不化、故步自封的毛病。儒学独尊独霸，限制了读书人的视野，阻碍思想文化事业的发展。两汉经学、宋明理学，对孔子儒学又掺入了附会歪曲的内容。学习上僵化保守，实践上只能裹足不前，这是中国古代社会长期处于停滞状态的重要原因之一。凡此种种，都需要我们深入研究，并在今天的学习中引以为戒。

（二）发扬我们党高度重视学习的优良传统

中国共产党是世界上最重视学习、善于学习的政党，这是我们党领导中国人民经过百年奋斗，彻底改变国家和民族命运，取得举世瞩目成就的最根本的原因之一。从中国共产党成立之日起，就把学习摆上了十分突出的地位。以陈独秀、李大钊、毛泽东等为代表的中国革命的早期领导人，都是爱学习、善于学习的榜样，他们通过学习来解决中国问题。早在井冈山斗争时期，毛泽东同志就创办了红军教导队，教育红军队伍。后来红军教导队发展为中国工农红军大学、中国人民抗日军政大学，发展为今天的中国人民解放军国防大学。延安时期，我们党在延安创办了中央党校、抗大、延安大学、陕北公学、鲁迅艺术学院等几十所高校，培养抗日干部，对保障抗战胜利和中国革命胜利发挥了极为重要的作用。延安的教育，是世界教育史上的一个奇迹。

延安时期，毛泽东同志在极其艰苦的环境中，写下了100多篇大文章，其中有他的经典哲学著作《矛盾论》《实践论》，有《论持久战》《中国革命战争的战略问题》和《抗日民族战争中的战略问题》等经典军事著作，有《新民主主义论》《论联合政府》等经典政治学、社会学著作，有《改造我们的学习》《整顿党的作风》《反对党八股》《〈共产党人〉发刊词》等党建经典著作。毛泽东主席用他的伟大著作，推动我们党的学习取得了前所未有的成就。

中华人民共和国成立后，我们党发扬革命战争年代高度重视学习的优良传统，把学习作为建设新中国的头等大事，大力发展文化教育事业，取得了社会主义革命和社会主义建设的伟大胜利，取得了中国特色社会主义建设的伟大成就。

党的十八大以来，在以习近平同志为核心的党中央的领导下，中国特色社会主义进入新时代。习近平总书记高度重视全党和全国人民的学习。他说："中国共产党人依靠学习走到今天，也必然要依靠学习走向未来。我们的干部要上进，我们的党要上进，我们的国家要上进，我们的民族要上进，就必须大兴学习之风，坚持学习、学习、再学习，坚持实践、实践、再实践。"[50]习近平总书记的指示，推动了全党和全国人民的学习迈上了新高度、新境界，推动了中国特色社会主义建设取得了新成就、新突破，并将推动我们的学习向更高目标、更高水平迈进。

（三）学习要服务于实践

我们生活的世界，是由矛盾构成的，其中既有关系国家和民族命运、关系人类未来的大问题，更有关乎人们日常生活的复杂多样的具体问题。这些形形色色、大大小小的问题，都需要人们通过学习和实践加以解决。一个时间段、一个历史时期的矛盾解决了，又会出现新的矛盾，推动人类的学习、实践不断实现新的进步。

孔子主张学以致用，强调学习要为实践服务，为解决问题服务。他说："诵《诗》三百，授之以政，不达；使于四方，不能专对；虽多，亦奚以为？"[51]他的话单刀直入，痛快淋漓，振聋发聩，对我们今天的学习仍具有重要的指导意义。毛泽东主席也说过："读书是学习，使用也是学习，而且是更重要的学习"。[52]我们要牢记他们的教诲。

在学习服务实践解决问题方面，我们要学习鲁迅先生和毛泽东主席。鲁迅先生弃医从文，就是要拿起战斗的笔，向中国几千年遗留下来的愚昧落后和罪恶宣战，就是要用《狂人日记》《阿Q正传》《祝福》《药》《孔乙己》那样的呐喊，唤醒麻木的国民，使他们站起来迎接20世纪的曙光，建设一个光明的中国。毛泽东主席毕生致力于通过实践解决中国问题。早在1919年9月，他就拿出来一个《问题研究会章程》。这个章程列出了教育、女子、东西文明会合、劳动、民族自决、经济自由、海洋自由、军备限制、国际联盟、自由移民、人种平等、社会主义、民众联合、文法官考试、澄清贿赂、实业、交通、财政、司法独立、联邦制等71类问题。1919年11月14日，长沙发生了赵五贞被家庭逼嫁，自杀于花轿中的事件。从11月16日开始，毛泽东在湖南《大公报》和《女界钟》上连续发表10篇文章，呼吁妇女解放。1939年3月8日，在延安召开的纪念"三八"妇女节大会上，毛泽东主席发表了《妇女们联合起来》的讲话。中华人民共和国成立后，颁布的第一部法律就是《婚姻法》。毛泽东主席用30年的实践，最终解决了妇女解放这个大问题，使中国妇女获得了平等自由。秋收起义受挫后，毛泽东带着队伍上山，开创了井冈山革命根据地，后来又开创赣南闽西中央革命根据地，写下了《中国红色政权为什么能够存在？》《星星之火，可以燎原》《井冈山的斗争》《西江月·井冈山》《清平乐·蒋桂战争》《采桑子·重阳》等一系列诗文，用他的实践，为大革命失败后的中国共产党和中国人民，找到了一条通往胜利的革命道路。毛泽东主席嗜书如命，是一个真正做到了学而不厌、诲人不倦的人，他用自己的学习推动了全党的学习和全国人民的学习，用学习建立了一个新中国。

（四）学习要服务于人的建设

孔子强调学习才能上进，要求学以明理，学以崇德，提出“《大学》之道，在明明德，在亲民，在止于至善”。[53]毛泽东主席提出“好好学习，天天向上”，提出“我们的教育方针，应该使受教育者，在德育、智育、体育几方面都得到发展，成为有社会主义觉悟的有文化的劳动者”。[54]他们的教诲，指明了学习为人的建设服务的正确方向。

本来，学习要服务于人的建设，服务于人的自我完善、自我提高，服务于改善自己、改善社会和改善自己赖以生存的自然界，以促进人类自身和自然界的进化，这是一个全人类都应当明白的大道理，是一个公理。但是，人又是一个十分复杂的生命存在，是一个有着思维能力的生命体，思维的逻辑正确了，就会认识到这个公理；思维逻辑混乱或者错误，就认识不到这个最简单不过的大道理。事实上，真正认识到这个大道理的智者并不多，况且在这个世界上，总是会有糊涂人的，而且还有糊涂人嘲笑智者的时候。

社会主义、共产主义，是人类的崇高理想，是人类前进的灯塔。发展中国特色社会主义，建设社会主义现代化强国，是中国共产党和中国人民的神圣使命。中国共产党成立以来，特别是新中国建立以来，我们党高度重视人的建设，高度重视全体人民改造主观世界和客观世界的工作，在推动人的建设和社会建设方面取得了前所未有的巨大进步。我们当前的学习，仍然要毫不动摇地坚持这个原则，通过学习，进一步提高完善自己，更加积极自觉主动地投身于建设社会主义现代化强国的伟大事业。这是关系到中华民族前途命运的大事。

注释

[1]《论语·学而篇》第1章。

[2]《论语·述而篇》第3章。

[3]《论语·学而篇》第4章。

[4]《论语·泰伯篇》第13章。

[5]《论语·宪问篇》第2章。

[6]《论语·雍也篇》第3章。

[7]《论语·雍也篇》第11章。

[8]《论语·阳货篇》第8章。

[9]《论语·阳货篇》第9章。

[10]《论语·述而篇》第20章。

[11]《论语·公冶长篇》第28章。

[12]《论语·为政篇》第4章。

[13]《论语·子张篇》第7章。

[14]《论语·子张篇》第1章。

[15]《论语·述而篇》第17章。

[16] 朱熹：《四书章句集注》，《论语集注》卷四。

[17]《论语·学而篇》第1章。

[18]《论语·学而篇》第4章。

[19]《论语·子路篇》第5章。

[20]《论语·述而篇》第8章。

[21]《论语·学而篇》第15章。

[22]《论语·为政篇》第15章。

[23]《论语·卫灵公篇》第31章。

[24]《论语·为政篇》第11章。

[25]《论语·子张篇》第5章。

[26]《论语·八佾篇》第8章。

[27]《论语·公冶长篇》第15章。

[28]《论语·八佾篇》第15章。

[29]《论语·子张篇》第22章。

[30]《论语·述而篇》第22章。

[31]《论语·述而篇》第28章。

[32]《论语·子罕篇》第19章。

[33]《论语·子罕篇》第21章。

[34]《论语·子罕篇》第20章。

[35]《论语·宪问篇》第24章。

[36]《论语·为政篇》第17章。

[37]《论语·学而篇》第1章。

[38]《论语·学而篇》第4章。

[39]《论语·学而篇》第6章。

[40]《论语·述而篇》第17章。

[41]《论语·学而篇》第14章。

[42]《论语·雍也篇》第3章。

[43]《史记·高祖本纪》。

[44]《明史·太祖本纪》。

[45]《论语·八佾篇》第14章。

[46]《论语·季氏篇》第9章。

[47]《论语·卫灵公篇》第32章。

[48]《左传·哀公十一年》。

[49]《论语·先进篇》第17章。

[50] 习近平：《依靠学习走向未来》，《习近平总书记重要讲话文章选

编》，中央文献出版社、党建读物出版社2016年4月第1版，第37页。

[51]《论语·子路篇》第5章。

[52] 毛泽东：《中共革命战争的战略问题》，《毛泽东选集》第一卷，人民出版社1991年6月第2版，第181页。

[53]《礼记·大学》。

[54] 毛泽东：《关于正确处理人民内部矛盾的问题》，《毛泽东著作选读》下册，人民出版社1986年8月第1版，第780—781页。

第二篇 友

友，是《论语》的一个基本概念。《论语》对交友问题的论述虽不是很多（参见附录二：《论语》论友），但却是孔子师徒十分重视的一个问题，他们对交友问题的认识，不乏真知灼见，具有重要的理论和实践价值。

一、《论语》对交友问题的论述

（一）交友是人生的一件大事

《论语·学而篇》开篇第一章，孔子讲了三件事：学习、交友、修身。他说："学而时习之，不亦说乎？有朋自远方来，不亦乐乎？人不知而不愠，不亦君子乎？"[1]他的学生曾子，把守信交友与忠人之谋、巩固老师传授的学业，作为三省吾身的内容。他说："吾日三省吾身：为人谋而不忠乎？与朋友交而不信乎？传不习乎？"[2]

（二）友仁崇德

要和有仁德的人相处，与有仁德的人交朋友，孔子提出，"德不孤，必有邻"；[3]"唯仁者，能好人，能恶人"；[4]"君子以文会友，以友辅仁"；[5]"里仁为美。择不处仁，焉得知"？[6]他的学生子贡提出："工欲善其事，必先利其器。居是邦也，事其大夫之贤者，友其士之仁者。"[7]

（三）见贤思齐

孔子指出，“君子求诸己，小人求诸人”。[8]在与人交往中，他希望人们严格要求自己，好学上进，见贤思齐。他说：“见贤思齐焉，见不贤而内自省也。”[9]“三人行，必有我师焉。择其善者而从之，其不善者而改之。”[10]

（四）周而不比

孔子认为，君子之交，为的是团结进步；小人之交，是谋求个人利益。他说：“君子周而不比，小人比而不周。”[11]“君子和而不同，小人同而不和。”[12]他反对“匿怨而友其人”，[13]强调要“远佞人”。[14]

（五）无友不如己者

孔子师徒认为，君子交友，目的在于完善自己和提高自己，强调要和有仁德的人交朋友，不可与势利小人交朋友。孔子说：“君子不重则不威，学则不固。主忠信。无友不如己者。过则勿惮改。”[15]曾子与颜渊为友，向颜渊学问、品德和修养看齐。他说：“以能问于不能，以多问于寡，有若无，实若虚，犯而不校，昔者吾友尝从事于斯矣。”[16]孔子强调要以“多贤友”[17]为乐，提出“益者三友，损者三友”，主张“友直，友谅，友多闻”，反对“友便辟，友善柔，友便佞”。[18]

（六）言而有信

对待朋友，孔子师徒强调一个“信”字。子夏说：“贤贤易色，事父母，能竭其力；事君，能致其身；与朋友交，言而有信。虽曰未学，吾必谓之学矣。”[19]曾子每天省视自己的时候，总要检查对朋友是否做到了诚实守信。有一次，颜渊、季路陪侍在孔子身边，孔子说：“盍各言尔志？”子路说：“愿车马衣轻裘与朋友共，敝之而无憾。”颜渊说：“愿无伐善，无施劳。”接着，子路对孔子说：“愿闻子之志。”孔子说道，我的志向是“老者安之，朋友信之，少者怀之”[20]。由此足见赢得朋友的信任在孔子心目中何等重要！

（七）以诚待友

孔子强调以诚待友，但如果朋友对自己的忠告不接受的话，则适可而止，不予强求。他说，对于朋友，应当“忠告而善道之，不可则止，毋自辱焉”。[21]孔子与朋友交往实实在在，不虚伪，不假意客套。“朋友之馈，虽车马，非祭肉，不拜。”[22]他的朋友离世，没有亲人收殓，孔子就为他料理后事。[23]孔子对朋友的做法，展示的是人间的美好、友情的珍贵，彰显的是人性的光辉。

二、《论语》交友思想的价值

《论语》交友思想的理论和实践价值主要体现在忠诚守信、向上向善、坚持原则三个方面，这在理论上是正确的，在实践上是有益的。

忠诚守信 朋友之间，同声相应，同气相求，在人格和身份地位上都是平等的，没有高低尊卑之分。“道不同，不相为谋。”[24]真正的朋友，心心相印，志同道合。朋友之间的交往，体现的是互相欣赏倾慕，是互相关心、互相爱护、互相帮助。因此，维持和发展友情，必须待友以诚，言而有信。

向上向善 孔子与人交往，追求的是向上向善向美，强调与圣贤为友，与仁人为友，向圣贤看齐。他的学生子路也提出，“朋友切切偲偲”，[25]要互相批评，找出差距和不足，努力共同进步。

坚持原则 孔子强调与人交往，要坚持原则，“与其进也，不与其退也”，[26]强调君子之交“周而不比”，[27]“和而不同”。[28]对在人际交往中不讲原则、“同流合污以媚于世”[29]的行为，孔子是深恶痛绝的，他说：“乡愿，德之贼也。”[30]孔子特别强调“无友不如己者”，[31]这是他在交友问题上坚守的一项最根本原则。

三、我们今天应当如何交友

（一）树立正确的交友观

人的根本属性在于其社会性。在这个世界上，没有可以绝对完全独立的人。离开亲情友情，离开社会的关爱帮助，人是不能生存的。人间最必需的是衣、食、房、阳光、空气，最宝贵的是真情善意。社会是复杂的，人生多风雨坎坷，友情是温暖人们心灵的春风，是医治人们心灵创伤的良药。没有友情亲情，这个世界将是冷酷不堪的漫漫长夜和人间地狱。

正是因为友情重要，友情宝贵，友情中掺不得半点虚伪、欺诈，我们在人际交往中，必须树立正确的交友观，切实把友情呵护好、发展好。

孔子师徒强调交友是人生大事，提倡在朋友交往中，以诚待友，言而有信；提倡向上向善，友仁崇德，见贤思齐；提倡坚持原则，周而不比，无友不如己者。这些重要而宝贵的思想观念，对我们今天交友仍具有十分重要的指导意义。我们要积极借鉴《论语》中关于交友的思想观念，结合新的时代要求，认清交友的重要性，端正交友动机，注重交友方法，团结大多数人共同进步，建设更加美好的社会，迎接更加美好的明天。

客观地说，在中国古代社会，由于剥削制度的存在，毁掉了友情生存和发展的基础。但即便在那样的环境中，仍泯灭不掉友情的光辉。比如伯牙就遇上了钟子期那样的知音，李白杜甫彼此惺惺相惜，更有李白“桃花潭水深千尺，不及汪伦送我情”[32]的诗句。

社会主义制度在中国的建立，剥削制度的消灭，社会主义和共产主义理想的确立，为友情的生存发展提供了良田沃土，提供了阳光雨露。我们应当彻底清除极端自私自利，敞开胸怀交朋友，齐心协力汇聚起建设社会主义现代化强国的磅礴力量，让人间真情友爱的光辉普照中华大地。

（二）提高知人的能力

知人是交友的前提。孔子对知人高度重视，他说："不患人之不已知，患不知人也。"[33]毛泽东有句名言，"谁是我们的敌人，谁是我们的朋友，这个问题是革命的首要问题"，[34]讲的也是这个道理。对于知人，孔子提出"听其言而观其行"，[35]"视其所以，观其所由，察其所安"。[36]就是说，对一个人，要观察其所作所为，摸清其行为动机，透视其内心世界。做到了这些，就可以大大减少在识人问题上的错误。

（三）团结大多数人一道进步

将交友的原则和方法，运用到人际交往和社会建设上，就提出了一个任务，就是团结大多数人一道进步。

美好社会是靠大多数人共同努力建设起来的。我们自己要追求进步、追求崇高，矢志为建设美好社会贡献一份力量，同时，我们也要乐于看到他人的成长进步，鼓励他人向上向善向美，还要乐于接受别人的批评，大家携手前进，共同提高。孔子就是一个勇于接受批评的人，也是一个鼓励他人进步的人。那时，鲁昭公娶了吴国的公主。鲁君为周公之后，姓姬。吴公主为太伯之后，也姓姬。同姓不娶，这是当时遵循的最基本的"理"和"礼"。陈司败看不惯此事，就问孔子鲁昭公是否知礼，孔子说："知礼。"孔子退，陈司败"揖巫马期而进之，曰：'吾闻君子不党，君子亦党乎？君取于吴，为同姓，谓之吴孟子。君而知礼，孰不知礼"？其实，孔子对鲁昭公的非礼行为不是不知，而是为君讳言。但对陈司败的指责，他还是欣然接受的。他说："丘也幸，苟有过，人必知之。"[37]那时有一个地方，叫互乡，比较闭塞，这里的人不乐与人交谈。有一次，互乡一个童子得到孔子接见，他的弟子们对此疑惑不解。孔子就说："与其进也，不与其退也，唯何甚？人洁己以进，与其洁也，不保其往也。"[38]孔子鼓励和帮助别人进步，我们要向他学习。

延安时期，毛泽东主席指出："中国的和外国的经验都告诉我们，党内要尽可能的团结。我们的原则是什么？就是尽可能地团结更多的人在我们的纲领下，争取他们和我们的团结合作。"[39]统一战线是中国革命成功的法宝。在中国共产党领导下，中国人民团结起来，战胜无数困难，夺取了中国革命、建设和改革事业的伟大胜利。在中国特色社会主义建设新时代，我们要保持和发扬我党团结大多数人一道进步的优良传统，借鉴弘扬《论语》中的交友思想，调动全国人民建设社会主义现代化强国的积极性，为实现中华民族伟大复兴继续努力奋斗。

注释

[1]《论语·学而篇》第1章。

[2]《论语·学而篇》第4章。

[3]《论语·里仁篇》第25章。

[4]《论语·里仁篇》第3章。

[5]《论语·颜渊篇》第24章。

[6]《论语·里仁篇》第1章。

[7]《论语·卫灵公篇》第10章。

[8]《论语·卫灵公篇》第21章。

[9]《论语·里仁篇》第17章。

[10]《论语·述而篇》第22章。

[11]《论语·为政篇》第14章。

[12]《论语·子路篇》第23章。

[13]《论语·公冶长篇》第25章。

[14]《论语·卫灵公篇》第11章。

[15]《论语·学而篇》第8章。

[16]《论语·泰伯篇》第5章。并参见朱熹《四书章句集注》《论语集注》卷四注文。

[17]《论语·季氏篇》第5章。

[18]《论语·季氏篇》第4章。

[19]《论语·学而篇》第7章。

[20]《论语·公冶长篇》第26章。

[21]《论语·颜渊篇》第23章。

[22]《论语·乡党篇》第23节。

[23]《论语·乡党篇》第22节。

[24]《论语·卫灵公篇》第40章。

[25]《论语·子路篇》第28章。

[26]《论语·述而篇》第29章。

[27]《论语·为政篇》第14章。

[28]《论语·子路篇》第23章。

[29] 朱熹:《四书章句集注》,《论语集注》卷九。

[30]《论语·阳货篇》第13章。

[31]《论语·学而篇》第8章。

[32] 李白:《赠汪伦》。

[33]《论语·学而篇》第16章。

[34] 毛泽东:《中国社会各阶级的分析》,《毛泽东选集》第1卷,人民出版社1991年6月第2版,第3页。

[35]《论语·公冶长篇》第10章。

[36]《论语·为政篇》第10章。

[37]《论语·述而篇》第31章。

[38]《论语·述而篇》第29章。

[39] 毛泽东：《第七届中央委员会的选举方针》，《毛泽东在七大的报告和讲话集》，中央文献出版社1995年4月第1版，第166—167页。

第三篇 君子

《论语》开篇讲了人生三件大事：学习、交友、修身。孔子高度重视人自身的完善提高，孔子希望他的学生及更多的人成为仁人君子。《论语》中有很多关于君子的论述（参见附录三：《论语》论君子），为我们留下了一份十分宝贵的关于人的建设的思想文化遗产。

一、《论语》关于君子的论述

君子，是西周、春秋时期对贵族的通称。《尚书·无逸》曰“呜呼，君子所其无逸”，[1]要求统治者不要贪图逸乐。孔颖达疏引郑玄之言曰：“君子，止谓在官长者。”[2]周公旦曾对他的儿子伯禽说：“君子不施其亲，不使大臣怨乎不以。”[3]《国语·鲁语上》曰：“君子务治而小人务力。”[4]这里的君子是指当时的统治者，小人指被统治者。到了孔子生活的春秋末年，“君子”被用来称谓有位者的同时，又被用来称誉有德之士。比如《礼记·曲礼上》曰：“博闻强识而让，敦善行而不怠，谓之君子。”[5]《论语》中孔子师徒关于君子的论述，也有不少时候专指有位者。他们对君子的认识，主要有以下几个方面。

（一）仁义君子

孔子师徒把仁义作为君子的核心人生理念，作为君子的基本人生追求，作为判别君子、小人的一面镜子。

孔子说："富与贵，是人之所欲也，不以其道得之，不处也。贫与贱，是人之所恶也，不以其道得之，不去也。君子去仁，恶乎成名？君子无终食之间违仁，造次必于是，颠沛必于是。"[6]在孔子看来，君子对于仁，是应当"无时无处而不用其力也"。[7]

孔子说："君子之于天下也，无适也，无莫也，义之与比。"[8]又说："君子喻于义，小人喻于利。"[9]"君子义以为质，礼以行之，孙以出之，信以成之。君子哉。"[10]子路问他："君子尚勇乎？"他说："君子义以为上，君子有勇而无义为乱，小人有勇无义为盗。"[11]子贡问他："君子亦有恶乎？"他说："有恶。恶称人之恶者，恶居下流而讪上者，恶勇而无礼者，恶果敢而窒者。"[12]

孔子师徒讲的仁义，是人们应有的行为准则。孔子一生积极参与变革社会现状的实践，他也鼓励他的弟子从政，并把从政作为履行仁义的途径。有一次，阳货对孔子说："自己有一身本领，却听任国家治理迷失方向，这还是仁人君子吗？不是。一个人愿意从政，却屡屡错过机会，这还是聪明吗？不是。时光逝去，就回不来了。"孔子听了阳货的话，就说："诺，吾将仕矣。"[13]对从政这个问题，子路如此论述："不仕无义。长幼之节，不可废也；君臣之义，如之何其废之？欲洁其身，而乱大伦。君子之仕也，行其义也。"[14]

（二）君子尚德

孔子认为君子重视道德，恪守道德，坚持做人做事原则。有一次，南宫适向他询问一个问题，"羿善射，奡荡舟"，他们有一身本领，却"俱不得其死"，禹和稷亲自下地种田，却得到了天下。对此该如何解释。孔子没有当面回答他的问题，因为他知道南宫适有自己的思想观念，对这个问题已经有了答案。南宫适离开后，孔子给了他高度评价："君子哉若人！尚德哉若人！”[15]孔子提出，“当仁，不让于师”，[16]强调“君子周而不比，小人比而不周”，[17]“君子和而不同，小人同而不和”，[18]要求人们出于公心大义讲团结，不要因为个人私利逢迎附和。

（三）公道正派

孔子指出，君子公道正派，光明坦荡，做人做事，不存私心杂念。他说：“君子坦荡荡，小人长戚戚。”[19]“君子泰而不骄，小人骄而不泰。”[20]“君子成人之美，不成人之恶。小人反是。”[21]“君子不以言举人，不以人废言。”[22]“君子贞而不谅。”[23]“君子易事而难说也。说之不以道，不说也；及其使人也，器之。小人难事而易说也。说之虽不以道，说也；及其使人也，求备焉。”[24]孔子的学生子路也指出：“君子之过也，如日月之食焉。过也，人皆见之。更也，人皆仰之。”[25]

有一次，司马牛向孔子请教有关君子的问题。孔子说：“君子不忧不惧。”司马牛反问道：“不忧不惧，斯谓之君子已乎？”孔子说：“内省不疚，夫何忧何惧？”[26]一个光明正大、问心无愧的人，怎么能不是君子呢？

（四）文质彬彬

孔子师徒认为，君子文质兼备，是内在美与外在美的统一。孔子说：“质胜文则野，文胜质则史。文质彬彬，然后君子。”[27]对这个道理，有的人并不是很明白。卫国大夫棘子成就曾向子贡提出疑问。他说：“君子质而已矣，何以文为？”子贡说道，一言既出，驷马难追，说话不能不谨慎，您的话讲错了！文和质一体，是分不开的。文和质同样重要，如果忽视了文，那就像拔去虎豹和犬羊有文采的毛，将难以区分虎豹之皮和犬羊之皮一样，[28]对人“尽去其文而独存其质，则君子小人无以辨矣”。[29]

（五）好学上进

孔子师徒提倡君子好学上进，博学守礼，学以致道，不要追求个人享受。孔子说："君子食无求饱，居无求安，敏于事而慎于言，就有道而正焉，可谓好学也已。"[30]"君子博学于文，约之以礼，亦可以弗畔矣夫！"[31]他的学生子夏提出，"百工居肆以成其事，君子学以致其道"。[32]曾子也说："君子以文会友，以友辅仁。"[33]

孔子不惧怕艰苦的生活。有一回，他想搬到九夷住。有人对他说："那个地方条件简陋，您何必去那里呀！"他说："君子居之，何陋之有？"[34]

孔子强调君子不习鄙事，不必多能，要关心国家大事。有一次，太宰问子贡："夫子圣者与？何其多能也？"子贡说："固天纵之将圣，又多能也。"孔子知道这件事后，就说："太宰知我乎！吾少也贱，故多能鄙事。君子多乎哉？不多也。"[35]

（六）自尊自重

孔子师徒提出，君子当自尊自珍自重，追求进步，追求崇高，好学上进，谨言敏行，做一个文明人，做一个有益于社会的人。孔子说："君子不重，则不威，学则不固。主忠信，无友不如己者。过则勿惮改。"[36]在孔子看来，一个不知自珍自重的人，为人为学都是不行的，也办不好事情，树立不了威信。他要求君子自我珍重，并指出了具体的自尊自重的办法，即恪守忠信、友仁友贤、敢于改过。这一章，是对君子自珍自重提出的全面要求。

孔子强调，君子要特别注重自己的一言一行。他说，"君子欲讷于言而敏于行[37]，""君子耻其言而过其行"[38]。有一次，子路问他，如果卫君用您治国理政，您首先要做的是什么。孔子说："正名。"子路听到他的话，大惑不解，顺口说了一句很不恭敬的话："您怎么迂腐到如此地步？名分的事情算什么？您怎么正名呢？"孔子闻听此言，也很恼火，但很快压下怒火，耐心地教导子路对不明白的道理，不可率尔妄言。他说："野哉，由也！君子于其所不知，盖阙如也。名不正，则言不顺；言不顺，则事不成；事不成，则礼乐不兴；礼乐不兴，则刑罚不中；刑罚不中，则民无所措手足。故君子名之必可言也，言之必可行也。君子于其言，无所苟而已矣。"[39]

在自珍自重方面，孔子还提出"君子不器"，[40]"君子无所争"，[41]"君子固穷"，[42]"不在其位，不谋其政"[43]等思想观点。他的学生子贡提出"君子恶居下流"，[44]曾子提出"君子思不出其位"。[45]

（七）君子责己

孔子师徒强调加强自身修养，提倡严于律己，宽以待人。《论语》开篇就提出，君子要做到"人不知而不愠"。[46]孔子明确提出，"君子病无能焉，不病人之不己知也"；[47]"君子疾没世而名不称焉"；[48]"君子求诸己，小人求诸人"。[49]孔子痛恨强词夺理的行为，他说："君子疾夫舍曰欲之而必为之辞。"[50]他的学生子张也说"君子尊贤而容众，嘉善而矜不能"，[51]要注重学习他人的长处，不断完善自己提高自己。

（八）君子之道

在《论语》中，有多处孔子关于君子之道的论述，从中我们可以看到他对君子的标准的认识，也可以看到如何才能成为一个君子。一处见于孔子对子产的赞许。子产，是春秋时期郑国的一位贤相，是一位杰出的政治家和外交家。孔子称赞他在四个方面合乎君子之道："其行己也恭，其事上也敬，其养民也惠，其使民也义。"[52]第二处孔子强调"君子道者三"，即"仁者不忧，知者不惑，勇者不惧"，[53]不忧不惑不惧，仁知勇兼备。第三处是孔子谈论君子治国理政，要“尊五美”，做到“惠而不费，劳而不怨，欲而不贪，泰而不骄，威而不猛”。他具体解释道：“因民之所利而利之，斯不亦惠而不费乎？择可劳而劳之，又谁怨？欲仁而得仁，又焉贪？君子无众寡，无小大，无敢慢，斯不亦泰而不骄乎？君子正其衣冠，尊其瞻视，俨然人望而畏之，斯不亦威而不猛乎？”[54]此外，孔子还提出：“君子有三戒：少之时，血气未定，戒之在色；及其壮也，血气方刚，戒之在斗；及其老也，血气既衰，戒之在得。”[55]“君子有三畏：畏天命，畏大人，畏圣人之言。小人不知天命而不畏也，狎大人，侮圣人之言。”[56]“君子有九思：视思明，听思聪，色思温，貌思恭，言思忠，事思敬，疑思问，忿思难，见得思义。”[57]这些论述概括起来，就是要求人们做一个知天命畏天命、知礼守礼行礼的仁智勇兼备的人。用现在的话说，就是要做一个德才兼备有益于社会的文明人。

二、《论语》君子思想的价值及其局限

（一）提出了人的修养、人的建设这个大问题

人的修养，无论过去、现在，还是将来，都是人类社会最大的事情，是一个与人类社会共生共存的问题。人类用自己特有的生命形式缔造了一个以自己为中心的五彩缤纷的世界。人类在自己的活动中，改变着自然界，也改变着自己。

回望人类历史，我们可以看到，人在自身建设方面，取得了巨大成就，推动和保障着人类社会的发展进步。但我们还可以看到，人在自身建设方面也存在很多问题。这些问题给自然界带来了伤害，也给人类自身带来了损失甚至灾难。历史表明，人的建设搞好了，人类社会才会好，人类才会有一个光明的未来。

回望人类历史，我们还可以看到，一切头脑清醒的人，一切思考人类

前途命运的人，一切正直正派的人，都会思考人的修养、人的建设这个大问题。古今中外一切进步的思想家，也都对人的建设提出了很有价值的思想观点。孔子提出的君子思想，对人类历史的发展产生了广泛而深远的影响，有些思想观点，对当今社会人的建设，仍具有重要的借鉴价值和指导意义。

（二）君子尚德的观点，抓住了人的建设的根本

孔子提出君子尚德，强调君子自尊自珍自重，要求君子好学上进、严于律己，抓住了人的修养、人的建设的根本，瞄定了人的修养、人的建设的正确方向，指明了人的修养、人的建设的正确道路。

人无德不立，无德不堪为人。人的思维和行为能力，在作用于外部世界的时候，表现为德和才两个方面。德，代表着做人的信念；才，主要指人的行为能力。人的建设最理想的目标，是塑造德才兼备的人。但当德才不能兼备时，首先考虑的应该是德，也必须是德。因为丢掉了德这个根本，才越大，可能对社会的危害越大。对于这个问题，司马光有一篇著名论断。他说："夫才与德异，而世俗莫之能辨，通谓之贤，此其所以失人也。夫聪察强毅之谓才，正直中和之谓德。才者，德之资也，德者，才之帅也。""是故才德全尽谓之圣人，才德兼无谓之愚人，德胜才谓之君子，才胜德谓之小人。凡取人之术，苟不得圣人君子而与之，与其得小人，不若得愚人。何则？君子挟才以为善，小人挟才以为恶。挟才以为善者，善无不至矣；挟才以为恶者，恶亦无不至矣。愚者虽欲为不善，智不能周，力不能胜，譬如乳狗搏人，人得而制之。小人智足以遂其奸，勇足以决其暴，是虎而翼者也，其为害岂不多哉！夫德者人之所严，而才者人之所爱；爱者易亲，严者易疏，是以察者多蔽于才而遗于德，自古昔以来，国之乱臣，家之败子，才有余而德不足以至于颠覆者多矣。""故为国为家者，苟能审于才德之分而知所先后，又何失人之足患哉！"[58]司马

光的议论，与孔子君子尚德的思想，是完全一致的。

孔子强调君子尚德，确立了人的建设要以德为先的原则。但是，我们还要看到，《论语》中的有些言论，与君子尚德的要求是矛盾的。比如孔子把孝慈作为德，这是正确的，但有时他却对此作出有违公道的解释。有一次，叶公对孔子说："吾党有直躬者，其父攘羊，而子证之。"孔子说："吾党之直者异于是，父为子隐，子为父隐，直在其中矣。"[59]孔子此言，故意隐瞒盗窃犯罪事实，公然挑战实事求是的社会公德和社会公理，其逻辑之荒谬，显而易见。但遗憾的是，中国古代社会两千多年，父子相隐、为尊者讳、为贤者讳、为长者讳等明显违背公德的教条，却在中国堂而皇之地大行其道。

（三）关于君子自尊自重的要求，找到了人的建设的抓手

人的建设说起来容易理解，但真正做起来，并做出成效，却是一件难事，需要找到一个很好的抓手。学习是一个抓手，很多人通过学习提升了自身素质，但还有相当多的人并不十分重视学习，有些人的学习动机、目的和方法也存在这样那样的问题。宣传教育、组织推动，都是抓手。孔子提出的君子自尊自珍自重的思想，为人的修养、人的建设找到了一个切入点。如果有人不愿意这样做，那么他就只能是甘于堕落。

生命对于每一个人来说都只有一次。生命的宝贵不言而喻。一个懂得自尊自珍自重的人，必定是一个对自己的人生负责的人，必定是一个追求进步、追求崇高的人，也一定是一个尊重他人，从而赢得他人尊重的人。一个自尊自珍自重的人，一定是注重加强自身修养、加强自身道德建设的人，一定是一个善于与别人沟通、交流、合作的人，一定是一个善于改善人际交往环境，从而为社会带来温暖的人。一个自尊自珍自重的人，必定是注重提高自己的行为能力，矢志为社会多做一些有益的工作的人。基于上述认识，人的建设应当从强化人的自尊自珍自重意识入手。

对于君子自尊自珍自重，孔子提出了三个方面的具体要求："主忠信。无友不如己者。过则勿惮改。"[60]即对上忠诚老实，对朋友诚实守信；与仁人君子为友；善于改过自新。这三点，在孔子看来，就是君子自尊自重的表现。在当今社会，对国家忠诚，对他人诚信，善于纠正自己的错误，也是现代公民应当具有的品质。当然，对现代公民的自尊自重的要求是多方面的，如果要概括为一句话，那就是向上向善向美。

自尊的原则，延伸在人际交往中，就是要尊重他人。因为你不尊重他人，就不可能获得他人对你的尊重，你就不可能实现自尊。人人平等，是社会公理，互相尊重，是社会公德。其实，一个人们互相尊重的社会，就是我们应当追求的理想社会和美好社会。

自尊，主要体现为人的个人修为；尊重他人，则是我们品质高贵的体现。建设一个人人互相尊重的美好社会，除需要我们每一个人的努力外，还需要有一些行之有效的办法。延安时期，我们党就曾经提出过一个很好的办法。1944年9月8日，中央警卫团为张思德烈士开追悼会。毛泽东主席参加追悼会，并作《为人民服务》的讲演。毛主席充分肯定了张思德同志为人民服务的一生，指出："张思德同志是为人民利益而死的，他的死是比泰山还要重的。"为张思德烈士开追悼会，高度赞扬他的一生，这是对张思德同志的极大尊重。毛主席在讲话中还指出："我们的干部要关心每一个战士，一切革命队伍的人都要互相关心，互相爱护，互相帮助。"在这里，毛主席实际上也向我们提出了要互相尊重的要求。毛主席还说："今后我们的队伍里，不管死了谁，不管是炊事员，是战士，只要他是做过一些有益的工作的，我们都要给他送葬，开追悼会。这要成为一个制度。这个方法也要介绍到老百姓那里去。村上的人死了，开个追悼会。用这样的方法，寄托我们的哀思，使整个人民团结起来。"[61]毛泽东主席尊重我们的干部，尊重我们的战士，尊重我们的人民，我们应当落实他的要求，养成自尊尊人的品德，按照自尊尊人的要求做人做事。

（四）关于君子的论述，最大的局限是歧视人民群众

《论语》围绕君子提出了一系列重要的思想、观点和方法，对人的建设具有十分重要的指导意义。但是，受时代条件和个人因素的影响，其中同样存在某些不可避免的局限，比如“述而不作、信而好古”[62]的僵化保守的思想倾向、父为子隐与子为父隐的错误思想等，都对人的建设产生了负面影响。但《论语》最大的局限和错误，却是对人民群众的漠视、轻视和敌视。

孔子出身于没落的奴隶主贵族家庭，他的“先世是商代的王室。周灭商，周王朝封微子启于宋，遂从王室转成为诸侯”，后又“由诸侯家转为公卿之家”。后因孔父嘉被华父督所杀，“因畏华氏之逼，始奔鲁。”到了鲁国之后，“遂由贵族公卿家转为士族之家。”其父叔梁纥，为鲁陬邑大夫，“只受禄，不得与封地世袭者相比。”[63]孔子出生后不久，其父即死。孔子少孤家贫，不得不急谋出仕。他做过主管仓库事务的委吏，做过主管放牧事务的乘田。用他自己的话说，就是“吾少也贱，故多能鄙事”。[64]

孔子在这样的家庭中生长，当时尊崇奴隶主贵族、歧视平民百姓的社会风气和意识形态，对他产生了极大的影响，故在孔子的思想和灵魂深处，埋下了对下层人民的漠视。就像毛泽东主席指出的那样：“在阶级社会中，每一个人都在一定的阶级地位中生活，各种思想无不打上阶级的烙印。”[65]因此，他像当时大多数人一样，称呼有德有位者为君子，而把广大下层百姓称为小人。他说了不少对人民群众很不尊重、很不恭敬的话，比如说：“君子而不仁者有矣夫，未有小人而仁者也。”[66]“君子学道则爱人，小人学道则易使也。”[67]“唯女子与小人为难养也。”[68]

汉武帝罢黜百家、独尊儒术之后，儒学在中国封建社会取得了独尊独霸的地位，孔子也被尊奉为圣人。在这样的社会氛围下，孔子轻视劳动、

歧视劳动人民的思想意识，被历代统治阶级和士大夫阶层所效法并逐步发扬光大，铸成了阶级社会牢不可破的主流意识形态。统治阶级把压迫人民、剥削人民视为天理，给人民群众带来了深重灾难，也为中国社会戴上了沉重锁链，极大地阻碍了中国人的思想解放，极大地阻碍了社会发展进步。

三、我们今天应当如何推进人的建设

（一）把人的建设摆上首要位置

当今世界，是一个科技进步日新月异的时代，也是一个国际竞争激烈残酷的时代。对一些个体来说，追逐金钱，追求物质享受，成了潮流，成了占支配地位的人生价值导向。对一些国家来说，则炫耀武力，弱肉强食，严重威胁着世界和平，威胁着人类的生存。

生活在2500多年前的孔子，也遇上了一个与当今世界有些相像的时代。那时，周王朝的礼乐制度已无力规范诸侯国的行为，大国争霸、诸侯混战愈演愈烈。那时候，生产力获得巨大发展，农业、手工业取得巨大进步。冶铁技术的发展，促进了农具的发展，也带来了兵器的发展，带来了诸侯国之间日益残酷的战争。面临纷乱不堪的社会现实，孔子在观察这个社会，思考那些貌似聪明的人们为何做这样那样的蠢事，为何那么愚不可及。于是，他创立了儒学，创立了关于人的建设的学说。他教诲人们如何做人，如何做事，他提出“君子无终食之间违仁，造次必于是，颠沛必于是”；[69]“君子之于天下也，无适也，无莫也，义之与比”。[70]他要求君子“修己以敬”，“修己以安人”，“修己以安百姓”。[71]他的学生曾子，一日三省其身。由此，足见孔子师徒把自身修养和人的建设摆在了多么重要的地位。

如果人的建设搞不好，人类所从事的其他事情，将没有任何意义，甚至还会危害人类自身。这是最基本的道理，也是人类社会历史反复证明了的真理。无论何时何地，我们都要把自身建设放在第一位。人的建设搞不好，其他的一切都徒劳无益。

（二）进行人的建设，应抓好“一身两翼”

进行人的建设，就像造一架飞机那样，造好了一身两翼，就可以自由自在地飞翔。在人的建设上，也有一身两翼。身是德才，两翼是理性和尊严。

德源于人的良心，源于人们对美好社会、美好人生的渴求。一部《论语》，很大一部分内容讲的是人的修养、人的建设。孔子师徒讨论君子，批评小人，提出了君子仁义、君子尚德、君子光明坦荡等一系列思想观点，他们最看重的就是德。春秋战国时期的很多思想家，经常讨论的也是这个问题。老子的《道德经》专门论述道德，讨论人生和社会的大道理。

自然界和人类社会，都是按照其固有的规律运行的，我们按照规律办事，就是按照道德治国理政、书写人生。德者，得也。以德治国，可以得天下、得人心。以德做人，可以成就光彩人生。比如，老子强调：“不尚贤，使民不争；不贵难得之货，使民不为盗；不见可欲，使民心不乱。”[72]“上善若水。水善利万物而不争。”“夫唯不争，故无尤。”[73]“夫唯不争，故天下莫能与之争。”[74]孔子师徒也有相同的思想观念。有一次，鲁哀公问有若：“年饥，用不足，如之何？”有若回答要减税，实行十分抽一的税。鲁哀公说，现在十分抽二的税，我还不够，怎么能十分抽一呢？有若对曰：“百姓足，君孰与不足？百姓不足，君孰与足？”[75]这些清心寡欲、不与民争利的思想，就是社会公德，是治理天下的大道理，也是为人处世的根本遵循。有了这个德，人就有了灵魂，有了精气神。

才德一体。有德之人，胸怀天下，识大体，顾大局，好学上进，务求天下之公，不念一己之私。为实现利群利他、改善社会的理想，自然要增长干才，担当作为。对他们来说，才之于德，如影相随。

理性，是人类进化的产物，是社会发展进步的产物。

在人类历史的早期阶段，在原始社会，人们的理性思维和理性行为能力，也处于原始阶段。原始部落之间无休止的战争，给人类带来了无穷无尽的灾难。面对来自自然界的威胁，由于缺乏应对的经验，人类同样手足无措。后来，人们渐渐总结出了一些经验，获得一些理性思维和理性行为的能力。第一次大飞跃是建立部落联盟。原始社会末年，一些头脑清醒的部落领袖，认识到部落之间无休止的战争，不仅给其他部落带来了灾难，也给本部落带来了损失和痛苦。于是他们与其他部落一起沟通协商，建立了部落联盟。第二次大飞跃是建立国家，同样是由于理性的作用，使不同的部落联盟结合成国家。在国家疆域内，构建全体国民的命运共同体，实现了人类历史从原始野蛮时期向文明时期的过渡。第三次大的飞跃，是奴隶制贵族社会向封建社会过渡。奴隶制时期，各级奴隶主贵族世袭政权，垄断政治、经济和文化权益，广大平民百姓不得参与国家治理。后来，人们逐步认识到这种情况的不合理，同样是由于理性的作用，推动人类社会否定奴隶主贵族世袭垄断国家政治经济文化权益，实现这些权益向社会开放。第四次大的飞跃，是封建国家向近现代国家迈进。自由、平等思想的提出，是人类理性思维的重大成果，推动人类社会的发展向前迈出了一大步。

理德同源。理性思考、理性作为，同德一样，皆源于人们对美好社会、美好人生的渴望和追求，都是在良心驱使下进行的。理性，是推动人类社会前进的动力，也是规范、改善人生的巨大力量。进行人的建设，必须毫不动摇依靠理性的指导和推动。

人的建设的另一翼是尊严。毛泽东主席曾说：“世间一切事物中，人是第一个宝贵的。”[76]当我们认识到自身尊严的时候，我们就会好学上进，我们就要追求进步，追求崇高，追求文明，以维护我们的尊严。事实上，人类社会取得的每一个进步，都是为了捍卫人的尊严。

人的尊严，包括自尊和尊人两个方面，是自尊、尊人的有机统一。一个人要自尊，要珍爱自己的生命，就要多做一些好事，为建设美好社会贡献自己的力量，这是真正的自尊，是正确的自尊。自尊，绝不是唯我独尊，绝不能妄自尊大。因为你若不尊重他人，你也不会获得他人的尊重，也就维护不了自己的尊严。当一个人认识到这个道理的时候，就会赢得一个美好的人生；当大多数人认识到这个道理的时候，我们生活的世界，就会减少很多灾难、很多罪恶。

（三）挖掉危害人的建设的两大“毒瘤”

当今世界，危害人的修养、人的建设的，有两大“毒瘤”：官本位和金钱本位。这两大“毒瘤”，严重地威胁着人类的健康，阻碍着人类社会的发展进步。

官僚制度的出现，本是人类社会的一大进步。在奴隶制社会后期，人们逐渐清醒地认识到奴隶主贵族世袭垄断国家政权的不合理性，广大平民要求享有参与国家治理的权利，一些有识之士开始探索解决这个问题的办法。战国时期的各国就是如此。那时候，魏、楚、齐、韩等国都开始变革奴隶制，吴起在楚国下令“封君之子孙三世而收爵禄”，[77]申不害在韩国要求君主“因任而授官，循名而责实”。[78]最深刻最彻底的变法发生在秦国，商鞅废井田，开阡陌；取缔旧贵族的封邑，开始实行郡县制度。秦始皇统一全国后，在全国范围内，彻底取消诸侯国制度和奴隶主贵族世袭垄断国家政权的制度，全面推行郡县制度，建立官僚制度，将治理国家的公共权力向全社会开放。这项重大变革，将中国奴隶时代带入了封建时代，是中国社会的巨大进步。从秦汉以迄隋唐，在任人唯贤、任人唯能原则的指导下，从举孝廉、举贤良方正，从征辟察举到实行九品官人法，到实行科举制度，国家选拔优秀人才治理国家，推动中国社会出现了汉唐时代的繁荣局面。但自宋以后，中国封建国家的官僚政治开始走下坡路，并逐步走向腐败堕落。

从汉武帝开始的儒学独尊，到了宋元明清走到了儒学独霸、儒学专制的极端地步。国家选拔官员，以四书五经为法定考试内容，各级各类官员也就成了圣人之徒。但那些以圣人之徒自诩的官员们，有很大一部分人却背弃了孔子济世安民的教诲，把当官作为争名逐利的资本，干起了蠹政害民的勾当。

孔子本人热心政治，也鼓励他的弟子从政。孔子不反对人们追求富贵，但反对发不义之财，谋不仁之贵。他说："富与贵，是人之所欲也，不以其道得之，不处也。贫与贱，是人之所恶也，不以其道得之，不去也。君子去仁，恶乎成名？君子无终食之间违仁，造次必于是，颠沛必于是。"[79]"富而可求也，虽执鞭之士，吾亦为之。如不可求，从吾所好。"[80]"饭疏食饮水，曲肱而枕之，乐亦在其中矣。不义而富且贵，于我如浮云。"[81]这些教诲明确具体，铿锵有力。遗憾的是，中国古代社会的一部分官僚，特别是明清时期的官僚们，对孔子的教诲置若罔闻。

资产阶级革命的兴起，极大地冲击了中世纪腐败的官僚政治。在中国，反帝反封建斗争取得了伟大胜利，新中国确立了社会主义制度，废除了旧官僚制度，建立了适应现代社会发展要求的干部制度和公务员制度。广大干部为建设社会主义现代化强国努力奋斗，取得了举世瞩目的成就。但是，不容避讳的是，两千多年封建社会的历史，以追逐功名利禄为核心的官本位意识，无时无刻不在侵蚀着人们的思想观念，阻碍着人的建设，阻碍着中国社会的发展进步。不彻底挖掉官本位这个"毒瘤"，我们就不可能获得彻底的解放；不甩掉官本位这个包袱，中国社会永远不可能轻装前进。

金钱本位是资本主义制度的产物。自古以来，就有一些人非法牟取物质利益，但直到资本主义制度确立以前，牟取不义之财，只是奴隶主贵族和封建统治阶级垄断政权带来的附属性罪恶。资本主义制度确立后，资本追逐利润的天然属性，使金钱本位堂而皇之地登上了人类历史的舞台。

与封建制度代替奴隶制度一样，资本主义制度取代中世纪君主专制，也是历史的巨大进步。在反抗和推翻君主专制的斗争中，一部分先进的思想家举起了民主、自由、平等的旗帜，极大地推动了人的自由解放，推动了社会发展。资本主义制度的确立，极大地促进了社会生产力的发展，给人们的生产生活带来了极大便利。但事物都有两面性。资本在发挥其积极作用的同时，其消极作用也日甚一日地显露出来。其中最集中、最突出的表现就是金钱本位肆无忌惮地危害社会。资本和金钱无视人的尊严，侵蚀道德，侵蚀良心，毁掉了人的理性，摧毁了道德底线。有些资本家为了金钱，漠视一切，置一个民族、一个国家的利益于不顾。一句话，金钱本位发展到极端的时候，不仅会危害人的建设，还会毁掉整个人类社会。这绝不是危言耸听，发生在过去的悲剧和发生在21世纪今天的事情，都在证明着这个道理。

更为可怕的是，官本位和金钱本位合流的问题日益严重，这两大“毒瘤”长在一起，将直接危害人类社会的生存，将会葬送人类社会的一切文明成果。除掉这两大“毒瘤”，是全世界人民的共同任务。

注释

[1]《尚书·无逸》。

[2]［清］阮元校刻：《十三经注疏》，《尚书正义》卷十六，《无逸》。

[3]《论语·微子》第10章。

[4]《国语·鲁语上》中，曹刿答对鲁庄公之言。

[5]［清］阮元校刻：《十三经注疏》，《礼记正义》卷三，《典礼上》。

[6]《论语·里仁》第5章。

[7] 朱熹：《四书章句集注》，《论语集注》卷二。

[8]《论语·里仁》第10章。

[9]《论语·里仁》第16章。

[10]《论语·卫灵公》第18章。

[11]《论语·阳货》第23章。

[12]《论语·阳货》第24章。

[13]《论语·阳货》第1章。

[14]《论语·微子》第7章。

[15]《论语·宪问》第5章。

[16]《论语·卫灵公》第36章。

[17]《论语·为政》第14章。

[18]《论语·子路 》第23章。

[19]《论语·述而》第37章。

[20]《论语·子路》第26章。

[21]《论语·颜渊》第16章。

[22]《论语·卫灵公》第23章。

[23]《论语·卫灵公》第37章。

[24]《论语·子路》第25章。

[25]《论语·子张》第21章。

[26]《论语·颜渊》第4章。

[27]《论语·雍也》第18章。

[28]《论语·颜渊》第8章。

[29] 朱熹：《四书章句集注》，《论语集注》卷六。

[30]《论语·学而》第14章。

[31]《论语·雍也》第27章。

[32]《论语·子张》第7章。

[33]《论语·颜渊》第24章。

[34]《论语·子罕》第14章。

[35]《论语·子罕》第6章。

[36]《论语·学而》第8章。

[37]《论语·里仁》第24章。

[38]《论语·宪问》第27章。

[39]《论语·子路》第3章。

[40]《论语·为政》第12章。

[41]《论语·八佾》第7章。

[42]《论语·卫灵公》第2章。

[43]《论语·泰伯》第14章。

[44]《论语·子张》第20章。

[45]《论语·宪问》第26章。

[46]《论语·学而》第1章。

[47]《论语·卫灵公》第19章。

[48]《论语·卫灵公》第20章。

[49]《论语·卫灵公》第21章。

[50]《论语·季氏》第1章。

[51]《论语·子张》第3章。

[52]《论语·公冶长》第16章。

[53]《论语·宪问》第28章。

[54]《论语·尧曰》第2章。

[55]《论语·季氏》第7章。

[56]《论语·季氏》第8章。

[57]《论语·季氏》第10章。

[58]《资治通鉴》卷一《周纪一》威烈王二十三年（公元前403年）。

[59]《论语·子路》第18章。

[60]《论语·学而》第8章。

[61] 毛泽东：《为人民服务》，《毛泽东选集》第3卷，人民出版社1991年6月第2版，第1004—1005页。

[62]《论语·述而》第1章。

[63] 钱穆：《孔子传》，生活·读书·新知三联书店2002年9月北京第1版，第1—3页。

[64]《论语·子罕》第6章。

[65] 毛泽东：《实践论》，《毛泽东选集》第1卷，人民出版社1991年6月第2版，第283页。

[66]《论语·宪问》第6章。

[67]《论语·阳货》第4章。

[68]《论语·阳货》第25章。

[69]《论语·里仁》第5章。

[70]《论语·里仁》第10章。

[71]《论语·宪问》第42章。

[72]《道德经》上篇第3章。

[73]《道德经》上篇第8章。

[74]《道德经》上篇第22章。

[75]《论语·颜渊》第9章。

[76] 毛泽东：《唯心历史观的破产》，《毛泽东选集》第四卷，人民出版社1991年6月第2版，第1512页。

[77]《韩非子·和氏》。

[78]《韩非子·定法》。

[79]《论语·里仁》第5章。

[80]《论语·述而》第12章。

[81]《论语·述而》第16章。

第四篇 仁

仁是先秦时期思想家提出的一种道德观念，它为人们树立了较高的行为准则。周武王讨伐商纣王的时候，在誓师大会上，讲道：『予有乱臣十人，同心同德。虽有周亲，不如仁人。』[1]老子说：『天地不仁，以万物为刍狗。圣人不仁，以百姓为刍狗。』[2]墨子说：『仁，仁爱也。』[3]

仁也是《论语》里一个十分重要的概念，是儒家思想的核心概念之一。《论语》中虽然说“子罕言利与命与仁”，[4]但实际上，在《论语》中却有很多孔子师徒讨论“仁”的记录（参见附录四：《论语》论仁）。在他们的讨论中，提出了许多重要的思想观点。这些思想观点，对中国社会产生了广泛而深刻的影响。

一、《论语》关于仁的论述

（一）仁者爱人

樊迟问仁。孔子说：“爱人。”[5]博爱大众，是孔子对弟子们提出的一项基本要求。他说：“弟子入则孝，出则悌，谨而信，泛爱众，而亲仁。行有余力，则以学文。”[6]当然，他讲的“泛爱众”的“爱”，也是有区别，有原则的，其中并不包含恶人。他说：“唯仁者能好人，能恶人。”[7]在爱人问题上，孔子是爱憎分明的。

对他的学生宰我，孔子就很不喜欢。有一次，宰我问他："三年之丧，期已久矣。君子三年不为礼，礼必坏；三年不为乐，乐必崩。旧谷既没，新谷既升，钻燧改火，期可已矣。"对宰我这种不仁不孝的话，孔子很生气，但还是耐心地教导他。他问宰我，父母之丧，"食夫稻，衣夫锦，于女安乎？"无奈宰我实在是不可救药，他说："安。"面对如此执迷不悟的学生，孔子很生气，他说："女安则为之！夫君子之居丧，食旨不甘，闻乐不乐，居处不安，故不为也。今女安，则为之！"宰我出。孔子说道："予之不仁也！子生三年，然后免于父母之怀。夫三年之丧，天下之通丧也。予也有三年之爱于其父母乎？"[8]宰我不孝不敬，孔子痛心疾首。还有一次，宰我问孔子："仁者，虽告之曰：'井有仁焉。'其从之也？"就是说，对于有仁德的人，如果你欺骗他，告诉他井里掉下一个人，他会不会跟着跳下去呢？对如此荒唐的问题，孔子很生气，他说："何为其然也？君子可逝也，不可陷也；可欺也，不可罔也。"[9]敬爱父母、孝顺父母本是天理，对一个不懂天理的学生来说，孔子又有什么办法呢？

仁者爱人的思想观念，反映到治理国家方面，就是爱民亲民。孔子反对暴政，主张仁政。他说："不教而杀谓之虐，不戒视成谓之暴，慢令致期谓之贼。"[10]有一次，季康子向他问政："如杀无道，以就有道，何如？"孔子对曰："子为政，焉用杀？子欲善而民善矣。"[11]使仁政大行于天下，是孔子毕生的追求，也是他期盼的理想社会。他说："如有王者，必世而后仁。"[12]他盛赞"善人为邦百年，亦可以胜残去杀矣"[13]这句名言，主张圣贤为政、仁义君子从政。他说："苟正其身矣，于从政乎何有？不能正其身，如正人何？"[14]他认为，仁德是人一日都不可缺少的东西，"民之于仁也，甚于水火。水火，吾见蹈而死者矣，未见蹈仁而死者也。"[15]当子张向他问仁的时候，他说："能行五者于天下为仁矣。"他讲的五种品德，即恭、宽、信、敏、惠。他说："恭则不侮，宽则得众，信则人任焉，敏则有功，惠则足以使人。”[16]他认为治理国家，要“尊五美”，即“惠而不费，劳而不怨，欲而不贪，泰而不骄，威而不猛”，要“屏四恶”，即扫除“不教而杀”“不戒视成”“慢令致期”“出纳之吝”四种恶政。[17]

管仲是春秋初期著名的政治家。齐襄公统治的时候，朝政混乱不堪。管仲、召忽侍奉公子纠逃往鲁国，鲍叔牙侍奉公子小白逃往莒国。齐襄公被杀后，公子小白先入齐国，立为君，是为齐桓公。随后，齐桓公兴兵伐鲁，逼迫鲁国杀了公子纠。公子纠被杀，召忽自杀以殉。管仲非但没有为公子纠殉难，反而在鲍叔牙的鼎力推荐下，做了齐桓公的宰相。对此，世人多有非议。管仲相齐，大力革新政治，兴利除弊，务力民生安康，齐国日益强盛。齐桓公大会诸侯，订立盟约，成为春秋五霸之首。

对管仲这个人，孔子认为他追求奢华，僭越非礼，器量狭小。[18]但对他辅佐齐桓公，施行仁政，给予了极高的评价。当子路问他“桓公杀公子纠，召忽死之，管仲不死”，“未仁乎？”他说：“桓公九合诸侯，不以兵车，管仲之力也。如其仁，如其仁。”[19]子贡对管仲也有非议。子贡说：“管仲非仁者与？桓公杀公子纠，不能死，又相之。”孔子说：“管仲相桓公，霸诸侯，一匡天下，民到于今受其赐。微管仲，吾其被发左衽矣。岂若匹夫匹妇之为谅也，自经于沟渎而莫之知也？”[20]他高度称许管仲造福于民的仁政仁德，原谅了他的非礼行为。由此，足见孔子对仁政的追求和期盼是那么强烈！

（二）仁者守礼

颜渊是孔子最得意的弟子。有一次，颜渊向孔子请教如何才能成为一个仁人。孔子说：“克己复礼为仁。一日克己复礼，天下归仁焉。为仁由己，而由人乎哉？”接着，颜渊请孔子讲一讲克己复礼的具体的办法。孔子说：“非礼勿视，非礼勿听，非礼勿言，非礼勿动。”[21]即言谈举止皆应合于礼，不合乎礼的事情不要做。孔子强调仁者守礼，把是否守礼作为区别仁与不仁的标准。他说："人而不仁，如礼何？"[22]孔子讲的这句话，与他评说管仲的事，显然产生了矛盾。当有人问他"管仲知礼乎"？他说："邦君树塞门，管氏亦树塞门。邦君为两君之好，有反坫，管氏亦有反坫。管氏而知礼，孰不知礼？"[23]从这里，可以看到孔子对管仲越礼的做法是很生气的。但是，如前所述，当他提到管仲辅佐贤君施行仁政的时候，他又从不拘小礼的角度，原谅了管仲的非礼，称许他为仁人。

（三）仁者无私无畏

孔子说过一句震烁今古、字字千钧的话："志士仁人，无求生以害仁，有杀身以成仁。"[24]在他看来，仁者无私无畏，当死而死，何惧之有？他认为仁者秉天下至公，憎爱分明，"唯仁者能好人，能恶人"。[25]当樊迟向他请教仁的问题的时候，他说："仁者先难而后获，可谓仁矣。"[26]他说道："知者不惑，仁者不忧，勇者不惧。"[27]"仁者必有勇，勇者不必有仁。"[28]

（四）成仁由己，欲仁则仁

仁是孔子高度赞扬的一种品德，被他称许的仁人并不太多。除管仲外，他讲过"殷有三仁"：微子、箕子和比干。[29]仅从这一点看，似乎成为一个仁人是高不可攀的事情。但孔子又对人们说："仁远乎哉？我欲仁，斯仁至矣。"[30]"有能一日用其力于仁矣乎？我未见力不足者。盖有之矣，我未之见也。"[31]他对颜渊讲得更明白："为人由己，而由人乎哉？"[32]就是说，只要立志为仁，人人都可以成为仁人。

不仅如此，孔子师徒还为人们指明了成为仁人的具体办法。第一，矢志为仁。他说："君子无终食之间违仁，造次必于是，颠沛必于是。"[33]他表扬颜渊"三月不违仁"，[34]他提倡"当仁，不让于师"。[35]他的学生曾子也说："士不可以不弘毅，任重而道远。仁以为己任，不亦重乎？死而后已，不亦远乎？"[36]第二，强调务本。孔子说："君子笃于亲，则民兴于仁。故旧不遗，则民不偷。"[37]他的学生有子也说："其为人也孝悌，而好犯上者，鲜矣。不好犯上，而好作乱者，未之有也。君子务本，本立而道生。孝悌也者，其为仁之本与！"[38]第三，强调持重。樊迟问仁。孔子说："居处恭，执事敬，与人忠。虽之夷狄，不可弃也。"[39]仲弓问仁。孔子说："出门如见大宾，使民如承大祭。己所不欲，勿施于人。在邦无怨，在家无怨。"[40]司马牛问仁。孔子说："仁者，其言也讱。"司马牛不解，反问道："其言也讱，斯谓之仁已乎？"孔子说："为之难，言之得无讱乎？"[41]孔子强调真诚做人，反对伪善不仁。他说："巧言令色，鲜矣仁。"[42]"刚、毅、木、讷近仁。"[43]当有人讲到他的弟子冉雍"仁而不佞"时，他说："焉用佞？御人以口给，屡憎于人。不知其仁，焉用佞？"[44]第四，强调亲仁。他说："里仁为美。"[45]他的弟子曾子也说："君子以文会友，以友辅仁。"[46]当子贡向孔子请教"为仁"的办法时，孔子说："工欲善其事，必先利其器。居是邦也，事其大夫之贤者，友其士之仁者。"[47]第五，强调学习。孔子反对愚仁，他说："好仁不好学，其蔽也愚。"[48]他的学生子夏说："博学而笃志，切问而近思，仁在其中矣。"[49]除以上几个方面外，孔子还认同仁者从政，施惠于民。当阳货质问他"怀其宝而迷其邦，可谓仁乎？"时，他说："诺。吾将仕也。"[50]

二、《论语》关于仁的思想观念的价值及其局限

《论语》论仁，视域宽广，内容丰富，提出了许多事关人的建设和社会建设的重大命题。特别是仁者爱人、仁者无私、仁者守礼、成仁由己四个重大命题，奠定了中国仁学的思想理论基础。关于"仁者守礼"这

个命题，本书将在对“礼”的专题研究中作具体论述，这里将着力阐释其他三个命题的思想理论价值。

（一）仁者爱人，为建设充满真情、充满爱的美好社会提供了理论依据

爱是人的本性。人间最美好、最重要、最宝贵的东西就是爱。爱是温暖人心、滋润人心的春雨，是激励人们前行的动力，是疗治人们心理创伤的良药。有了爱，再大的矛盾都可以解决，再深的仇怨都可以化解，人们可以把困境转化为顺境，可以把敌人转变为朋友。有了爱，家庭充满温暖，社会充满和谐，人类社会就会向着美好迈进。没有爱，人间将充斥着猜忌、仇恨、争夺、欺凌和杀戮，父子、兄弟、夫妇也可能成为仇敌，整个社会都可能沦为人间地狱。孔子提出的仁者爱人的思想理论，为我们解除人类的苦难创造美好社会，提供了理论依据。

除仁者爱人外，孔子师徒还提倡爱民亲民，他们反对暴政，主张仁政，提出了恭、宽、信、敏、惠等一系列实行仁政的思想。但他们强调上下尊卑，特别是把统治者尊为君子，把被统治者斥为小人，这种爱有差等、有选择、有偏颇的思想，严重地影响了仁爱思想的贯彻落实。因为强调了尊卑贵贱，实际上就是否定了人与人之间的平等关系，也就挖掉了互相尊重互相爱护的根基，动摇了仁者爱人的基础，也就不会有真正的爱。即使有“爱”，也只能是统治者良心发现后，对被统治者的一种居高临下的施舍，这是儒家仁爱思想的最大局限。

相对于儒家的仁爱观念，墨家的仁爱思想显然前进了一大步。墨子力主兼相爱、交相利，突出强调国与国、家与家、人与人之间互相尊重。墨子说：“夫爱人者，人必从而爱之；利人者，人必从而利之，恶人者，人必从而恶之。”“视人之国若视其国，视人之家若视其家，视人之身若视其身。是故诸侯相爱则不野战，家主相爱则不相篡，人与人相爱则不相贼。君臣相爱则惠忠，父子相爱则慈孝，兄弟相爱则和调。天下之人皆相爱，强不执弱，众不劫寡，富不侮贫，贵不傲贱，诈不欺愚。凡天下祸篡怨恨可使毋起者，以相爱生也。是以仁者誉之。”[51]

汉武帝罢黜百家、独尊儒术之后，儒学取得了独尊独霸地位。墨子等人关于仁爱的思想未能受到应有的尊重，更没有得以继承发展。但在推行极端专制主义的封建时代，儒家的仁爱思想，尽管有其先天性局限（这正是封建专制统治者最需要的东西），但毕竟有胜于无，它仍是一团不灭的火种，给充满罪恶的阶级社会带来了一丝温暖，给在死亡线挣扎的下层百姓带来了一点生存的希望。

（二）仁者无私，触及人的建设和社会建设中一个带有根本性的问题

孔子关于“志士仁人，无求生以害仁，有杀身以成仁”[52]和仁者无忧、仁者必有勇的论断，触及了人生观、价值观问题，触及了公与私的问题，这是人的建设和社会建设中一个最根本的问题。

天地之大，人生万象，概括起来，其实只有两个字：公与私。为公，人人可为仁人，为君子；为私，则会成为小人，成为祸害他人、祸害社会的妖魔鬼怪。心底无私天地宽。相反，一个人有了私心杂念，便会无视天下公理，无视社会公德，无视人伦物理，便会失去理性，泯灭良心，为所欲为，无恶不作。普天之下，一切美好的东西，比如忠、孝、廉、义、爱、伟大、崇高、公平正义、文明进步等，皆是由“公”带来的，皆源于“公”；一切罪恶的东西，比如吝啬、傲慢、偏见、狭隘、嫉妒、仇恨、掠夺、杀戮等，都是由“私”带来的，皆源于“私”。

一个家庭，父母与子女之间，兄弟姐妹之间，夫妻之间，多一点“公”的成分，就会互相尊重，互相帮助，这个家庭就有了温暖，就有了爱。相反，多一点“私”的成分，就会一切以自我为中心，念念不忘

自己的感受，无视他人的感受，这个家庭就有了不和，有了争吵，有了冰冷。

一个单位，公的成分多了，大家就会心悦诚服，就会心往一处想，劲往一处使，就能够集中大家的智慧和力量，干出一番事业。

中国有几千年的封建社会，以文明自居的西方国家至今还是私有制社会。一个私字，给人类社会带来了无穷无尽的罪恶。事物都有两个方面。虽然在私的垄断和重压之下，人类社会少了很多美好，但我们发现，人类的良心并没有泯灭，公平正义仍没有被彻底消灭，其原因是什么？答案就是，公与私始终在进行着斗争，公的力量仍然存在。这就如同鲁迅先生所讲的那样："我们从古以来，就有埋头苦干的人，有拼命硬干的人，有为民请命的人，有舍身求法的人，……虽是等于为帝王将相作家谱的所谓'正史'，也往往掩不住他们的光耀，这就是中国的脊梁。"[53]鲁迅先生所讲的，不就是孔子盛赞的志士仁人吗？

中国是一个志士仁人辈出的国度。这是中国两千多年封建社会虽然持续堕落但中华民族没有衰亡的最根本的原因之一。古代有岳飞、文天祥，近代有谭嗣同、陈天华、邹容、秋瑾、黄兴等。在中国共产党领导的中国革命中，更铸造了一批又一批舍身为党、为国、为民的英雄群体，他们用鲜血洗去了中国几千年剥削制度的罪恶，洗去了西方列强蹂躏中国的奇耻大辱。他们用为中国人民谋幸福、为中华民族谋复兴的天下至公精神，换来了一个人民当家做主的新社会。

1945年4月，当抗日战争快要迎来胜利，中国人民为争取独立解放、"建设一个独立、自由、民主、统一和富强的新国家"仍在浴血奋战的时候，毛泽东主席写道："成千成万的先烈，为着人民的利益，在我们的前头英勇地牺牲了，让我们高举起他们的旗帜，踏着他们的血迹前进吧！"[54]时至今日，中国发生了翻天覆地的变化，我们仍然要踏着我们前辈的血迹，发扬他们的精神，为建设社会主义现代化强国不懈奋斗！

（三）成仁由己，为人们指明了向上向善向美的道路

孔子提出的成仁由己、欲仁则仁、人人皆可以成为仁人的观念，为人们指出了一条向上向善向美的道路，增强了我们实现美好人生、建设美好社会的信心。成仁由己这个命题，在认识论和实践论上，在哲学、心理学、政治学和社会学上，都具有重要的理论价值。

人自身如何建设？社会如何建设？人能不能向着好的方向发展？社会有没有进步的可能？这些问题是人类共同关心的问题。对此，孔子师徒不仅进行了深入探讨，而且给出了具体而又明确的答案。那就是人是可塑的，是可以变好的，“我欲仁，斯仁至矣”，[55]人人皆可以成为仁人，人类社会当然一定会走向美好。

仁人，是孔子高度称许的人。在孔子看来，仁人虽不及圣人——圣人是特殊的、常人无法企及的，但仁人矢志为仁、意志坚强，仁人务本、理性持重，仁人亲仁、好学上进，仁人无私、徙义知礼、施惠于民，而且是欲仁则仁，每个人都完全有能力拥有仁德，都有能力做好事做善事，都有能力成为仁人。仁人，完全可以作为人的建设的目标，并且可以对每一个人提出成为仁人的要求。这就给那些关注人类命运的人，提供了一个充满希望、充满信心的理论，也给我们的每一个人指明了向上向善向美的道路。

当然，孔子提出的欲仁则仁、人人皆可以成为仁人的人，是指士大夫以上的统治者，并不包括被他称为小人的广大劳动人民，更不包括奴隶，也不包括妇女。他明确提出：“唯女子与小人为难养也，近之则不逊，远之则怨。”[56]在孔子看来，亲近了这些人，他们会对你无礼，疏远了这些人，他们会对你怨恨，他们是无法调教的，怎么能会成为仁人君子呢？将人分成三六九等，把成仁视为统治者的专利，这是孔子仁学思想的又一缺陷。

1939年12月，毛泽东主席在《纪念白求恩》这篇的文章中，讲到了一个与孔子成仁由己、人人皆可以成为仁人的思想观念完全相同的观点。白求恩是加拿大人，为了反对法西斯的伟大事业，为了帮助中国人民的抗日战争，不远万里，来到中国，不幸以身殉职。毛泽东主席号召中国共产党人和中国人民学习白求恩“毫无自私自利之心”的精神，提出“从这点出发，就可以变为大有利于人民的人”。他强调：“一个人能力有大小，但只要有这点精神，就是一个高尚的人，一个纯粹的人，一个有道德的人，一个脱离了低级趣味的人，一个有益于人民的人。”[57]

孔子成人由己、欲仁则仁的思想，仅是对统治者的期待，在私有制度下，这仅仅是一个良好的愿望。毛泽东主席的每一个人都“可以变为大有利于人民的人”的思想观点，是对中国共产党人和中国人民的赞美，是一个被中国人民的奋斗证明了的现实存在。毛泽东主席指出：“人民，只有人民，才是创造世界历史的动力。”[58]他热情讴歌中国人民和中国人民的奋斗创造，“春风杨柳万千条，六亿神州尽舜尧”[59]“喜看稻菽千重浪，遍地英雄下夕烟”。[60]在他的心中，人民群众是英雄，是圣人。在中国共产党领导下，中国人民砸碎了一个旧世界，建立了一个新中国。中华人民共和国成立后，获得自由解放的中国人民，以英雄的姿态与主人翁的姿态，投身社会主义革命和社会主义建设，焕发出巨大力量，在仅仅70多年的时间里，把一个贫穷落后、被西方列强长期奴役的中国，变成了一个伟大的社会主义国家，这是中国古代圣贤想都不敢想的事情。中国的发展，充分证明了只有在社会主义条件下，孔子欲仁则仁的期盼才会得到实现。社会主义国家为每一个成为有益于社会、有益于人民的人，为每一个人向上向善向美，开辟了无比宽阔的道路，提供了坚强有力的制度保障，创造了伟大的历史机遇。

三、孔子仁学在中国的历史实践

孔子仁者爱人、仁者守礼、仁者无私和为仁由己的仁学思想，到了孟子，讲得更加具体，更具有实践指导性。孟子说："仁者以其所爱及其所不爱，不仁者以其所不爱及其所爱。"[61]朱熹注曰："亲亲而仁民，仁民而爱物，所谓以其所爱及其所不爱也。"[62]孟子还说："仁言，不如仁声之入人深也。"[63]就是讲"以仁厚之言加于民"，未若"有仁之实而为众所称道者也"。[64]孟子见梁惠王。梁惠王问他："叟不远千里而来，亦将有以利吾国乎？"孟子说："王何必曰利？亦有仁义已矣。"当梁惠王向他请教强国之道时，他向梁惠王明确提出了施仁政的建议。他说："王如施仁政于民，省刑罚，薄税敛，深耕易耨。壮者以暇日修其孝悌忠信，入以事其父兄，出以事其长上，可使制梃以挞秦楚之坚甲利兵矣。"[65]孔子、孟子的仁德、仁人、仁政的思想观念，关于加强道德教育、行仁政，爱民惠民，轻徭薄赋的治国思想，在当时诸侯争霸的时代条件下，没有派上用场，没有付诸实践的现实环境。到了汉武帝罢黜百家、独尊儒术之后，孔孟的仁政思想开始运用到治国理政的各个方面，对封建国家的治国理政发生了广泛而深远的影响。

（一）仁德温暖了中华大地

中国古代，有近2000年的奴隶制时代，各级奴隶主贵族世袭垄断国家政权，占有耕地、草原、山泽等自然资源，占有房屋、武器和各种生产工具，占有平民和奴隶。平民尚有部分人身自由，奴隶则如同牲畜一样，供奴隶主贵族役使、杀戮和殉葬。在2000多年的封建时代，专制皇帝视全体国民为奴仆，即使是宰相大臣，也要跪拜匍匐在皇帝之下。各地官吏独霸一方，鱼肉百姓。更有数不尽的土豪劣绅，欺辱良善，无恶不作。一部中国古代史，实际上就是一部中国人民的苦难史、血泪史。这就是鲁迅先生所讲的“吃人”。他写道：“我翻开历史一查，这历史没有年代，歪歪斜斜的每页上都写着‘仁义道德’几个字。我横竖睡不着，仔细看了半夜，才从字缝里看出字来，满本都写着两个字‘吃人’！”[66]这是中国古代社会的一个方面。

另一方面，中国人民的淳朴、善良，是温暖人间的真正力量。广大人民群众在与人间苦难的抗争中，相互扶持，相互帮助，相互关心爱护，用他们的仁爱的光辉，温暖了冰冷无情的黑暗中国，并使中华文明得以延续。当然，古代也有一些像汉文帝、明仁宗那样的善良开明的君主，一些像包拯、海瑞那样的刚正不阿、爱民亲民的清官廉吏，一些像杜甫、陆游那样的悲天悯人的读书人，他们知稼穑艰难，知百姓疾苦；他们除暴安良，为民请命；他们用手中的笔，谴责人间的罪恶。他们尊重人，理解人，同情人，用仁德、仁爱，温暖着中华大地，抚慰着在苦难中挣扎求生的中国人民。

（二）仁人守护了做人的良心和尊严

维持人类社会的生存发展，建设美好社会，是全人类的共同责任，也是每一个人的责任和义务。人生于世，多做一些好事善事，多做一点有益于他人、有益于社会的事情，才算尽到了做人的本分，获得了做人的尊严。最起码的要求是，不要做有害于他人、有害于社会的事情，即使做不到利群、利他，也绝不能害人，这是做人的底线，是做人的良心。

孔子强调仁者爱人，强调忠、恕、孝、悌，强调恭、宽、信、敏、惠，强调仁者守礼、仁者无私无畏，强调“己欲立而立人，己欲达而达人”，[67]“己所不欲，勿施于人”。[68]这就为人们树立了一个做人的标杆。

当我们在家孝敬双亲，友爱兄弟姐妹，亲近乡邻的时候；当我们在外恪尽职责，尽心尽力做工作的时候；当我们遇到需要帮助的人，动手扶助的时候，这份仁爱之心的施予，也就使我们成为仁人。其实，这并不是什么太大的难事，就恰如孔子所讲的那样，“有能一日用其力于仁矣乎？吾未见力不足者。”[69]“我欲仁，斯仁至也。”[70]一个人这么做了，可以成就他的人生；大多数人这么做了，我们就建成了美好社会。孔子的仁爱思想，规范着中国人，警醒着中国人，在2000多年的中国历史上，发挥着守护人的尊严和良心的重要作用。

（三）仁政诠释了政治的真谛

国家是人类经历了漫长的原始野蛮状态之后，结束了原始社会部落之间无休止的仇杀之后，在国土所及的地域内，形成的全体国民命运共同体。国家治理，就是要维护好、发展好这个命运共同体，就是要维护好、实现好、发展好全体国民的利益，这是政治的本来意义。

孔孟仁政思想，强调养民教民、使民以信，强调爱惜民力、轻徭薄赋，这是对维护和实现好人民群众利益的具体表述，也是维护国家利益的必由之路，这是儒家仁政思想对人类历史发展做出的一个重大贡献。

汉武帝罢黜百家、独尊儒术之后，历代封建王朝皆尊崇儒学。但事实上，封建王朝的专制统治者，重视的是儒学的上下尊卑的等级观念，对儒学倡导的仁政思想，却没有较好地贯彻下去。在2000多年的封建社会，真正推行仁政的皇帝并不多。汉朝刚刚建立的时候，崇尚黄老，无为而治，出现了著名的“文景之治”，这说明了黄老之术与仁政思想有相通之处。后来，出现过唐初的“贞观之治”和明初的“仁宣致治”。最典型的是唐太宗推行的仁政措施。唐太宗提出，“为君之道，必须先存百姓”，[71]“去奢省费，轻徭薄赋，选用廉吏，使民衣食有余”。[72]由此，贞观年间出现了中国古代极为罕见的人民安康、国家安宁的局面。史称：“商旅野次，无复盗贼，囹圄常空，马牛布野，外户不闭。又频致丰稔，米斗三四钱，行旅自京师至于岭表，自山东至于沧海，皆不赍粮，取给于路。入山东村落，行客经过者，必厚加供给，或发时有赠遗。此皆古昔未有也。”[73]这里虽有溢美之词，但仁政的奇效亦令人深思。

四、进一步做好中国传统仁文化的转化、发展工作

作为中国优秀传统思想文化重要组成部分的仁文化，近代以来，已经发展为中国革命文化和社会主义文化的重要组成部分。仁爱思想增进了中华民族的凝聚力、向心力，仁者无私无畏的思想观念凝聚成为中国人民反帝反封建的英雄气概，仁政思想促进了社会主义革命和社会主义建设，促进了中国特色社会主义建设。当前，在以习近平同志为核心的党中央坚强领导下，我国实现了第一个百年奋斗目标，正在向着实现第二个百年奋斗目标迈进。在中国特色社会主义新时代，我们要继续坚持马克思主义与中国实际相结合，与中华优秀传统文化相结合，继续做好中国传统仁文化的转化、发展工作，为建设社会主义现代化强国，实现中华民族伟大复兴，提供重要的精神力量。

（一）做好仁爱思想的转化和发展工作，更好实现中华民族的大团结

仁爱思想，对人类的生存发展，对人类的命运，无论在过去、现在还是未来，都有重大影响。爱、自由、平等、尊严，对人类具有永恒价值。孔子、孟子提出的仁爱思想，是中国对世界文化的一个重大贡献。但是，在私有制社会，仁爱思想是很难贯彻落实的，奴隶制社会是这样，封建社会是这样，资本主义社会也是这样。在反帝反封建的伟大斗争中，在中国人民争取自由解放的伟大斗争中，中华民族的命运共同体意识不断增强，仁爱思想转化、发展为人民群众之间的阶级友爱，转化、发展为中国人民之间的互相关心、互相爱护、互相帮助，使中华民族凝聚为战胜一切困难

而不被任何困难所屈服的力量，这是中国人民取得反帝反封建斗争伟大胜利、社会主义革命和社会主义建设伟大胜利、中国特色社会主义现代化建设伟大胜利的重要原因。毛泽东主席指出："国家的统一，人民的团结，国内各民族的团结，这是我们的事业必定要胜利的基本保证。"[74]习近平总书记指出："实现中华民族伟大复兴的中国梦，需要广泛汇聚团结奋斗的正能量。""必须增进全国各族人民的大团结，调动一切可以调动的积极因素。"[75]建设社会主义现代化强国，是中国人民共同的奋斗目标和伟大事业。中国各民族是血脉相通的兄弟姐妹，在伟大的中国共产党领导下，中华民族团结奋斗，把中华优秀传统文化中的仁爱思想转化为奋进新时代的磅礴力量，就一定能够实现民族复兴的伟大梦想，也一定能够为构建人类命运共同体做出新的更大的贡献。

（二）做好仁者无私思想的转化、发展工作，为建设社会主义现代化强国无私奋斗

孔子强调仁者无私无畏，强调"志士仁人，无求生以害仁，有杀身以成仁"[76]。如前所述，志士仁人，是国家和民族的脊梁。中国是志士仁人辈出的国度，这是中华民族的骄傲。但是，在私有制社会，统治阶级极端自私自利，能够去一己之私、谋天下之公、勇于杀身成仁的人，是不多见的。到了近代，仁者无私的思想观念才真正找到生存和发展的土壤。在反帝反封建的斗争中，在救亡图存的斗争中，在建设新中国的伟大事业中，中国人民成了"志士仁人"的英雄群体，"为有牺牲多壮志，敢教日月换新天"。[77]中国人民用大无畏的英勇气概，谱写惊天动地的英雄颂歌。100多年的反帝反封建斗争，70多年的新中国建设历程，实际上就是一部中国人民舍生忘死、无私奋斗的英雄史诗。无私奋斗，是中国人民创造丰功伟绩的秘诀。如今，我们应当继续做好仁者无私思想的转化、发展工作，进一步强化为实现中华民族伟大复兴而无私奋斗的思想意识，发扬习近平总

书记提出的我将无我、以身许党许国、报党报国的崇高精神，献身建设社会主义现代化强国的伟大事业。

（三）做好仁政思想的转化、发展工作，更好建设现代化国家

儒家的仁政思想，其核心要义是爱民亲民惠民，为黎民百姓造福。孔孟提出仁政思想，在当时是非常宝贵的，是有利于国家治理和推进社会进步的。但是在封建时代，在专制皇帝的统治之下，是很难付诸实践的。只有遇上爱民亲民的开明君主，才有可能在一定程度上得以实现。中国共产党是全心全意为人民服务的政党，全心全意为人民服务，是我们党的根本宗旨。为人民谋幸福，为人民执政，这是我们党总结历史经验教训，对中国传统仁政文化的转化、发展，是对仁政思想的升华和跨越式发展。中华人民共和国成立后，我们党始终不渝贯彻执行这个宗旨，在政治、经济、文化等各个领域，全面推进各项建设，在世界范围内建成了一个伟大的人民群众真正当家作主的、全体人民共建共享的社会主义国家。这是中国共产党和中国人民对人类历史作出的巨大贡献，也是中国为世界历史发展创造的标杆和榜样。

中华人民共和国，是在半殖民地半封建国家的废墟上建立起来的，是在西方资产阶级革命和近代工业化以后被世界文明进步的潮流远远甩在后面的极端落后的状态下建立起来的，是在一穷二白的基础上起步的，维护好、发展好、实现好人民的利益，这是极其伟大却又何等艰巨的事业。中华人民共和国成立之初，百废待兴，百业待举，又面临不甘心在中国失败的帝国主义国家颠覆和侵略的挑战和威胁。我们要抗美援朝，还要推进工业化建设，这对于当时极其落后的农业国来说，又是何等困难的事情。那时，为了抗美援朝，为了发展工业，为了全中国人民的共同利益和长远利益，我们只能依靠农业的积累，只有依靠农民群众节衣缩食，为国家建设多做一些贡献。

如今，中国全面建成了小康社会，取得了脱贫攻坚的全面胜利，人民群众过上了美好的生活。在一个14亿多人口的大国，建成人民当家作主的美好社会，是中国历史乃至世界历史上的奇迹。在新时代，习近平总书记提出“人民对美好生活的向往，就是我们的奋斗目标”，[78]提出以人民为中心的发展理念，这是贯彻落实为人民服务宗旨的表现，是对仁政思想的更高的跨越。我们要不忘初心，牢记使命，坚持全心全意为人民服务的宗旨，更好地维护、实现和发展人民群众的根本利益，把中国建设得更加繁荣，更加强大，让人民群众过上更加幸福、更加美好的生活。

注释

[1]《尚书·泰誓》。

[2]《道德经》上篇第5章。

[3]《墨子·经说下》。

[4]《论语·子罕》第1章。

[5]《论语·颜渊》第22章。

[6]《论语·学而》第6章。

[7]《论语·里仁》第3章。

[8]《论语·阳货》第21章。

[9]《论语·雍也》第26章。

[10]《论语·尧曰》第2章。

[11]《论语·颜渊》第19章。

[12]《论语·子路》第12章。

[13]《论语·子路》第11章。

[14]《论语·子路》第13章。

[15]《论语·卫灵公》第35章。

[16]《论语·阳货》第6章。

[17]《论语·尧曰》第2章。

[18]《论语·八佾 》第22章。

[19]《论语·宪问》第16章。

[20]《论语·宪问》第17章。

[21]《论语·颜渊》第1章。

[22]《论语·八佾》第3章。

[23]《论语·八佾》第22章。

[24]《论语·卫灵公》第9章。

[25]《论语·里仁》第3章。

[26]《论语·雍也》第22章。

[27]《论语·子罕》第29章。

[28]《论语·宪问》第4章。

[29]《论语·微子》第1章。

[30]《论语·述而》第30章。

[31]《论语·里仁》第6章。

[32]《论语·颜渊》第1章。

[33]《论语·里仁》第5章。

[34]《论语·雍也》第7章。

[35]《论语·卫灵公》第36章。

[36]《论语·泰伯》第7章。

[37]《论语·泰伯》第2章。

[38]《论语·学而》第2章。

[39]《论语·子路》第19章。

[40]《论语·颜渊》第2章。

[41]《论语·颜渊》第3章。

[42]《论语·学而》第3章。

[43]《论语·子路》第27章。

[44]《论语·公冶长》第5章。

[45]《论语·里仁》第1章。

[46]《论语·颜渊》第24章。

[47]《论语·卫灵公》第10章。

[48]《论语·阳货》第8章。

[49]《论语·子张》第6章。

[50]《论语·阳货》第1章。

[51]《墨子·兼爱中》。

[52]《论语·卫灵公》第9章。

[53] 鲁迅：《中国人失掉自信力了吗》，《鲁迅全集》第六卷，人民文学出版社1981年北京第1版，第118页。

[54] 毛泽东：《论联合政府》，《毛泽东选集》第三卷，人民出版社1991年6月第2版，第1053、1098页。

[55]《论语·述而》第30章。

[56]《论语·阳货》第25章。

[57] 毛泽东：《纪念白求恩》，《毛泽东选集》第二卷，人民出版社1991年6月第2版，第660页。

[58] 毛泽东：《论联合政府》，《毛泽东选集》第三卷，人民出版社1991年6月第2版，第1031页。

[59] 毛泽东：《七律二首·送瘟神其二》，《毛泽东诗词集》，中央文献出版社（十六开本）1996年9月第1版，第90页。

[60] 毛泽东：《七律·到韶山》，《毛泽东诗词集》，中央文献出版社（十六开本）1996年9月第1版，第94页。

[61]《孟子·尽心下》。

[62] 朱熹：《四书章句集注》，《孟子集注》卷一四。

[63]《孟子·尽心上》。

[64] 朱熹:《四书章句集注》,《孟子集注》卷一三。

[65]《孟子·梁惠王上》。

[66] 鲁迅:《狂人日记》,《鲁迅全集》第1卷,人民文学出版社出版1981年北京第1版,第425页。

[67]《论语·雍也》第30章。

[68]《论语·卫灵公》第24章。

[69]《论语·里仁》第6章。

[70]《论语·述而》第30章。

[71]《贞观政要》卷一《君道第一》。

[72]《资治通鉴》卷一九二,唐高祖武德九年十一月。

[73]《贞观政要》卷一,《政体第二》。

[74] 毛泽东:《关于正确处理人民内部矛盾的问题》,《毛泽东选集》第五卷,人民出版社1977年4月第1版,第363页。

[75] 习近平:《在中央政协工作会议暨庆祝中国人民政治协商会议成立70周年大会上的讲话》,人民出版社2019年9月第1版,第9—10页。

[76]《论语·卫灵公》第9章。

[77] 毛泽东:《七律·到韶山》,《毛泽东诗词集》,中央文献出版社十六开本1996年9月第1版,第94页。

[78]习近平:《习近平谈治国理政》,外文出版社2014年10月第1版,第4页。

第五篇　义

义，是孔子思想的核心内容之一，是《论语》的一个基本概念。《论语》中孔子师徒关于义的论述虽然不够多（参见附录五：《论语》论义），但却涵盖做人、做事、治国理政等各个方面，构成了系统完整的思想体系。

一、《论语》论义

（一）不做不义之人

义，是孔子提出的为人处世的准则。孔子说："君子义以为质，礼以行之，孙以出之，信以成之。"[1]他还说："君子之于天下也，无适也，无莫也，义之与比。"[2]就是说，合宜是君子言行的准则。他曾谈及以前的"逸民"，说："不降其志，不辱其身，伯夷、叔齐与！""柳下惠、少连，降志辱身矣，言中伦，行中虑，其斯而已矣。""虞仲、夷逸，隐居放言，身中清，废中权。"他说他与他们不同，"无可无不可"。[3]他这里所讲的"无可无不可"，与"无适""无莫"是同一个意思。

孔子提出："君子喻于义，小人喻于利。"[4]就是说，君子明白天下大义，小人只知个人私利。他认为，见利忘义，必招怨恨。"放于利而行，多怨。"[5]他说："德之不修，学之不讲，闻义不能徙，不善不能改，是吾忧也。”[6]他强调：“君子有九思：视思明，听思聪，色思温，貌思恭，言思忠，事思敬，疑思问，忿思难，见得思义。”[7]

当子张向孔子请教加强道德修养的问题时，他说：“主忠信，徙义，崇德也。”[8]子张请教：“士何如斯可谓之达矣？”他说：“夫达也者，质直而好义，察言而观色，虑以下人。”[9]他把追求道义与品格正直、尊重照顾他人一起作为通达之人的人生准则。子路请教如何才能成为一个“成人”。他说：“若臧文仲之知，公绰之不欲，卞庄子之勇，冉求之艺，文之以礼乐，亦可以为成人矣。”又说：“今之成人者何必然？见利思义，见危授命，久要不忘平生之言，亦可以为成人矣。”[10]

（二）不说不义之话

孔子的弟子有子说：“信近于义，言可复也。恭近于礼，远耻辱也。因不失其亲，亦可宗也。”[11]他认为，一个人不应随便讲话，不要轻易作出承诺，只有那些合乎道义要求的诺言，才可以兑现。孔子是一个不苟言笑的人，他说：“君子欲讷于言而敏于行。”[12]他鄙视那些自作聪明、胡说八道的人，他说：“群居终日，言不及义，好行小慧，难矣哉！”[13]

（三）不做不义之事

孔子强调不义不为，见义勇为。他说：“见义不为，无勇也。”[14]他强调勇是一种重要的品质，但同时强调勇必须用义加以规范。有一次，子路问孔子：“君子尚勇乎？”他说：“君子义以为上，君子有勇而无义为乱，小人有勇而无义为盗。”[15]子路好勇，不知节制，孔子常常教导他。子路问：“子行三军，则谁与？”孔子说：“暴虎冯河，死而无悔者，吾不与也。必也临事而惧，好谋而成者也。”[16]又有一次，他说，“道不行，乘桴浮于海。从我者，其由与？”子路闻之喜。孔子说：“由也好勇过我，无所取材。”[17]

孔子盛赞依道义而行的人。他说："见善如不及，见不善如探汤。吾见其人矣。吾闻其语矣。隐居以求其志，行义以达其道，吾闻其语矣，未见其人也。"[18]朱熹提出，孔子这里颂扬的隐居求志、行义达道之人，"盖惟伊尹、太公之流，可以当之"[19]。孔子强调，为了维护道义，可以献出一切，包括自己的生命。他说："志士仁人，无求生以害仁，有杀身以成仁。"[20]这是孔子讲出的一句最具英雄气概的话。

（四）不行不义之政

子路说："不仕无义。长幼之节，不可废也；君臣之义，如之何其废之？欲洁其身，而乱大伦。君子之仕也，行其义也。道之不行，已知之矣。"[21]子路是针对一位隐者嘲笑孔子在天下纷乱之中仍孜孜于从政而言的。子路一连讲了三个"义"。第一个义，指的是道义，天下大义，即不从政拯救世道人心，不符合天下大义。第二个义，讲的是君臣伦理。第三个义，是合宜，是使命和责任。子路这段话，讲明了君子从政，为的是伸张天下大义，维护纲常伦理。

孔子强调仁政，反对行不义之政，兴不义之师。他称赞郑国大夫子产："有君子之道四焉：其行己也恭，其事上也敬，其养民也惠，其使民也义。"[22]他赞美管仲相桓公，行仁政，"九合诸侯，不以兵车"，[23]"霸诸侯，一匡天下，民到于今受其赐"。[24]鲁国执政要改建国家仓库。孔子的学生闵子骞说："照老样子不好吗，为什么一定要改建呢？"闵子骞反对劳民伤财。孔子对他很满意，说："夫人不言，言必有中。"[25]季氏将伐颛臾，兴不义之师。当时，孔子的学生冉有、季路在季氏那里任事，孔子严厉斥责冉有、季路不能阻止季氏的不义之举，他说："危而不持，颠而不扶，则将焉用彼相矣？"并指出"季孙之忧，不在颛臾，而在萧墙之内也"。[26]

（五）不求不义之富贵

孔子不排斥富贵，但他强调君子安贫乐道，不求不义之富贵。他说："饭疏食饮水，曲肱而枕之，乐亦在其中矣。不义而富且贵，于我如浮云。"[27]孔子的这句话，成了很多人的座右铭。他还说："富而可求也，虽执鞭之士，吾亦为之。如不可求，从吾所好。"[28]"富与贵，是人之所欲也，不以其道得之，不去也。"[29]孔子鼓励人们积极从政，为济世安民贡献力量，从而获得应有的富贵。同时，他反对从政者苟且乱政，助纣为虐，谋求不义之富贵。他说："邦有道，贫且贱焉，耻也；邦无道，富且贵焉，耻也。"[30]

二、《论语》论义的价值及其历史影响

"义者，宜也。"[31]义的实质是宜，是适宜、合乎情理。义与仁、忠、信、恕、中庸等一起，构成了儒学的社会道德体系。

义强调的是道义，是人们应当遵循的社会道德伦理。孔子强调"无适也，无莫也，义之与比"，[32]提出了言宜言之言、为宜为之事的要求。

社会是一个命运共同体。如果每一个人都讲合宜之言，做合宜之事，我们生活的社会，一定会是一个美好的社会。孔子还说："君子喻于义，小人喻于利。"[33]孔子此言，对于引导人们维护和捍卫社会公义，遏制个人私利，共同建设美好社会，具有十分重大的意义。

孟子进一步发展了孔子的义利观。孟子见梁惠王。梁惠王说："叟不远千里而来，亦将有以利吾国乎？"孟子对曰："王何必曰利？亦有仁义而已矣。王曰'何以利吾国'？大夫曰'何以利吾家'？士庶人曰'何以利吾身'？上下交征利而国危矣。万乘之国弑其君者，必千乘之家；千乘之国弑其君者，必百乘之家。万取千焉，千取百焉，不为不多矣。苟为后

义而先利，不夺不厌。未有仁而遗其亲者也，未有义而后其君者也。王亦曰仁义而已矣，何必曰利？”[34]孟子与梁惠王的这段对话，实际上讲的也是公义与私利的关系问题。在这种义利观的指导下，孔子、孟子强调施仁政，维护天下公义。这种义利观和仁政思想在理论上是正确的。但在实践上，在专制统治和私有制度下，是很难实现的。

后世儒学因袭孔孟义利观，但他们的思想观点染上了浓厚的功利色彩，服务于封建专制统治。在他们心目中，维护君君臣臣上下尊卑的等级秩序，才是天下公义。

事实上，孔子的义利观也需要发展完善。因为利还有狭义和广义的区分。个人或少数人的私利属于狭义的利。全社会的利益，人民的利益，则是广义的利。维护全社会的利益，维护人民利益，恰恰正是天下公义。

在中国共产党领导中国革命的伟大斗争中，中国共产党提出了为人民服务的宗旨。毛泽东主席在《为人民服务》中指出：“我们的共产党和共产党领导的八路军、新四军，是革命的队伍。我们这个队伍是为着解放人民的，是彻底地为人民的利益工作的。”“只要我们为人民的利益坚持好的，为人民的利益改正错的，我们这个队伍一定会兴旺起来。”[35]在中国革命、建设和改革的各个历史阶段，中国共产党始终践行为人民服务、为人民的利益工作的宗旨，实现了中华民族从站起来到富起来到强起来的伟大飞跃，这是人类历史上最伟大的事业，它向全世界宣示了天下公义必胜的真理。

三、继续做好道义文化的转化、发展工作

义是儒学的核心概念。在儒学独尊的中国古代社会，道义文化高度繁荣。但是道义文化在发展过程中，在封建制度的土壤里，被揉入很多维护封建专制统治的思想毒素。近代以来，在反帝反封建的伟大斗争中，道义

文化的糟粕逐步被清理，其精华成分结合新的历史环境，经过转化、发展，获得了新生。现代中国的道义文化，已经成为中国特色社会主义先进文化的重要组成部分。

现代中国的道义文化，有两个突出特点。一是科学性，实现了中国道义文化从朴素的思想观点向理性的科学理论过渡。义者，宜也。一切关于义的理论，都是要求人们的思想行为合理合宜。对于义，孔子师徒提出了一系列思想观点，强调不做不义之人，不说不义之话，不做不义之事，不行不义之政，不谋不义之富贵，这些思想观点，具有重大思想理论价值。但他们的思想观点，仅是从希望天下安宁的善良愿望出发，提出的感性的朴素的思想认识。对于什么才是真正的理性社会，建设理性社会需要如何规范人们的行为，如何治国理政，受历史条件的限制，他们不可能给出系统完备的答案。比如说，理性社会是人们享有自由、平等和彼此相互尊重的社会，是全体人民共建共享的社会，个人和社会行为，凡符合理想社会要求的，都是合宜的，都是义行义举，否则，都是不义之举。但在孔子生活的时代，不可能产生这样的科学认识。相反，孔子倒讲出了很多强调上下尊卑等级秩序、轻视劳动人民的不义之言。

近代以来，特别是中华人民共和国成立以来，中国共产党提出了一系列关于公平正义、社会道义的思想理论学说，比如人民至上的价值伦理，中国特色社会主义核心价值观，人类命运共同体的价值理念等。这些新的道义文化，既指出了有关道义的命题，又对这些命题的真理性和实践性进行了科学论证。

党的十八大以后，党中央和习近平总书记提出了构建人类命运共同体的科学理论。党的十八大报告提出，要倡导人类命运共同体意识，在追求本国利益时兼顾他国合理关切，在谋求本国发展中促进各国共同发展，建立更加平等均衡的新型全球发展伙伴关系，同舟共济，权责共担，增进人类共同利益。党的十九大报告提出，坚持和平发展道路，促进全球治理体系变革，推动构建人类命运共同体。习近平总书记从顺应历史潮流、增进人类福祉的价值理念出发，反复强调努力构建人类命运共同体，共创和平、安宁、繁荣、开放、美丽的新世界。构建人类命运共同体，必将引导世界拨开重重迷雾向着更加光明美好的未来前进。

二是人民性，实现了中国道义文化从维护封建专制统治向维护人民利益的转变。替专制统治辩护，是中国传统道义文化的根本宗旨。孔子强调君君臣臣父父子子，董仲舒提出三纲五常，把义与仁、礼、智、信一起，作为封建社会基本伦理道德标准。宋明理学，更强调君臣之义是不可移易的社会公义。这种社会道义观认为一切质疑专制统治、反抗专制统治的思想行为，都被视为大逆不道。这种社会道义观，其实是反道义的，它置全体人民的利益与尊严于不顾，助长了专制统治者的为所欲为，严重阻碍了中国社会发展进步。

改变和取代中国传统的罪恶的社会道义观的，是近现代建立的人民道义观。新的道义观，以是否符合人民利益作为评判标准。新的道义观，是真正的社会公义，是促进人民解放事业和人民中国建设的根本保障。它维护了人民群众的尊严，维护了人民群众的主人翁地位，极大地调动了中国人民建设社会主义，实现中华民族伟大复兴的积极性和创造力。

党的十八大以来，在以习近平同志为核心的党中央坚强领导下，中国特色社会主义进入了新时代。习近平新时代中国特色社会主义思想是马克思主义中国化的最新理论成果。我们要在习近平新时代中国特色社会主义思想指导下，继续做好中国传统道义文化的清理、扬弃工作，尤其是要把孔子关于义的有关论述的思想精华，与儒学独尊后揉入的思想糟粕区别开来，对其中的优秀思想成果，加以转化、发展，不断丰富新时代社会道义观的内容，更好地服务于建设社会主义现代化强国的伟大事业，更好维护、实现和发展广大人民的根本利益。

注释

[1]《论语·卫灵公》第18章。

[2]《论语·里仁》第10章。

[3]《论语·微子》第8章。

[4]《论语·里仁》第16章。

[5]《论语·里仁》第12章。

[6]《论语·述而》第3章。

[7]《论语·季氏》第10章。

[8]《论语·颜渊》第10章。

[9]《论语·颜渊》第20章。

[10]《论语·宪问》第12章。

[11]《论语·学而》第13章。

[12]《论语·里仁》第24章。

[13]《论语·卫灵公》第17章。

[14]《论语·为政》第24章。

[15]《论语·阳货》第23章。

[16]《论语·述而》第11章。

[17]《论语·公冶长》第7章。

[18]《论语·季氏》第11章。

[19] 朱熹：《四书章句集注》，《论语集注》卷八。

[20]《论语·卫灵公》第9章。

[21]《论语·微子》第7章。

[22]《论语·公冶长》第16章。

[23]《论语·宪问》第16章。

[24]《论语·宪问》第17章。

[25]《论语·先进》第14章。

[26]《论语·季氏》第1章。

[27]《论语·述而》第16章。

[28]《论语·述而》第12章。

[29]《论语·里仁》第5章。

[30]《论语·泰伯》第13章。

[31]《礼记·中庸》。

[32]《论语·里仁》第10章。

[33]《论语·里仁》第16章。

[34]《孟子·梁惠王上》。

[35] 毛泽东：《为人民服务》，《毛泽东选集》第三卷，人民出版社1991年6月第2版，第1004—1005页。

[36] 毛泽东：《论持久战》，《毛泽东选集》第二卷，人民出版社1991年6月第2版，第475—476页。

第六篇 礼

礼，是儒学的核心思想内容，也是《论语》中一个十分重要的概念。孔子极为推崇周王朝的礼乐制度。他对于礼的重视，可以说到了无以复加的程度。他说：『夫礼，先王以承天之道，以治人之情。故失之者死，得之者生。』[1]『周监于二代，郁郁乎文哉！吾从周。』[2]研究《论语》关于礼的论述，梳理礼文化在中国的历史演变，继续做好中华传统礼文化的转化、发展工作，对于推进中国特色社会主义文化建设具有重要意义。

一、《论语》关于礼的论述

《论语》中有不少关于礼的论述，孔子与他的弟子讨论了礼的本质、功用等问题，对知礼守礼提出了具体要求。（参见附录六：《论语》论礼）

（一）礼的本质

礼，是理的表达形式，即通过礼仪彰显自然之理和社会公理。朱熹说："礼者，天理之节文，人事之仪则也。"[3]就是说，礼的本质是理。对礼的本质，孔子虽没有明确提出来，但孔子与他的弟子却讨论过这个问题，并且孔子始终强调遵守礼所表达的理。林放问礼之本。孔子曰："大哉问。"充分肯定林放提出的这个问题意义重大。东周以后，社会动荡，西周的礼仪制度已不能真正贯彻执行，孔子致力于社会改造，以恢复周礼重建安定有序的社会秩序为己任。他对当时诸侯国执政者非礼的行为深恶痛绝，力图使礼仪恢复到“理”的本来意义上面。他对林放说：“礼，与其奢也，宁俭。”就是说，礼仪与其奢华铺张，倒不如俭约朴素。接着，他便举了一个例子，他说：“丧，与其易也，宁戚。”[4]就是说，比如丧礼，不要把精力放在仪文周到上，丧礼真正要表达的是悲哀。

周王朝建立后，损益夏商制度，制礼作乐，建立了祭礼、飨礼、射礼、燕礼、迎宾、送宾等一系列礼仪制度，对治国理政和社会生活各个方面进行规范引导。举行礼，要进行周密的组织策划，履行既定的仪节程式，投入相关的人员物品，这些外在的东西必不可少，但一些外在的东西必须服从服务于内在的“理”。比如丧礼必须把哀之情表达出来，祭礼要表达“敬”等。因此，孔子说道：“礼云礼云，玉帛云乎哉？乐云乐云，钟鼓云乎哉？”[5]

在对待礼的问题上，孔子反对只重视礼的外在形式而忽视要表达的内在的理的行为。有一次，他的学生宰我问他：“三年之丧，期已久矣。君子三年不为礼，礼必坏；三年不为乐，乐必崩。旧谷既没，新谷既升，钻燧改火，期可已矣。”对宰我提出的将三年之丧改为服丧一年的意见，孔子十分生气。父母之恩，比天还大。父母离世，为之守孝，乃为报恩。三年之丧，且不足以报恩。宰我以“三年不为礼，礼必坏”为借口，欲改三年之通丧，口中讲的是礼，心中丢掉的却是报恩之理。于是，孔子便质问宰我：“父母去世，不到三年，你吃那白米饭，穿那花缎衣，你心里安不安呢？”宰我回答：“安。”孔子更加生气了，他痛斥宰我：“女安，则为之！夫君子之居丧，食旨不甘，闻乐不乐，居处不安，故不为也。今女安，则为之！”[6]

孔子反对一切不符合礼的要求的行为。他对鲁国执政大夫僭越天子之礼的行为深恶痛绝。他说，季氏“八佾舞于庭，是可忍也，孰不可忍也”？[7]对仲孙、叔孙、季孙三家僭用天子宗庙之祭，歌《雍》以彻祭品，他说：“‘相维辟公，天子穆穆’，奚取于三家之堂？”[8]对鲁国僭行天子禘祭大礼，他说："禘自既灌而往者，吾不欲观之矣。"[9]对于祭神和祭祀祖先，孔子强调亲自祭祀，"祭如在，祭神如神在"，他说："吾不与祭，如不祭"。[10]

孔子师徒认为，礼是"理"的表达形式。礼在理后。一次，子夏向孔子请教"巧笑倩兮，美目盼兮，素以为绚兮"的含义，这句诗的原意是说，人有倩盼之美质，而又加以华采之饰，画画呢，是在素地上涂加绚丽色彩。对子夏的问题，孔子答道："绘事后素。"即画画要先有白色的画纸，然后才能画出漂亮的图画。听到孔子的回答，子夏又追问了一句："礼后乎？"即礼是不是也产生在人情物理之后呢？对子夏的追问，孔子非常满意，他说："你真是一个能启发我的人，现在可以同你讨论《诗经》了。"[11]

对于礼，孔子认为要根据时代条件的变化而变化，有继承有发展，因时损益。他说："殷因于夏礼，所损益可知也。周因于殷礼，所损益可知也。其或继周者，虽百世可知也。"[12]

（二）礼的功用

对礼的功用，在《论语》中，孔子师徒讲到了三个方面。一是致和。有子说："礼之用，和为贵，先王之道，斯为美。小大由之。有所不行，知和而和，不以礼节之，亦不可行也。"[13]礼是理的表达形式。国家建立礼仪制度，就是要顺应、遵守自然之理和社会公理，以理治国，使人们以理做人，以理做事。人间万事，无论大小，都应如此。做到了这一点，就可以达到顺应自然、从容不迫的理想状态，即和的状态。社会安定有序，个人悠然自得。二是致治。孔子说："道之以政，齐之以刑，民免而无耻；道之以德，齐之以礼，有耻且格。"[14]就是说，用道德引导百姓，用礼仪规范百姓，他们就能够远恶而向善，就可以实现国家和社会治理的目标。三是导敬。孔子说："上好礼，则民莫敢不敬。上好义，则民莫敢不服。上好信，则民莫敢不用情。”[15]孔子的学生有子说：“信近于义，言可复也。恭近于礼，远耻辱也。因不失其亲，亦可宗也。”[16]上行下效。在孔子师徒看来，只要统治者讲究礼节，老百姓也一定会知礼守礼。人们的言行举止，只要符合礼的要求，就可以远离耻辱，维护好自己做人的尊严。

（三）以礼治国

孔子说：“大哉尧之为君也！巍巍乎！唯天为大，唯尧则之。荡荡乎，民无能名焉。巍巍乎其有成功也，焕乎其有文章！”[17]孔子所讲的文章，指的是礼乐法度。孔子认为，礼为治国之本。尧以大道至理治天下，其功至大至伟，其礼仪制度亦至美至善。他指出：“能以礼让为国乎？何有？”[18]就是说，以礼治国，何难之有！他还提出：“上好礼，则民易使也。”[19]“名不正，则言不顺；言不顺，则事不成；事不成，则礼乐不兴；礼乐不兴，则刑罚不中；刑罚不中，则民无所措手足。”[20]“知及之，仁不能守之，虽得之，必失之。知及之，仁能守之，不庄以莅之，则民不敬。知及之，仁能守之，庄以莅之，动之不以礼，未善也。”[21]

（四）以礼立身

孔子反复强调礼为立身之本。他说：“不学礼，无以立。”[22]“不知命，无以为君子也。不知礼，无以立也；不知言，无以知人也。”[23]“君子博学于文，约之以礼，亦可以弗畔矣夫。”[24]“君子义以为质，礼以行之，孙以出之，信以成之。君子哉！”[25]“居上不宽，为礼不敬，临丧不哀，吾何以观之哉？”[26]“人而不仁，如礼何？人而不仁，如乐何？”[27]“兴于《诗》，立于礼，成于乐。”[28]“勇而无礼则乱。”[29]“若臧武仲之知，公绰之不欲，卞庄子之勇，冉求之艺，文之以礼乐，亦可以为成人矣。”[30]孔子强调“克己复礼”，认为“一日克己复礼，天下归仁焉”。他要求人们言谈举止，皆当一准于礼，“非礼勿视，非礼勿听，非礼勿言，非礼勿动”。[31]即使对管仲那样济世安民的政治家，孔子在赞扬他施仁政的同时，对管仲追求奢华的非礼行为，也严厉斥责道：“管氏而知礼，孰不知礼？”[32]

二、《论语》论礼的思想理论的价值及其局限

（一）关于礼的本质的探讨，找到了礼仪制度建设的根本遵循

毛泽东主席指出：“我们看事情必须要看它的实质，而把它的现象只看作入门的向导，一进门就要抓住它的本质，这才是可靠的科学的分析方法。”[33]周王朝的礼仪制度，种类繁多，仪节程式复杂，如果只看到它的外在的现象，不注重它的实质，就像孔子的弟子宰我那样，只把礼挂在嘴上，把功夫下在表面上，认为“三年不为礼，礼必坏”，[34]却不去探究它的实质，如此，即使把礼义节文写在脸上，穿在身上，也不会有真正的收获，有时还会干出悖理的事情。孔子赞美周礼，不仅关注其外在的现象，更注视其中蕴含的道理。他严厉斥责宰我只重视礼的形式而无视礼的本质的错误做法，高度称赞林放对礼的本质问题的请教。孔子虽没有直接点明礼的本质就是“理”，但他说“礼，与其奢也，宁俭；丧，与其易也，宁戚”，[35]表明他已经在事实上找到了礼的本质、礼的真谛。孔子及其他人对礼的本质的探究，为礼仪制度建设提供了根本遵循，那就是礼必须体现和彰显自然之理和社会之理。如果偏离了“理”，忽视“理”这个本质的东西，再隆重的礼仪，都没有任何意义。

在孔子与子夏的一次讨论中，孔子师徒认识到，礼在理后，礼是人们为了表达道理制作的礼仪规范。

可是到了实践阶段，就出现了一个问题，即在礼仪制度建设上，礼仪所依托的这个“理”是不是正确的，是不是真正的理。对这个问题，孔子

并没有解决好。什么是理？理是被大家普遍认可的道理。如果某个理是正确的，比如对待父母之丧，子女一定要表达哀情，这个理，就是人类社会公理，制定表达对父母逝世的哀痛、敬爱的丧礼，是符合人类的共同要求的。对于丧礼，每一个子女都是要遵守和履行的。就如同“生，事之以礼”一样，必须落实“死，葬之以礼，祭之以礼”。[36]同样，如果某个理是错误的，或者根本就不是理，或仅仅是少数人坚持的“理”，那么，为了彰显这个“理”而制作的礼仪规范，就一定是错误的，就不具备实施的合理性和合法性。这种礼，就一定会给社会带来危害。比如说事君之礼，这是中国古代社会最重要的礼仪。中国古代的事君之礼，建立在尊君抑臣的上下尊卑之“理”之上。这个“理”，就是歪理。4000多年的中国奴隶制社会和封建制社会，一直坚持这个歪理。其实，人们同在自然界生活，每一个生命都是宝贵的，是没有尊卑贵贱之分的。每一个人都要为社会做出贡献，都应当为建设美好社会贡献力量。如果某个人对社会贡献大，自然应当受到社会的尊重，受到人们的敬爱敬仰，这些，都是可以讲得通的道理。君臣之间也是如此，也不应该有尊卑贵贱之分。如果国君英明，自然会赢得臣下的尊敬；如果臣子敢于作为善于作为有所作为，尽职尽责做了有益于国家有益于社会的事情，也应当受到君主的尊敬。如同全社会的人都应当互相尊重平等相待一样，君臣之间也应当互相尊重平等相待，这是社会公理。但是，漫长的中国古代社会，始终不承认这个公理，却顽固地坚持君尊臣卑的歪理。这就难怪在奉行君尊臣卑的事君之礼的问题上，会产生这样那样的不顺人心的事情，甚至产生连孔子都不得其解的事情。孔子说：“事君以礼，人以为谄也。”[37]“麻冕，礼也；今也纯，俭，吾从众。拜下，礼也；今拜乎上，泰也。虽违众，吾从下。”[38]他经过国君的座位时，异常紧张不安。“色勃如也，足躩如也，其言似不足者。摄齐升堂，鞠躬如也，屏气似不息者。”从国君那里走出来的时候，才松一口气，“逞颜色，怡怡如也”。[39]孔子尊君抑臣，他行君尊臣卑的事君之礼，尚且感到一些不自然，对其他大多数人来说，其中的不自然也就可想而知了。

孔子是思想家、教育家。他的教育思想，总体上看是先进的、进步的，是开明开放的。但他的政治思想，绝大多数是落后保守、不通时变的，是僵化保守甚至是顽固不化的。正是由于僵化保守，有时会使他逆理悖理而不自知。孔子生活的春秋末年，在中国延续了1500多年的奴隶制统治秩序已经开始动摇，这是社会发展的必然结果，是社会进步的潮流推动的。但作为思想家的孔子，却不知向前看，看不到社会前进的大势和方向；他坚持往后看，顽固地坚持恢复周初的统治秩序。他创制了“君君、臣臣、父父、子子”[40]上下卑尊的政治理论，并把它看作不可移易的天理，对抗人与人之间应当互相尊重平等相待的社会公理，这是孔子礼仪思想和政治思想的最大缺陷，是他本人的悲哀。作为一个思想家，思想的僵化保守是致命的敌人，它阻碍了自己客观理性的思维，限制了思维活动的空间，你把自己关在一个狭小的黑暗的笼子里，如何能享受天高云淡的美好；你一直向着黑暗走去，怎么可能看到光耀大地的太阳。

更大的遗憾和悲哀还在后头。孔子的思想，如同墨家、法家的思想一样，在春秋战国时期有较大的影响，但却没有取得一统天下的地位。汉武帝罢黜百家独尊儒术之后，儒学获得了独尊独霸的尊荣。汉武帝、董仲舒看中的儒术是什么？是孔子的僵化保守的思想，是君君臣臣父父子子的上下尊卑的政治理论，是这个理论对封建统治秩序的极力维护。自此以后，孔子落后反动的思想观念影响了中国封建社会2000年，像紧箍咒一样牢固地束缚阻碍着中国的发展进步。

（二）以礼治国，找到了治国理政的一个重要途径

孔子强调以礼治国，究其实质，就是以理治国，毫无疑问，它是正确

的，它为人类社会找到了一个十分重要的治国途径，而且是一条好途径。但以礼治国，必须有一个前提条件，就是这个礼要依托、反映和表达一个社会公理，至少也应是大多数人认可的道理。否则，不仅不能实现安邦济民的目的，反而祸患无穷。

孔子盛赞尧舜禹的功德，赞美尧以大道至理治天下，其功至大至美，其礼仪制度亦至美至善；赞美舜禹贵为天子，却日夜为百姓操劳，一点也不为自己考虑，他说："巍巍乎，舜禹之有天下也而不与焉！"[41]在这里，孔子看到了治天下的一个大道理，那就是以公正无私治国，以公正无私安民。遗憾的是，在奴隶制度和封建制度下，这仅仅是孔子的一个理想，一个渴望。

关于治国理政的方法，中国古代有王道霸道之争。近代以来，又有以德治国、以法治国之分。其实，尽管治国方式多种多样，但只要贯彻以理治国、以社会公理治国这个核心，则国无不治。理可安人，理可服人，理就是人的良知，就是人的良心。理行于世，则得人心，顺人意，民众自然积极向上向善向美，社会自然安定有序。古今中外的治国实践，莫不证明这个道理。

（三）以礼立身，找到了人的建设的一个重要方法

人的建设是社会建设的根本。建设美好社会，最根本的前提条件是把人自身建设好。没有高度文明的国民，不可能有高度文明的社会。孔子高度重视人的建设，一部《论语》，实际上就是一部关于人的建设的学问。孔子提出："唯上知与下愚不移。"[42]在他看来，除像尧舜禹汤文武周公那样的圣人不可企及，还有下等的愚人不可理喻以外，其他的人，都是可以改变、可以培养、可以促进他们进步的。孔子的这一认识，有它的局限，有它的不足，但同时也可以看出他对人的建设充满信心。他认为人"性相近，习相远也"，[43]需要通过教育培养，使之成为仁人君

子。有一次，他到了他的学生子游主政的武城，“闻弦歌之声”，孔子很惊讶，觉得治理这么一个小地方，用得着如此高大上的教育方法吗？其实他心里很高兴，因为他十分重视对百姓的引导教化。他“莞尔而笑”随口说道：“割鸡焉用牛刀？”听到老师的话，子游有点纳闷不解，他对老师说：“昔者偃也闻诸夫子曰：‘君子学道则爱人，小人学道则易使也。’”这时，孔子更是开心，他对他的弟子们说：“偃之言是也。前言戏之耳。”[44]

关于如何教化引导人们成为仁人君子，他提出了一系列理论方法，提出了忠、恕、孝、悌，提出了仁、义、礼、知、信，提出了因材施教、循循善诱、不愤不启、不悱不发等科学有效的教学方法。其中，他最重视的是礼，强调人不知礼，无以立于天地之间。他不仅要求人们学习礼仪规范，更要求人们把握和遵守其中的道理。他的以礼立身的思想，为人的建设找到了一个十分重要的方法，找到了一个切实有效的抓手。

礼是理的载体。如前所述，理，是人类共同认可至少也是大多数人认可的理论观点，这种理，可称之为公理，它包含自然之理和社会公理。譬如，每一个人都要行善做好事，不能为恶做坏事，都要为建设美好社会贡献力量，这就是社会公理。承认这个理，遵行这个理，就可以促使自己向善向上向美，就可以实现自我完善、自我提高，就可以获得他人和社会的尊重，实现自己的人生价值。反之，如果不知理不守理，就会走向堕落，走向罪恶，就会祸害他人，祸害社会，也祸害了自己。

三、礼制在中国的历史演变

孔子关于礼的思想，是在总结春秋以前特别是西周礼制建设的实践，结合自己对人生对社会对国家治理的认识的基础上提出的。汉武帝罢黜百家独尊儒术之后，他的礼制思想，对中国历史的发展产生了广泛而又深远的影响。

礼属于意识形态的范畴，是适应社会管理的需要而产生的。它最早出现在原始公社时期，最早的表现形式是祭祀，通过举行虔诚的祭祀典礼，祈求神灵的恩赐和庇护。夏王朝建立后，由于国家在组织社会政治、经济和文化活动的强大力量，特别是维护统治的现实需要，礼仪从最初的祭祀逐步扩大到国家治理和社会生活的各个方面。经过夏商到了西周，周王朝损益夏商制度，创制了系统完备严密规范的周礼，这就是孔子所讲的“周监于二代，郁郁乎文哉！吾从周”。[45]

先秦礼制，有两个最为突出的特点。一是神化帝王统治。《尚书·舜典》：“帝曰：‘咨四岳，有能典朕三礼？’”孔传：“三礼，天、地、人三礼。”[46]《隋书》也说：“唐、虞之时，祭天之属为天礼，祭地之属为地礼，祭宗庙之属为人礼，故《书》云命伯夷典朕三礼。”[47]先秦的统治者宣称天子受命于天，父天母地，神圣不可侵犯，故通过祭天、祭地、祭祖以神化他们的统治。二是维护宗法制度、奴隶主贵族等级制度和社会秩序。孔子说：“为国以礼。”[48]《礼记》提出：“治人之道，莫急于礼。”[49]“治国不以礼，犹无耜而耕也。”[50]《左传》说：“礼，经国家，定社稷，序民人，利后嗣者也。”[51]《国语》说：“夫礼，国之纪也，亲民之结也。”[52]王国维论及周公立法垂宪、建章立制的情形时说：“是故有立子之制，而君位定。有封建子弟之制，而异性之势弱，天子之位尊。有嫡庶之制，于是有宗法，有服术。而自国以至天下合为一家。有卿大夫不世之制，而贤才得以进。有同姓不婚之制，而男女之别严。”凡此种种。为了有效地维护和施行这些制度，周公制《周礼》。王国维接着总结道：“由是制度，乃生典礼，则经礼三百仪礼三千是也。”[53]周礼明“君臣朝廷尊卑贵贱之序，下及黎庶车舆衣服宫室饮食嫁娶丧祭之分，事有宜适，物有节文”，[54]对维护西周奴隶制统治发挥了极为重要的作用。

春秋以后，奴隶制统治秩序开始发生动摇并走向崩溃。司马迁说：

“周衰，礼废乐坏，大小相踰，管仲之家，兼备三归。循法守正者见侮于世，奢溢僭差者谓之显荣。”[55]孔子看不到这种变化的历史必然性，他不辞劳苦，周游列国，游说诸侯，竭力恢复周礼，但时过境迁，礼以时变，逆势而为，岂不徒然！

战国以来，中国进入了封建社会。秦始皇一统天下，建立了幅员辽阔的封建帝国。“秦采择六国礼仪，尊君抑臣，朝廷济济，依古以来典法行之。”[56]汉兴，汉高祖命叔孙通制礼。后历文帝、景帝、武帝以迄成帝，经贾谊、董仲舒、王吉、刘向等人接续努力，汉王朝建立了系统完备的封建国家的礼乐制度。此后，魏晋南北朝、隋唐以及宋元明清，历代封建王朝皆制礼作乐，形成了各具特色但整体面貌基本相像的封建礼制。

秦汉以后的封建礼制，较先秦礼制而言，一方面承袭神化专制统治的核心理念，同时出现了不少实用性、世俗化的制度。在神化专制统治上，封建国家皆高度重视礼制建设，举行祭天、祭地、祭祖等重大典礼，宣示自己受命于天，宣示其统治的合法性、合理性。

在世俗化方面，封建礼制偏离了先秦礼制典雅化、严肃性的要求，走上了随意性、实用性表达的道路。下面，举几个典型事例。

（一）汉王刘邦拜韩信为大将军

淮阴侯韩信，是中国古代著名军事统帅，是一个为刘邦定天下立了大功、“勋可比周、召、太公之徒”的人物。起初，他先后随从项梁、项羽，“数以策干项羽，羽不用”。汉王刘邦入蜀，韩信亡楚归汉。“信数与萧何语，何奇之。至南郑，诸将行道亡者数十人。信度何等已数言上，上不我用，即亡。何闻信亡，不及以闻，自追之。”萧何追回韩信后，对刘邦说：“诸将易得耳。至如信者，国士无双。王必欲长王汉中，无所事信；必欲争天下，非信无所与计事者。”在萧何极力推荐下，刘邦决定召拜韩信为大将。萧何又说：“王素慢无礼，今拜大将如呼小儿耳，此乃信所以去也。”于是刘邦便“择良日，斋戒，设坛场，具礼”，为韩信举行一个盛大的拜大将典礼。这场典礼，给了韩信最高的礼遇和尊崇，“一军皆惊”[57]。

（二）叔孙通制礼

公元前202年，项羽兵败垓下（今安徽灵璧境），刘邦获得了楚汉战争的胜利，当上了汉帝国的皇帝。当时，“高帝悉去秦仪法，为简易。群臣饮争功，醉或妄呼，拔剑击柱”，刘邦“患之”且“益厌之”。于是，便命叔孙通制礼。公元前200年，也就是汉高祖七年十月，京师长乐宫竣工。这样，汉王朝就在新落成的长乐宫举行了一场盛大的诸侯群臣朝岁大典。

黎明时分，朝岁大典正式开始。“谒者治礼，引以次入殿门，廷中陈车骑戍卒卫官，设兵，张旗志。传曰：‘趋。’殿下郎中挟陛，陛数百人。”

左文右武陈列于两侧。“功臣列侯诸将军军吏以次陈西方，东向。文官丞相以下陈东方，西向。”

大行官依《周礼》九仪设公、侯、伯、子、男、孤、卿、大夫、士共九宾，依次向上传语和向下传语。

“于是皇帝辇出房”，“百官执戟”传声而唱警，“引诸侯王以下至吏六百石以次奉贺。自诸侯王以下莫不震惊肃敬。至礼毕，尽伏，置法酒。诸侍坐殿上皆伏抑首，以尊卑次起上寿。觞九行，谒者言：‘罢酒。’御史执法举不如仪者辄引去。竟朝置酒，无敢欢哗失礼者。”

这次朝岁大典，实际上是一次彩排，但汉高祖分外高兴，他体验到了礼制的功用，说：“吾乃今日知为皇帝之贵也。”遂拜叔孙通为奉常，赐金五百斤。[58]

（三）明嘉靖年间的“大礼仪”

大礼仪，是明嘉靖前期在如何尊崇明世宗朱厚熜生身父母问题上，发生的一场旷日持久、震动朝野的礼制之争。

正德十六年（1521年），荒淫无道的明武宗驾崩了。明武宗朱厚照无子可继皇位，皇太后命太监张永、谷大用等到内阁与大学士们议所当立。内阁首辅杨廷和举《皇明祖训》，说：“兄终弟及，谁能渎焉。兴献王长子，宪宗之孙，孝宗之从子，大行皇帝之从弟，序当立。”大学士“梁储、蒋冕、毛纪咸赞之”。[59]皇太后同意杨廷和的提议。于是兴献王长子朱厚熜便继立为皇帝，以翌年为嘉靖元年（1522年）。

嘉靖皇帝朱厚熜之父兴献王朱祐杬，死于正德十四年（1519年）。朱厚熜甫一即位，即下令礼官集议崇祀其父朱祐杬的典礼。礼部尚书毛澄请示首辅杨廷和，杨廷和提出嘉靖皇帝以明孝宗朱祐樘为考，以生身父母兴献王及妃为皇叔父母，此议被嘉靖皇帝朱厚熜断然拒绝。当此之时，张璁、桂萼等人提出了迎合嘉靖皇帝的建议：称孝宗曰皇伯考，兴献帝曰皇考，而别立庙于大内。杨廷和反对无效，遂于嘉靖三年（1524年）正月乞休罢归。三月，嘉靖皇帝下令称其本生父母为本生皇考恭穆献皇帝、本生母章圣皇太后。嗣后，张璁、桂萼、席书等人的提议进一步加码，嘉靖皇帝下令去掉“本生”二字。

嘉靖皇帝的命令，无顾本生这个事实，立即酿成了一场极大的政治风波。嘉靖三年（1524年）七月十五日，朝会方罢，吏部左侍郎何孟春倡言于众曰：“宪宗朝，百官哭文华门，争慈懿皇太后葬礼，宪宗从之，此国朝故事也。”翰林修撰杨慎说：“国家养士百五十年，仗节死义，正在今日。”翰林编修王元正、给事中张翀等遂遮留群臣于金水桥南，谓今日有不力争者，必共击之。于是，六部并都察院、通政司、大理寺九卿凡23人，翰林学士、侍讲、修撰、编修、检讨等官凡22人，给事中21人，御史

30人，郎中、员外郎、主事、司务、检校、寺正、寺副、评事等133人，凡229人，伏跪于都察院、通政司、大理寺诸司门抗议，嘉靖皇帝命司礼监太监两次传旨劝退，众人皆曰“必得俞旨乃敢退”，犹跪伏不起。朱厚熜大怒，遣锦衣卫旗校逮捕为首者，翰林学士丰熙、给事中张翀、御史余翱等8人“并系诏狱”。翰林修撰杨慎、编修王元正“撼门大哭”，“众皆哭，声震阙廷”。帝益怒，“命收系五品以下官若干人”，令吏部侍郎何孟春等人待罪。后翰林编修王相等18人俱杖死，丰熙、杨慎、王元正等人俱谪戍，这就是明王朝历史上著名的左顺门事件。[60]

左顺门事件后，以前争大礼的大臣，多依违顺旨，最后，嘉靖皇帝朱厚熜尊奉其父兴献王为明睿宗，“升祔太庙，而跻于武宗之上”。[61]

再其后，明世宗朱厚熜又对这次大礼仪来一次清算。对已被罢免的内阁首辅杨廷和，以罪之魁法当戮市特加宽宥削籍为民，何孟春亦削籍为民。毛澄、林俊等俱已病故的大臣，夺其生前官职，蒋冕、毛纪、乔宇等俱已致仕的大臣夺职闲住。与之同时，桂萼、张璁等人则青云直上。张璁从詹事府詹事兼翰林学士，两年后便升任礼部尚书兼文渊阁大学士。桂萼，从南京刑部主事，召为翰林学士，三年后即迁吏部尚书，又过两年，以吏部尚书兼武英殿大学士入参机务。

以上三个事件，均属中国封建时代礼制建设历史上的典型案例。从中可以看出，中国封建礼制虽然从总体上依旧反映孔子所讲的“为国以礼”的要求，反映了皇帝对礼制建设的高度重视，但是，我们同时也可以看到，封建礼制相比于西周的奴隶制礼制，少了制度性规范性，少了典雅气质，新生了随意性、实用性的毛病，褪变成为世俗化了的统治手段，甚至偏离了孔子强调的礼的本质，即礼是“理”的表达形式的要求，沦落成了封建专制皇帝为所欲为的工具。

1840年鸦片战争之后，中国逐渐沦为半殖民地半封建社会。在中国人民反帝反封建的伟大斗争中，开始了对封建制度包括封建礼制的批判。

1911年，辛亥革命推翻了统治中国2000多年的封建帝制，也废除了作为封建王朝象征的封建礼制。新中国成立后，彻底消灭剥削制度。新中国扫除了旧中国剥削人民压迫人民的一切礼仪规范，在国家政治、经济和社会生活中，建立了全新的社会主义的法律制度，建立了全新的社会主义礼仪制度。新中国隆重举行开国大典、国庆大典及其他重大典礼，全国各族人民共同欢呼新中国的诞生和取得的伟大成就。新中国规定了国庆、元旦、五一国际劳动节、六一国际儿童节、七一建党节、八一建军节等新的重大节日及春节、中秋、清明、端午等传统节日，全国人民共享安宁和平的假日生活。新中国实现男女平等，破除封建礼教，彻底解放了数千年来受压迫受歧视的妇女同胞。新中国废除旧中国等级森严的祭祀制度，追悼纪念“做过一些有益的工作”的逝去的同胞。[62]凡此种种，新中国的礼制建设，恪守为人民服务的宗旨理念，坚守建设社会主义现代化强国的目标方向，剔除了旧中国礼制建设的一切反动的不合理的因素，其中最突出的特点，是彰显人民利益之公，废少数人利益之私，体现的是社会公理，而不是少数人的歪理。一句话，社会主义公有制的建立，为礼制建设表达“理”的本质提供了根本政治前提和思想理论基础。

四、按照礼的本质要求继续推进现代礼制建设

孔子高度重视礼乐制度，强调为国以礼，以礼立身。对于礼，孔子念念不忘，但他更加强调礼的本质，要求按照礼的本质即“理”立身治国，这是孔子礼仪思想的核心和精髓。在当代中国，传承孔子这一思想观念，要求我们必须按照礼的本质要求，大力弘扬发展人民理学，并以知理守理为抓手加强人的建设；以人民理学作为理论指导，大力加强现代礼制建设。

（一）大力弘扬发展人民理学

如前所述，孔子重视礼，但更重视其中蕴含的“理”。孔子的原创儒学，有不少合乎“理”的要求的科学的思想观点，这是孔子儒学思想的真正价值所在。遗憾的是，孔子儒学在后来的传承过程中，特别是汉武帝罢黜百家、独尊儒术之后，儒学成了封建统治阶级维护其专制统治的工具，逐步揉入掺进很多杂质，到宋元明清时期，演变为宋明理学。在宋明理学中，无论是程朱理学，还是陆王心学，都极力维护封建纲常伦理。他们阐释的义理，除在某些具体问题和逻辑思辨方式方法上有一些合理成分外（个别地方甚至极其精微），在事关社会政治伦理的问题上，他们阐述的“理”，甚至被他们反复强调的“天理”，有不少实际上是歪理，有的还是对自然之理和社会公理的歪曲和亵渎。比如程颢提出“父子君臣，天下之定理，无所逃于天地之间”；[63]程颐提出“饿死者极小，失节事极大”！认为寡妇再嫁是大逆不道，即便是“孤孀贫穷无托者”，也不能再嫁。[64]朱熹提出：“君臣父子，定位不易，事之常也。”[65]陆九渊提出：“典礼爵刑，莫非天理。”[66]“天子重明于上，代天理物，承天从事，皇建其极。”[67]王守仁提出“致良知”学说，把封建伦理道德说成是人生而具有的“良知”。

中国古代的歪理邪说随处可见，比比皆是。比如在神化专制统治方面，就有很多荒诞无稽之谈，它们堂而皇之地大行于世，对中国人民产生了极大的愚昧和麻痹作用。

各类荒诞不经的记述，传递的是君权神授的思想意识。有了这些天赋王权的神学观念，中国古代帝王就取得了实行专制统治的合理性，于是就有了儒家君君臣臣的思想观念，就有了历代帝王父天母地祭天祭地神化其统治的礼仪制度，就有了程颢强调的父子君臣天造地设的天下之定理。其实，这哪里是天理，他们的理论简直就是骗人骗己祸害社会的歪理！

近代以来，在反帝反封建的伟大斗争中，中国人民开始了对以儒学为代表的中国旧文化的甄别清理，开始了对封建反动思想文化的批判，创立了革命文化，创立了人民文化和人民理学。那些宣扬君权神授王权至上的理论，宣扬等级观念的理论，宣扬剥削制度的理论，包括吃人害人的封建礼教，都受到了有力批判，中国人民砸碎了四千多年的剥削制度套在自己脖子上的精神枷锁。特别是新中国建立后，中国人民发展新民主主义政治和社会主义政治，发展新民主主义经济和社会主义文化，牢固确立了人民至上的政治理念和社会伦理，人民文化人民理学在世界东方闪耀着万丈光芒。当前中国特色社会主义进入新时代，习近平总书记鲜明地提出“人民对美好生活的向往，就是我们的奋斗目标”，[68]提出以人民为中心的发展思想，进一步丰富发展了马克思主义的人民文化和人民理学。我们要认真贯彻落实习近平总书记的指示要求，大力弘扬发展人民文化人民理学，为建设社会主义现代化强国提供强大精神动力。

（二）以知理守理为抓手加强人的建设

礼的实质是“理”，礼是“理”的表达形式。孔子立身以礼的思想，为人们找出了知理守理这个加强自身建设的道路。

自然界有自然之理。人类社会同样客观存在着“理”。那些代表着全人类共同利益的道理，就是社会公理。比如，任何一个有思维和行为能力的人，都应当为社会做出应有的贡献；人生来是平等的，人们之间应当互相尊重，每一个人都应当自尊尊人，任何人都没有压迫、剥削和欺负他人的权利；一个对社会做出重大贡献的人，应当受到全社会的尊重。同样，一个对社会做出巨大伤害的人，应当受到全社会的唾弃。凡此种种，就是社会公理。对社会公理，我们应当加以研究总结，并把它们规定为全人类应当普遍遵守的社会道德规范，这是人类社会首先应当做好的最重要的工作。但在这方面，我们的工作做得很不够。我们必须高度重视这项工作，就像研究自然科学一样，研究提出人类社会的公理、定理，在此基础上制定一部“人类社会基本道德规范”来。

知理很重要。一个人不知理，就不知道什么事情该做，什么事情不能做，就会祸害自己，祸害他人，祸害社会。知理本身，就是人的自我完善和自我提高。社会是复杂的，知理不易。即如孔子那样的思想家，他为我们明确了很多方面的道理，但很多大问题他也没有弄明白，甚至还提出了一些有悖于社会公理的思想观点。中国奴隶制社会和封建社会几千年，就没有明白人人平等、人人都需要自尊并尊重他人这个最基本的道理，也没有明白，建设美好社会，既需要圣贤引领同时也需要全人类共同努力的道理，没有明白为建设美好社会努力奋斗是每一个人的责任和义务。

学习和实践是知理的必由之路。一切道理，都是人们在认识事物研究问题和解决问题中获得的。正因如此，孔子强调“学而时习之，不亦说乎”？[69]坚持“学而不厌，诲人不倦”。[70]毛泽东主席强调好好学习，天天向上，指出：“学习的敌人是自己的满足，要认真学一点东西，必须从不自满开始。对自己，‘学而不厌’，对人家，‘诲人不倦’，我们应取这种态度。”[71]

知理不易，守理更难。在现实社会中，有很多人知行不一，知行分离，知理而不守理。他们对有些道理不是不知道，而是不遵守。比如对好好学习才能天天向上的道理，不是不知，而是害怕吃苦受累，贪图安逸，不爱学，结果就只能是消极颓废天天向下。再比如，对官员廉洁从政的道理，绝大多数官员是清楚明白的，但总有一部分官员贪赃枉法。在守理问题上，因为不知理而不守理尚可以原谅，知理而不守理就不能宽恕了。坚守知行合一，其本身就是一个人人必须遵守的社会公理。

从知理到守理，从知之不多到知之甚多，从知行合一到知行并进，人类社会就是这样在知理守理中前进的。在我们生活的这个世界上，我们明白的道理多一点，守理的事情多做一个，这个世界，就会多出一分美好。

对我们每一个人来说，坚持按照知理守理的要求规范自己，就可以成为一个对社会有益的人。

（三）大力加强现代礼制建设

孔子盛赞西周礼仪制度，高度关注礼制建设。中国古代礼仪制度，在国家政治和社会生活中居有突出地位，对维护奴隶制和封建制统治秩序发挥着极为重要的作用。近代以来，在反帝反封建的伟大斗争中，我国礼制建设发生了革命性根本性的变化。特别是新中国成立后，作为新中国政治和社会制度的一个重要方面，礼仪制度的建设取得了巨大成就。

礼的本质是理。旧中国的礼仪制度，体现的是剥削阶级的歪理，是统治者的意志。新中国的礼理制度，体现的是全体人民的意志和利益，彰显的是人民当家作主的权力，彰显的是公平正义，追求的是光明和进步。

“礼以导敬，乐以宣和。”[72]旧中国的礼仪制度，表达的是对帝王的崇敬，是向剥削阶级致敬，是对权力地位的膜拜。无论是奴隶制和封建国家举行国家典礼，还是官僚们朝拜帝王，都要行跪拜之礼，宰相以下的大臣皆须匍匐于帝王面前。几千年的跪拜，彰显的是帝王的特权，跪出来的是奴性，是对人的尊严的漠视，是对权力的崇拜和觊觎。连孔子那样的思想家，都跪成了习惯。他说：“拜下，礼也；今拜乎上，泰也。虽违众，吾从下。”[73]周礼规定，臣子对君主行礼，先在堂下磕头，然后升堂再磕头。孔子生活的时代，已经不在堂下叩头，但孔子坚持认为堂下叩头，必不可少，不然就是倨傲非礼。

新中国的礼仪制度，彰显的是人民至上的社会公理，表达的是对人民的敬意，是向劳动致敬，向英雄致敬；表达的是人人平等的社会公理，捍卫的是每个人做人的尊严，是全人类的尊严。比如，1949年9月30日下午，参见中国人民政治协商会议的全体代表齐聚天安门广场，举行人民英雄纪念碑奠基典礼。毛泽东主席亲笔题写“人民英雄永垂不朽”，亲自为人民英雄纪念碑起草碑文："三年以来，在人民解放战争和人民革命中牺牲的人民英雄们永垂不朽！三十年以来，在人民解放战争和人民革命中牺牲的人民英雄们永垂不朽！由此上溯到一千八百四十年，从那时起，为了反对内外敌人，争取民族独立和人民自由解放，在历次斗争中牺牲的人民英雄们永垂不朽！"[74]2014年8月31日，十二届全国人大常委会十次会议通过《关于设立烈士纪念日的决定》，规定9月30日为烈士纪念日，举行国家纪念烈士活动。1949年10月1日下午，中华人民共和国开国大典在首都隆重举行。毛泽东主席庄严宣告："中华人民共和国中央人民政府今天成立了！"毛主席宣读《中华人民共和国中央人民政府公告》，宣布"本政府为代表中华人民共和国全国人民的唯一合法政府"。接着举行盛大阅兵式，举行群众庆祝游行，人民群众欢庆人民革命的胜利，欢呼人民中国的诞生。在天安门前，明清两个王朝举行过无数次盛大典礼，那是炫耀帝王的权威。但自1949年10月1日新中国开国大典起，天安门广场的盛大典礼，都是礼赞人民事业的成就，礼赞中国人民的伟大和光荣！

新中国成立70多年来，我国礼制建设始终坚持人民至上的崇高理念，有力促进和推动了人的建设，有力促进和推动了中国社会的发展进步。但在个别时候个别地方，也出现过一些值得关注和需要认真解决的问题。比如新中国改变中国旧式葬礼制度，实行开追悼会的办法纪念缅怀逝者，但在一些地方旧式葬礼又重新举行；新中国改变旧式婚礼制度，实行新式婚礼，亲朋好友为新人祝福，但近年来，旧式婚礼死灰复燃。这些有问题的婚丧嫁娶，已不再是现代礼制所突出的真情表达，而是蜕变为请客送礼炫耀财富权势的方式。这是历史倒退，必须坚持刹住这股歪风。

礼制属于社会道德和意识形态范畴，对人的建设和社会发展具有巨大影响。我们要深入研究总结新中国礼制建设的成就经验，在习近平新时代中国特色社会主义思想指导下，坚守人民至上的理念，改进和加强新时代礼制建设的各项工作，大力加强符合时代进步要求的礼制建设，有力促进和保障中国特色社会主义现代化建设，有力促进和保障中华民族伟大复兴。

注释

[1]《礼记·礼运》。

[2]《论语·八佾》第14章。

[3]《四书章句集注》，《论语集注》卷一。

[4]《论语·八佾》第4章。

[5]《论语·阳货》第11章。

[6]《论语·阳货》第21章。

[7]《论语·八佾》第1章。

[8]《论语·八佾》第2章。

[9]《论语·八佾》第10章。

[10]《论语·八佾》第12章。

[11]《论语·八佾》第8章。

[12]《论语·为政》第23章。

[13]《论语·学而》第12章。

[14]《论语·为政》第3章。

[15]《论语·子路》第4章。

[16]《论语·学而》第13章。

[17]《论语·泰伯》第19章。

[18]《论语·里仁》第13章。

[19]《论语·宪问》第41章。

[20]《论语·子路》第3章。

[21]《论语·卫灵公》第33章。

[22]《论语·季氏》第13章。

[23]《论语·尧曰》第3章。

[24]《论语·雍也》第27章。

[25]《论语·卫灵公》第18章。

[26]《论语·八佾》第26章。

[27]《论语·八佾》第3章。

[28]《论语·泰伯》第8章。

[29]《论语·泰伯》第2章。

[30]《论语·宪问》第12章。

[31]《论语·颜渊》第1章。

[32]《论语·八佾》第22章。

[33] 毛泽东：《星星之火，可以燎原》，《毛泽东选集》第一卷，人民出版社1991年6月第2版，第99页。

[34]《论语·阳货》第21章。

[35]《论语·八佾》第4章。

[36]《论语·为政》第5章。

[37]《论语·八佾》第18章。

[38]《论语·子罕》第3章。

[39]《论语·乡党》第4节。

[40]《论语·颜渊》第11章。齐景公问政于孔子。孔子对曰："君君，臣臣，父父，子子。"公曰："善哉！信如君不君，臣不臣，父不父，子不子，虽有粟，吾得而食诸？"

[41]《论语·泰伯》第18章。

[42]《论语·阳货》第3章。

[43]《论语·阳货》第2章。

[44]《论语·阳货》第4章。

[45]《论语·八佾》第14章。

[46]《孔氏传尚书》卷一，四部要籍注疏丛刊《尚书》上册，中华书局1998年8月第1版，第9页。

[47]《隋书·礼仪志一》。

[48]《论语·先进》第26章。

[49]《礼记·祭统》。

[50]《礼记·礼运》。

[51]《左传·隐公十一年》。

[52]《国语·晋语》，卫文公不礼重耳。

[53] 王国维：《殷周制度论》。

[54] [55]《史记·礼书》。

[56]《史记·礼书》附张守节《史记正义》语。

[57]《史记·淮阴侯列传》。

[58]《汉书·郦陆朱刘叔孙传》。

[59]《明史》卷一九〇，《杨廷和传》。

[60]《明史》卷一九一，《何孟春传》。

[61]《明史》卷一八，《世宗本纪二》。

[62] 毛泽东：《为人民服务》，《毛泽东选集》第3卷，人民出版社1991年6月第2版，第1005页。

[63]《遗书》卷五。

[64]《遗书》卷二二下。

[65]《朱文公文集》卷一四《甲寅行宫便殿奏劄一》。

[66]《象山先生全集·荆国王文公祠堂记》。

[67]《象山先生全集·荆门军上元设厅讲义》。

[68] 习近平：《人民对美好生活的向往，就是我们的奋斗目标》，《习近平谈治国理政》，外文出版社2014年10月第1版，第4页。

[69]《论语·学而》第1章。

[70]《论语·述而》第2章。

[71] 毛泽东：《中国共产党在民族战争中的地位》，《毛泽东选集》第2卷，人民出版社1991年6月第2版，第535页。

[72]《明太祖实录》卷六六。朱元璋语："礼以导敬，乐以宣和。不敬不和，何以为治？"

[73]《论语·子罕》第3章。

[74] 毛泽东：《人民英雄永垂不朽》，《毛泽东选集》第五卷，人民出版社1977年4月第1版，第11页。

第七篇 乐

礼乐一体，礼乐同源。孔子盛赞西周典章制度，特别是其礼乐制度，常常将礼与乐一起讨论。在《论语》中，关于礼乐的记述不是很多（参见附录七：《论语》论乐），但从中可以窥见孔子对乐的主要看法。

一、乐的本质

乐以抒情，乐的本质是情。乐是表达情感的方式和手段，具有感动人心的力量。班固说道:“夫乐本性情，浃肌肤而臧骨髓，虽经乎千载，其遗风余烈尚犹不绝。”[1]

雅乐，表达的是人间真情，是合乎社会公理的情。比如孔子给予极高赞誉的《韶》，给予较高赞誉的《武》和《关雎》，都是雅乐、正乐。它们表达的，就是人间美好的情感。孔子说：“《韶》，‘尽美矣，又尽善也。’”“《武》，‘尽美矣，未尽善也。”[2]“《关雎》，乐而不淫，哀而不伤。”[3]

在孔子看来，尧舜禹都是地位无比崇高的帝王。“大哉尧之为君也。巍巍乎！唯天为大，唯尧则之。荡荡乎，民无能名焉。巍巍乎其有成功也，焕乎其有文章。”[4]“巍巍乎，舜禹之有天下也而不与焉！”[5]孔子赞美他们公而忘私，毫不为自己着想。尧把天下禅让给舜，舜又把天下禅让给禹。舜治天下，任贤使能，无为而治。

《韶》，是舜歌颂尧之功德并抒发继承尧的美德治理天下诚挚心愿的美妙动人的乐曲。陈国是舜帝的后代管理的国家，他们一直演奏《韶》乐。春秋末年，陈厉公之子陈完遇难出奔齐国，把《韶》乐带入齐。孔子在齐国听到《韶》乐，深为它的强大感染力所折服，由衷敬仰舜帝之伟大，“三月不知肉味”。他说：“不图为乐之至于斯也。”[6]

相对于《韶》乐，孔夫子对《武》乐的赞美就逊色一等了。他认为《武》乐虽然也很美，颂扬的是周武王勘定商纣王之乱，解除了人民遭受商纣王暴虐无道统治的苦难，“以师克乱而济百姓，动之以仁义，行之以礼让”。[7]但毕竟使用了武力，武定天下，与天子让贤比较起来，就显得没有那么理想了，遂叹其未尽于善。

《关雎》这首乐曲，歌咏青年男女高尚纯洁的爱情。多情的男子对美丽的姑娘的爱，那么热烈真挚，那么执着专一，“辗转反侧，寤寐求之”。对他心爱的姑娘，他是那么尊重，那么仰慕，“琴瑟友之，钟鼓乐之”，誓用自己的生命终身陪伴她。

这位男子的爱，高贵无比，纯洁无瑕。浓烈而无灼伤，奔放却不张扬。愁苦里伴着欢呼，艰难中藏着希望。爱的心潮波澜澎湃，但从来没有过激，没有失当，自始至终体现着乐而不淫，哀而不伤。

这位男子的爱，体现的是对美的追求。姑娘窈窕的身材，姣美的姿容，高贵的涵养，贤淑的品德，从外到内、从动到静、从形体到灵魂的美，成了世间最美的存在。倾倒、迷醉、仰望、爱慕油然而生，匍匐追求情不自禁。于是，就有了“左右流之”“左右采之”“左右芼之”，就有了“寤寐求之”“寤寐思服”，就有了“求之不得，辗转反侧”。[8]对至美的追求是幸福的，是快乐的，也是不易的、艰难的。但不管要付出多么大的努力，遭遇多少曲折，承受多大的煎熬，都是值得的，都是心甘情愿的。对至美的追求，始终贯穿着乐而不淫，哀而不伤。

爱是对美的追求，同时又是对美的塑造。同声相应，同气相求。物以类聚，人以群分。爱美向善之人，自我就是美和善的化身。他渴望追求到心仪的姑娘，他在追求中也在完善和提高自己。他不为遭遇挫折而灰心，不为遭受误解而彷徨。他的信念是坚定的，他的爱恋是纯洁的，他的追求是无私的。他小心谨慎地寻觅着、追求着姑娘，又生怕给她一丝一毫的伤害；他愿意付出自己的一切，来塑造和装扮这人间最美的爱情。追求和爱恋，使美和善更加发扬光大，得到新的升华。对美的塑造，付出与收获同在，也是贯穿着乐而不淫，哀而不伤的。

人间最高贵的是爱和真情。雅乐感染力强，审美价值高，教育意义大，是修身治国平天下的重要途径。孔子明晰乐的价值，他高度重视乐，在整理雅乐、正乐方面下了很多功夫。他说："吾自卫返鲁，然后乐正，《雅》《颂》各得其所。"[9]他盛赞鲁国大师亲自演奏的乐章，他说："师挚之始，《关雎》之乱，洋洋乎盈耳哉！"[10]他对待乐的态度是十分严肃的，"子于是日哭，则不歌。"[11]"子与人歌而善，必使反之，而后和之。"[12]

与雅乐、正乐相对立的，是邪乐淫声。淫乐，宣示的是悖于社会公理社会道德的"情"，是对真情的歪曲和亵渎，其危害巨大。孔子生活的那个时代，"桑间、濮上，郑、卫、宋、赵之声并出，内则致疾损寿，外则乱政伤民。巧伪因而饰之，以营乱富贵之耳目。庶人以求利，列国以相间。"[13]孔子在鲁国整理雅乐整饬鲁国朝政，刚见一点成效，齐国就送来了许多歌姬舞女，鲁国执政季桓子接受后，纵情声色，三天不问政事。孔子无奈，就辞去鲁国司寇，抱恨离职而去了。鲁国的乐官大师挚等人，也都散之四方，隐遁避祸了。

二、乐与国家治理

孔子强调以礼治国，高度重视礼乐制度，为恢复西周礼乐制度付出了毕生努力。乐是礼的重要组成部分，是表达礼的重要手段。很多重大典礼，都安排有规定的乐曲，并且由相应规格的乐队演奏。天子祭祖，在典礼结尾撤去祭品时，要演奏《雍》这首歌。周王朝舞蹈奏乐之制，天子八佾，即八人一行，一行称为一佾，八佾舞于庭，由八八六十四人排作八行为天子演出歌舞。诸侯六佾四十八人，大夫四佾三十二人，士二佾十六人。当时，鲁国由季氏秉政，季氏僭越非礼，用六十四人在庭院中奏乐舞蹈，孔子对季氏的行为十分恼火，他说："是可忍也，孰不可忍也？"[14]仲孙、叔孙、季孙三家祭祀祖先的时候，僭越天子祭祖之礼，唱着《雍》这首歌撤除祭品。《雍》是《诗经》的一篇。歌文是：

有来雍雍，至止肃肃。
相维辟公，天子穆穆。
于荐广牡，相予肆祀。
假哉皇考，绥予孝子。
宣哲维人，文武维后。
燕及皇天，克昌厥后。
绥我眉寿，介以繁祉。
既右烈考，亦右文母。[15]

《雍》这首歌，是周天子的庙堂乐歌，描绘的是周天子祭祖的情景和气氛，叙述的是祭礼的过程和祷词，彰显的是周天子颂扬父母功德的崇敬之情。对鲁大夫三家的僭越行为，孔子说，天子歌《雍》祭祖，很明白地讲着天子庄敬肃穆地在那儿主祭，并由诸侯助祭，这样的庙堂乐歌，怎么能用在孟孙、叔孙、季孙三家祭祖的典礼上呢？[16]

礼乐关乎国家治理。孔子为政，强调正名定分，尤其注重先正礼乐。他说："名不正，则言不顺，言不顺，则事不成，事不成，则礼乐不兴，

礼乐不兴，则刑罚不中，刑罚不中，则民无所措手足。”[17]“天下有道，则礼乐征伐自天子出；天下无道，则礼乐征伐自诸侯出。自诸侯出，盖十世希不失矣；自大夫出，五世希不失矣；陪臣执国命，三世希不失矣。”[18]孔子毕生致力于恢复西周礼乐制度，无奈世变时移，他的努力是无济于事的，一腔热血终至付之东流。原因何在？根源就在于他生活的春秋末年，是一个诸侯争霸逐利争雄的时代，西周初年的治世所用的礼乐，包括其中体现的理和情，是不适用于这个乱世的。孔子为政，是知不可为而为之，有其明显的理想化色彩，这是他的伟大，也是他生不逢时的悲哀。

三、乐与人的建设

一个人在社会上生活，通情达理是最基本的要求。但是，社会是复杂的，真正做到通情达理，又不是一件轻而易举的事情。礼主理，乐主情，在孔子看来，不知理守礼，不通情知乐，就不可能成为仁人君子。他说：“人而不仁，如礼何？人而不仁，如乐何？”[19]“兴于《诗》，立于礼，成于乐。”[20]

孔子高度重视乐，但他更重视乐所表达的情，强调乐的实质。他说：“礼云礼云，玉帛云乎哉？乐云乐云，钟鼓云乎哉？”[21]

有一次，宰我向孔子请教，提出一个问题：守丧三年，时间太长了。“君子三年不为礼，礼必坏；三年不为乐，乐必崩。”谷物一年生长一次，陈谷既已吃完，新谷又已登场。树木也一样。打火用的燧木，一年长出一个年轮。守丧，是不是一年就可以了。听了宰我的话，孔子很生气，便质问宰我：父母去世，还不到三年，你便吃白米饭，穿花缎衣，你心安吗？宰我说：安。孔子更生气了，遂说：既然你心安，你就那么干好了！君子守孝的时候，食旨不甘，闻乐不乐，居处不安。如今你觉得心安，就去干吧！宰我退了出去。孔子说：宰我不仁。儿女生下来，三年之后才能完全脱离父母的怀抱。替父母守孝三年，天下都是如此。[22]宰我难道就没有得到父母三年怀抱的抚育吗？从孔子与宰我的对话中，可以看到，宰我虽然口头上重视礼乐，但实际上并不懂礼乐，不懂礼和乐的实质。孔子给他讲述其中的情和理，他也没有听明白。礼是理的表达形式，乐是情的表达手段。父母去世，对于子女来说，是如同天塌一样的痛苦和悲伤。孔子讲过："人未有自致者也，必也亲丧乎！"[23]宰我却没有明白三年通丧的道理，没有对父母的那份情、那份爱。在这里，孔子对宰我的训斥，实际上就是向他讲述礼和乐的本质，他对宰我缺乏对父母的孝敬之情十分痛心。

礼乐具有节制规范人们的言行促人向上向善向美的力量。他说："益者三乐，损者三乐。乐节礼乐，乐导人之善，乐多贤友，益矣。乐骄乐，乐佚游，乐晏乐，损矣。"[24]他在这里强调，以得到礼乐的调节为快乐，以多讲别人的好处和多交贤友为快乐，这三者，才是真正的快乐。当子路向他请教如何才能成为一个完人的时候，他说："若臧武仲之知，公绰之不欲，卞庄子之勇，冉求之艺，文之以礼乐，亦可以为成人矣。"[25]在他看来，一个人知、廉、勇、艺兼备，又节之以礼，和之以乐，就可以称为一个完人了。

孔子高度重视礼乐的学习。他认为学习礼乐，越早越好，越认真越好。他说："先进于礼乐，野人也；后进于礼乐，君子也。如用之，则吾从先进。"[26]春秋末年，礼崩乐坏，礼乐流于形式。对装腔作势学习礼乐文过其质的人，称之为君子，对认真学习礼乐文质得宜的人，反谓之小人。孔子对这种情况，十分不满，强调要认真学习，矫正此弊。有一次，子路在孔子门前弹瑟，声质刚勇，不足以中和，孔子说："由之瑟奚取于丘之门？"因此，孔子的学生们瞧不起子路。为了鼓励弟子们学习礼乐，孔子又对子路取得的成绩予以肯定，并对他争取更大进步寄予希望，他说："由也升堂矣，未入于室也。"[27]

四、乐文化在古代中国的历史实践

人是具有丰富情感的生命存在。乐是人们表达情感的重要手段。在人类活动的早期阶段，歌舞文化陪伴着早期人类艰难困苦的生产生活，对凝聚人心纾解人类苦难发挥着重要作用。原始社会解体、奴隶制国家建立后，歌舞文化开始成为奴隶主国家实施统治的工具，成为规范人们行为加强社会道德建设的手段，也是奴隶主贵族精神生活的重要载体。夏商周三代的统治者制礼作乐，其宗旨就是如此。司马迁说："凡音之起，由人心生也。人心之动，物使之然也。感于物而动，故形于声；声相应，故生变，变成方，谓之音；比音而乐之，及干戚羽旄，谓之乐也。乐者，音之所由生也，其本在人心感于物也。是故其哀心感者，其声噍以杀；其乐心感者，其声啴以缓；其喜心感者，其声发以散；其怒心感者，其声粗以厉；其敬心感者，其声直以廉；其爱心感者，其声和以柔；六者非性也，感于物而后动，是故先王慎所以感之。故礼以导其志，乐以和其声，政以一其行，刑以防其奸。礼乐刑政，其极一也，所以同民心而出治道也。"又说："治世之音安以乐，其政和；乱世之音怨以怒，其政乖；亡国之音哀以思，其民困。""郑卫之音，乱世之音也。""桑间濮上之音，亡国之音也。""王者功成作乐，治定制礼。""是故先王之治礼乐也，非以极口腹耳目之欲也，将以教民平好恶而返人道之正也。""乐者，圣人之所乐也；而可以善民心。其感人深，其风移俗易，故先王著其教焉。""故乐行而伦清，耳目聪明，血气和平，移风易俗，天下皆宁。""生民之道，乐为大焉。"[28]司马迁对乐文化的经典论述，详尽阐明了乐之起源、功用及乐与世道人心的联系。

我国古代有着重视乐文化的历史传统。对先秦帝王重视乐教的情况，班固说："黄帝作《咸池》，颛顼作《六茎》，帝喾作《五英》，尧作

《大章》，舜作《招》[29]，禹作《夏》，汤作《濩》，武王作《武》，周公作《勺》。”[30]秦汉以后，历代封建王朝，皆将乐教作为关乎国家治理的大事。汉高祖刘邦作《大风歌》，抒发一统天下的满怀豪情，同时寄托对国家安定江山永固的殷切期望。这首乐曲，在两汉四百年里，对刘汉王朝治国理政起着巨大的激励和鞭策作用。明洪武四年（1371年）6月，朱元璋有感于元代乐章“率用腴词以为容，甚者鄙陋不称”，便命吏部尚书詹同、礼部尚书陶凯，制宴享九曲乐章。他对身边的臣僚说：“礼以导敬，乐以宣和。不敬不和，何以为治？元时古乐俱废，惟淫词艳曲更唱迭和，又使胡虏之声与正音相杂，甚者以古先帝王祀典神祇饰为舞队，谐戏殿廷，殊非所以导中和、崇治体也。今所制乐章颇协音律，有和平广大之意。自今一切流俗諠浇淫亵之乐，悉屏去之。”[31]

除官方音乐外，在中国古代，民间音乐文化更能体现中国传统乐文化的美。诗歌乐舞，一体同源。中国古代历史上几次乐文化高峰的出现，都有民间乐文化做出的巨大贡献。孔子亲自整理赞不绝口的《诗经》，是先秦的经典乐章，由“风”“雅”“颂”三部分组成。“雅”是帝王的正声雅乐，“颂”是帝王宗庙祭祀的乐歌，“风”是民间歌谣。《诗》300余篇，地方民歌占了160篇，其中的《关雎》《伐檀》《硕鼠》《蒹葭》等都是脍炙人口的歌乐瑰宝。汉代的乐府民歌，是继先秦《诗经》乐文化之后出现的又一个乐文化的高峰之作。班固说，自汉武帝定郊祀之礼，“乃立乐府，采诗夜诵，有赵、代、秦、楚之讴”。[32]乐府民歌中的《东门行》《妇病行》《孤儿行》，表达平民百姓的疾苦，诉说社会最底层人民的心声。《上邪》指天发誓，坦露表白对纯洁无瑕爱情的忠贞不移。《孔雀东南飞》更是夫妻恩爱的千古绝唱。唐诗宋词元曲，推动中国古代诗歌乐舞文化的发展迈上了新的高度，其中很多优秀作品，弘扬真善美，为封建专制统治下的黑暗中国带来了光明和希望。

五、近现代中国音乐文化的变革与人民音乐文化的诞生

1911年，辛亥革命推翻了统治中国2000多年的封建帝制，也在实际上废除了为封建专制统治装饰粉饰愚弄中国人民的封建礼乐制度。在中国人民反帝反封建的伟大斗争中，特别是在中国共产党领导的人民革命斗争中，人民音乐文化应运而生。中国出现了冼星海、聂耳、贺绿汀等一大批人民音乐家和人民音乐艺术工作者，诞生了《义勇军进行曲》《黄河大合唱》《生产运动大合唱》《九一八大合唱》《在太行山上》《到敌人后方去》《游击队歌》《中华儿女》《胜利进行曲》《新民主主义进行曲》等一大批经典作品。人民音乐文化高扬民族独立、人民自由解放的伟大旗帜，有力地激励了中华民族救亡图存和实现自由解放，对夺取抗日战争和解放战争的胜利，发挥了十分重要的作用。人民音乐文化的诞生，是中国音乐文化发展史上划时代的变革。

新中国成立后，音乐文化的发展，坚持为人民服务为社会主义服务的方向，坚持百花齐放、百家争鸣的方针，歌咏社会主义革命和社会主义建设的伟大事业，颂扬中国人民的伟大创造，取得了巨大成就。新中国音乐文化，有四个鲜明特征。一是人民性。音乐文化来自人民建设社会主义创造幸福美好生活的实践，又以人民群众喜闻乐见的艺术形式服务于人民，丰富人民的精神生活，提高人民创造和欣赏音乐文化艺术的能力。二是时代性。新中国继承中华优秀传统音乐文化，但新中国音乐文化事业的发展，始终坚持走向前向上创新发展的道路，体现时代特色引领社会文明进步的新的经典作品如雨后春笋一样涌现出来，其中展示的，是扑面而来的朝气蓬勃的青春力量和时代气息。三是开放性。新中国学习借鉴世界上一切先进的音乐文化成果，包括引进和使用西洋乐器。四是民族性。民族性是中华音乐文化的根。离开民族形态民族风格，不可能建成枝繁叶茂的社

会主义现代音乐文化。毛泽东主席指出："音乐可以采取外国的合理原则，也可以用外国乐器，但是总要有民族特色，要有自己的特殊风格，独树一帜。"[33]

六、推进实现新时代人民音乐文化大发展大繁荣

建设中国特色社会主义，是一项极其光荣伟大的事业。在中国特色社会主义新时代，人民群众需要丰富多彩的精神滋养，需要高质量的音乐文化生活，推动实现新时代人民音乐文化大发展大繁荣，既是建设社会主义现代化强国的一项重要内容，也是建设社会主义现代化强国的有力保障和支撑。

音乐文化事业的发展，关乎人的精神风貌，关乎人的全面发展。司马迁说："夫人有血气心知之性，而无哀乐喜怒之常，应感起物而动，然后心术形焉。是故志微焦衰之音作，而民思忧；啴缓慢易繁文简节之音作，而民康乐；粗粝猛起奋末广贲之音作，而民刚毅；廉直经正庄诚之音作，而民肃敬；宽裕肉好顺成和动之音作，而民慈爱；流辟邪散狄成涤滥之音作，而民淫乱。"又说："故闻宫音，使人温舒而广大；闻商音，使人方正而好义；闻角音，使人恻隐而爱人；闻徵音，使人乐善而好施；闻羽音，使人整齐而好礼。夫礼由外入，乐自内出。故君子不可须臾离礼，须臾离礼则暴慢之行穷外；不可须臾离乐，须臾离乐则奸邪之行穷内。故乐音者，君子之所养义也。"[34]司马迁的论述，点明了音乐文化的精髓妙义。

人是情感丰富的生命存在。礼主理，乐主情。乐可以使人刚毅肃敬，也可使人怯懦暴戾；可以促人昂扬奋进，也可使人消极颓废。孔子在齐闻《韶》，三月不知肉味，感叹"不图为乐之至于斯也"。[35]"齐人归女乐，季桓子受之，三日不朝。"[36]孔子对齐国国政失去了信心，便离开

齐国。孔子痛恶"郑声之乱雅乐"，[37]当颜渊向他请教如何治理国家的时候，他说："行夏之时，乘殷之辂，服周之冕，乐则《韶》《舞》。放郑声，远佞人。郑声淫，佞人殆。"[38]最典型的是商纣王"使师延作长夜靡靡之乐，以至亡国"，[39]留下了极其深刻的教训。

乐可以促人向上向美，也可使人向下向恶。当我们歌咏《黄河大合唱》《义勇军进行曲》这样的经典音乐时，可以激发我们同仇敌忾舍身报国的豪情。当我们歌唱长征组歌的时候，对红军将士的崇敬之情油然而生。当我们观看大型音乐舞蹈史诗《东方红》的时候，对人民领袖的敬爱，对党和人民事业的辉煌成就的赞美，便化为我们继往开来奋进新时代的豪情壮志。同样，也有个别时候，当靡靡之音、低俗歌舞充斥校园街巷歌厅舞厅的时候，也曾使一些人迷失生活的方向。

音乐文化是党的文化事业的重要组成部分，是关系人的建设和国家治理的大事。在中国特色社会主义新时代，抓好音乐文化建设，意义重大。习近平总书记希望广大文艺工作者"心系民族复兴伟业，热忱描绘新时代新征程的恢宏气象"；"坚守人民立场，书写生生不息的人民史诗"；"坚持守正创新，用跟上时代的精品力作开拓文艺新境界"；"用情用力讲好中国故事，向世界展现可信、可爱、可敬的中国形象"；"坚持弘扬正道，在追求德艺双馨中成就人生价值"。[40]这是对全国文艺工作的希望，也是对全党全国人民的期待和要求。我们要牢记总书记的重托，大力推进音乐文化事业繁荣发展，用更加精美的音乐文化，滋养人们的心灵，创造更加美好的新生活。

注释

[1]《汉书·艺文志》。

[2]《论语·八佾》第25章。

[3]《论语·八佾》第20章。

[4]《论语·泰伯》第19章。

[5]《论语·泰伯》第18章。

[6]《论语·述而》第14章。

[7]《汉书·艺文志》。

[8]《诗经·周南·关雎》。

[9]《论语·子罕》第15章。

[10]《论语·泰伯》第15章。

[11]《论语·述而》第10章。

[12]《论语·述而》第32章。

[13]《汉书·艺文志》。

[14]《论语·八佾》第1章。

[15]《诗经·周颂·雍》。

[16]《论语·八佾》第2章。

[17]《论语·子路》第3章。

[18]《论语·季氏》第2章。

[19]《论语·八佾》第3章。

[20]《论语·泰伯》第8章。

[21]《论语·阳货》第11章。

[22]《论语·阳货》第21章。

[23]《论语·子张》第17章。

[24]《论语·季氏》第5章。

[25]《论语·宪问》第12章。

[26]《论语·先进》第1章。

[27]《论语·先进》第15章。

[28]《史记·乐书》。

[29]《招》，即《韶》。

[30]《汉书·礼乐志》。

[31]《明太祖实录》卷六六。

[32]《汉书·礼乐志》。

[33] 毛泽东：《同音乐工作者的谈话》，《毛泽东文集》第7卷，人民出版社1996年8月第1版，第76—77页。

[34]《史记·乐书》。

[35]《论语·述而》第14章。

[36]《论语·微子》第4章。

[37]《论语·阳货》第18章。

[38]《论语·卫灵公》第11章。

[39]《史记·礼书》张守节《史记正义》语。

[40] 习近平：《在中国文联十一大、中国作协十大开幕式上的讲话》。

第八篇 知

人是自然界唯一具有求知能力、具有知识智慧和用知识智慧指导行动的生命体。荀子说：『草木有生而无知，禽兽有知而无义。』[1]研究知，研究人类思维和行为活动，研究人类历史演进的经验教训，是人类社会面临的首要的、具有永恒意义的任务和课题，对于指导人类未来发展，具有无比重要的作用。

知是《论语》中一个十分重要的基本概念。在《论语》中，孔子师徒对知有多方面、多层次、多角度的论述（参见附录八：《论语》论知），提出了许多思想观点，这是孔子师徒留给后人的一笔重大思想遗产。

一、《论语》论知

（一）知从哪里来？

知从哪里来？人的知识、智慧是从哪里来的？这是古今中外的思想家共同关注的问题。在孔子看来，知来源于自然和学习两个方面，即有生而知之和学而知之两个途径。生而知之，得之于自然禀赋。学而知之，得之于个人努力。他说："生而知之者上也。学而知之者次也。困而学之，又其次也。困而不学，民斯为下矣。"[2]孔子把生而知之称为上智，把困而不学称为下愚。他说："唯上知与下愚不移。"[3]

孔子高度重视学习，在学习上，他是人类的一盏明灯，是楷模，是榜样。他从学习中获得了丰富的知识、智慧，从学习中感受到了人生的责任和使命，从学习中获得了无穷无尽的快乐。他说："学而时习之，不亦说乎。"[4]他的学生子夏也说："百工居肆以成其事，君子学以致其道。"[5]

孔子的学习，有两个方面。一是学习古代文献。他说："我非生而知之者，好古，敏以求之者也。"[6]"述而不作，信而好古，窃比于我老彭。"[7]二是向他人学习。他说："里仁为美。择不处仁，焉得知。"[8]"三人行，必有我师焉，择其善者而从之，其不善者而改之。"[9]有一次，卫国的公孙朝问孔子的学生子贡："仲尼焉学？"子贡说："文武之道，未坠于地，在人。贤者识其大者，不贤者识其小者，莫不有文武之道焉。夫子焉不学？而亦何常师之有？"[10]在向他人学习的问题上，他并不是囫囵吞枣，并不是无原则的兼收并蓄，他强调要善于观察分析，辨别善恶是非。他说："多闻，择其善者而从之，多见而识之。"[11]"人之过也，各于其党。观过，斯知仁矣。"[12]

对于学习，孔子强调温故知新，鉴往知来，强调融会贯通，举一反三。他说："温故而知新，可以为师矣。"[13]子张问他："十世可知也？"他对子张说："殷因于夏礼，所损益可知也。周因于殷礼，所损益可知也。其或继周者，虽百世可知也。"[14]有一次，子贡问他："贫而无谄，富而无骄，何如？"孔子说："可也。未若贫而乐，富而好礼者也。"子贡善于经商做买卖，先贫后富，其贫时知自守，对富贵者不谄媚，富之后亦知自制，对贫贱者不骄横。对子贡的为人，孔子是满意的。但希望子贡更有进步，能够安于处善，乐于循理。子贡明白老师的期望。遂说："《诗》云：'如切如磋，如琢如磨，'其斯之谓与？"子贡引用《诗经·卫风·淇澳》的诗句，表明他听懂了老师的教诲，愿意像雕琢玉石骨角那样美上添美精益求精，在做人上迈上更高境界。孔子格外高兴，他说："赐也，始可与言《诗》已矣！告诸往而知来者。"[15]

（二）求知态度

孔子是一个毕生追求真知躬行君子人格的人，是一个值得人们敬仰的圣人。孔子视求知为人生使命，意志坚定，矢志不移，他说“朝闻道，夕死可矣”，[16]强调“笃信好学，守死善道”。[17]“学如不及，犹恐失之。”[18]“知之者不如好之者，好之者不如乐之者。”[19]“不怨天，不尤人，下学而上达，知我者其天乎！”[20]他鄙视那些表面上重视求知实际上却一味追求物质享受的浅薄之徒，他说：“士志于道，而耻恶衣恶食者，未足与议也。”[21]孔子对于求知的态度，是严肃认真、一丝不苟的。他反复强调，“知之为知之，不知为不知，是知也。”[22]“不患人之不己知，患其不能也。”[23]“君子病无能焉，不病人之不己知也。”[24]“盖有不知而作之者，我无是也。”[25]

（三）知者，智也

知者，智也。求知，对人生有决定性的意义。有了真知，人们就会聪明起来，就可以自己掌握自己的命运，就可以获得自由。一部人类史，就是人类从愚昧无知走向文明开化的历史，从无知、知之甚少走向有知、知之甚多的历史，从被动无助的必然王国走向主动有为的自由王国的历史，就是人类驱除黑暗追求光明的历史。

孔子对人生有着透彻深刻的认识，他是一个智者。针对那些自私浅薄之徒在穷困之中自暴自弃，处富贵之中忘乎所以的情况，他说：“不仁者不可以久处约，不可以长处乐。仁者安仁，知者利仁。”[26]他洞悉人们对私利的争夺，是酿成人生和社会悲剧的根源，指出“君子喻于义，小人喻于利”，[27]希望人们不要泥于个人私利，要明白社会公义。他看到有些人不知自己愚蠢，却自作聪明，经常自欺欺人，便说：“古之愚也直，今之愚也诈而已矣。”[28]他鄙视社会上的好好先生，痛恨他们自私自利、不讲原则、不顾是非，指出："乡愿，德之贼也。"[29]他对统治者迷惑于鬼神却不务治国安民的愚蠢行为深恶痛绝。樊迟问知。他说："务民之义，敬鬼神而远之，可谓知矣。"[30]鲁国大夫臧文仲供奉一只大乌龟，给它起个名字叫蔡，还给它盖了一座雕梁画栋的大房子，孔子对他嘲讽道："臧文仲居蔡，山节藻棁，何如其知也？"[31]对一些人不知孝敬父母等到父母离世之后又追悔不已的情况，他说："父母之年，不可不知也。一则以喜，一则以惧。"[32]警示人们要把父母的年纪记在心里，为他们高寿而高兴，同时又要时时记起父母一天天在变得衰老，要及时行孝，此乃天底下最重要的事情。

（四）知人

人是具有感知能力的生命存在。人的认知，受多方面因素制约，知物难，知人更难。知人，是人生最重要的事情之一。不知人，难以在人群中生活。知人，也是治国理政的大事，不知人，何以得人才以致天下治安？

禹有言曰"知人则哲，能官人"，[33]是选贤使能以治天下的大事。孔子强调，"不患人之不己知，患不知人也"。[34]樊迟问知。孔子说："知人。"樊迟没有明白，孔子说："举直错诸枉，能使枉者直。"樊迟还是没有明白老师的话，出来请教子夏。子夏说："富哉言乎！舜有天下，选于众，举皋陶，不仁者远矣。汤有天下，选于众，举伊尹，不仁者远矣。"[35]

仲弓为季氏宰，问政。孔子说："先有司，赦小过，举贤才。"又问："焉知贤才而举之？"子曰："举尔所知。尔所不知，人其舍诸？"[36]在识人方法上，孔子强调观其大节。他说："君子不可小知而可大受也，小人不可大受而可小知也。"[37]公叔文子的家臣大夫僎，由于公叔文子的推荐，与公叔文子一起都做了国家的大臣。对公叔文子为国举才之贤德，孔子称赞道："可以为'文'矣。"[38]柳下惠，鲁国贤者。臧文仲为政于鲁，蔽贤不举，对此，孔子斥责道："臧文仲其窃位者与！知柳下惠之贤而不与立也。"[39]

（五）知与人的建设

如前所述，孔子把人分为四等：生而知之的圣人，学而知之的君子，困而学之的普通人，困而不学的愚人。孔子高度重视人的建设，主要是针对学而知之的君子这个群体而讲的。孔子说："文，莫吾犹人也。躬行君子，则吾未之有得。"[40]"若圣与仁，则吾岂敢？抑为之不厌，诲人不倦，则可谓云尔已矣。"[41]他这么讲自己，也是希望大家通过学习，做一个文质彬彬的君子，做一个受人尊重敬仰的仁人。

按照躬行君子的要求，孔子提出修德、讲学、徙义、改过。他说："德之不修，学之不讲，闻义不能徙，不善不能改，是吾忧也。"[42]他强调"君子不重则不威，学则不固。主忠信，无友不如己者。过则勿惮改。"[43]他要求他的弟子们"入则孝，出则悌，谨而信，泛爱众而亲仁。行有余力，则以学文"。[44]他希望大家通过学习求知，明白为人处世的道理，提高改善人生和社会的本领，做到"知者不惑"，[45]做到知命、知礼、知言、知人，这样才能成为一个堂堂正正立于天地之间的君子。他说："不知命，无以为君子也。不知礼，无以立也。不知言，无以知人也。"[46]

二、《论语》论知的价值及其局限

（一）在认识论上，《论语》对知的来源的认识，带有明显的时代局限性

一切真知皆来源于实践。毛泽东主席指出："人的正确思想是从哪里来的？是从天上掉下来的吗？不是。是自己头脑里固有的吗？不是。人的

正确思想，只能从社会实践中来，只能从社会的生产斗争、阶级斗争和科学实践这三项实践中来。”[47]毛泽东主席这段话，是在20世纪60年代讲的，是他总结人类求知的经验教训特别是总结中国人民建设新中国建设社会主义的经验教训，得出的科学的认识论。

孔子生活的时代，是中国奴隶制社会开始崩溃，封建制社会尚未形成的历史时期，在当时的社会条件下，人们认识事物受着社会发展形态的制约，对知的来源的认识，也具有明显的时代特点。孔子看到的社会现实，是奴隶主贵族等级制统治秩序受到挑战，诸侯国已不再绝对服从周天子的权威，卿大夫也不再绝对服从诸侯国国君的权威，他们都在动荡的社会中发展壮大自己的力量。这就是孔子痛心疾首的礼崩乐坏、礼乐征伐自诸侯出乃至自大夫出的社会现象。孔子是一个思想保守的人，他没有看到当时社会变革的历史必然性，更没有从变革中思考推动历史前进的理论和方法。他心中景仰的，是西周社会上下尊卑等级森严的统治秩序。这种先入为主的思维定式，压缩了他思想活动的空间，把他对求知的认识引入了歧途。他极力推崇传说中的尧舜禹，极力推崇奴隶制统治的代表人物禹、汤、文、武、周公，把他们视为生而知之的圣人，以此神化他向往的西周典制和西周社会秩序。他要求人们“志于道，据于德，依于仁，游于艺”，[48]通过学习求知，做一个知命、知礼、知人的堪于担当恢复周初社会秩序之重任的仁人君子。他不满于那些置礼崩乐坏于不顾，仅仅为了个人私利“困而学之”的人，更痛心于社会下层困而不学的黎民百姓。这种先入为主的思维模式，直接影响了他对“知从哪里来”的认识，并由此形成了他的生而知之与学而知之并行的认识论。

人是具有思维和行为能力的生命形式。受多方面因素的影响，个体的人其先天禀赋是有差异的，这种差异影响着人的思维和行为能力，也影响着人们求知。但这种影响只发生在人对外界事物的感知上，只作用于人们从事的社会实践中。就是说，人的先天禀赋虽然存在差异，也影响人们求知，但其本身并不是知，生而知之是不存在的。强调生而知之，这是孔子认识论的错误。孔子生而知之的认识论，在汉武帝罢黜百家、独尊儒术之后，被尊奉为封建国家的认识论，成了封建统治者神化专制统治的理论基础，成了封建社会推行愚民政策压迫剥削人民的理论依据。

当然，孔子学而知之的认识论，有一定的合理性，对于人们求知，无疑具有积极的指导意义。但是，孔子强调的学，并非对前人和当时社会实践的学习研究，并非对历史经验教训的实事求是的研究总结和分析甄别，从而获得一些真知来。在学习上，他同样是先入为主，“信而好古”，他是抱着极其崇敬毫不怀疑的态度全盘接受古代文献的，这同样加剧了他思想认识的僵化保守。他虽然热衷政治，积极投身变革现实，致力治国理政的社会实践，但他依然是先入为主，全心全意致力于恢复西周制度，致力于恢复西周初年那样的社会秩序。这种不合时宜、到处碰壁的社会实践，并没有对他“先入为主”的求知带来太大的影响。或许，这就是孔子没能认识到实践对于求知重要性的原因吧。

（二）孔子坚定执着的求知精神，为人类探索真理树立了榜样

在人类前行的征途上，孔子是一个不畏艰险的探索者，是一位坚定执着的求知者，是一位值得敬仰的仁人君子。他提出了政者正也、为政以德、君子喻于义、知命知礼知言知人等一系列真知灼见，对人们改善自我改善社会，发挥了持久广泛的指导作用。同时，受思想保守和时代局限等方面因素的影响，他也提出了君君臣臣父父子子、唯上知与下愚不移、礼不下庶人等糊涂思想观念，并被此后中国封建专制统治者利用，成了专制统治的工具，成了束缚人们思想的枷锁，这是他作为一个智者的令人遗憾之处，但这些后果，并非孔子可以预示到的，我们不能苛求于他。孔子最伟大最难能可贵之处，是他探索真知的精神。“朝闻道，夕死可矣。”[49]“笃信好学，守死善道。”[50]他把追求真知看作比自己生命还重

要的大事，堪称人类最优秀分子的代表，为人类探索真理树立了榜样。正是因为有孔子这样的一代又一代的求知者，才拯救了人类堕落，推动了人类历史不断向前发展。

思想的产生，需要有孔子那样的坚定执着的求知者，也需要时代。在人类历史上，出现过几次比较集中的思想建设时代。一是人类早期文明的“轴心时代”，也就是奴隶制统治崩溃阶段，中国出现了百花齐放百家争鸣的思想文化现象，出现了儒法墨道，出现了孔子、老子、墨子等一大批思想家；古希腊出现了理性主义哲学，出现了苏格拉底、柏拉图、亚里士多德等思想家。他们在人类文明的征程上，最早点亮了照亮人们前行的思想明灯。二是欧洲文艺复兴运动和思想启蒙运动，出现彼特拉克、但丁、薄伽丘等一批人文主义思想家，出现了以伏尔泰、孟德斯鸠、卢梭为代表的一大批杰出思想家，他们为人们摆脱封建专制制度的束缚争取平等自由提供了思想武器。三是近代以来，在反对资产阶级统治的伟大斗争中，出现了以马克思、恩格斯、列宁、毛泽东为代表的社会主义和共产主义思想家。他们的思想理论，为推翻剥削制度和私有制，实现人类真正的平等自由和解放，指明了道路。

（三）知之为知之，不知为不知，确立了实事求是的求知态度

有一次，孔子对他的学生子路说：“由！诲女知之乎！知之为知之，不知为不知，是知也。”[51]孔子这句话，确立了实事求是的求知态度，对于人们求知，对于人们改善自我改善社会，意义重大。

对人生和社会而言，不知而行，危害很大；不知以为知，危害更大。在人类历史上，在现实生活中，不知以为知，知之少以为知之多，知之小以为知之大，知之偏以为知之全，这些自欺欺人的情况，这些愚蠢之举，是经常发生的，各自产生了不同程度的危害，影响了一个人的人生，也影响了社会发展进步。

历史反复证明，不知并不可怕，经过学习实践，经过认识总结提炼，可以变不知为知，变知之甚少为知之甚多，可怕的是求知态度和求知方法有问题，是不知以为知，是自己错误还以为自己正确，这是最可怕最不可救药的事情。

求知是人生和社会进步的基础。求知不易，必须坚持实事求是的态度，知之为知之，不知为不知，做老实人，说老实话，办老实事，这才是真聪明、真智慧。在求知问题上，舍此没有出路。同时，还要有实事求是的科学方法。对此，毛泽东主席有如下精辟论述：“‘实事’就是客观存在着的一切事物，‘是’就是客观事物的内部联系，即规律性，‘求’就是我们去研究。”[52]只要我们抱定老老实实的求知态度，掌握研究客观事物内在规律的方法，我们的求知就一定能够取得成绩。

三、继续做好《论语》论知优秀内容的转化、发展工作

（一）大力弘扬孔子坚定执着的求知精神

一部人类文明史，就是一部人类探索真知的历史，是一部人类应用真知改善自我改善社会的历史。对一个人来说，知进一步，其认识和实践能力就提高一步，成长就进一步。对社会来说，每一个进步都是人类求知带来的，都是知识和智慧的结晶。

孔子提倡的“朝闻道，夕死可矣”“笃信好学，守死善道”的求知精神，反映了人的崇高和伟大，为人类文明进步找到了实现的方法路径。但在旧中国，在中国数千年的奴隶制和封建制时代，统治者强调的维护的“道”，却是统治阶级压迫人民、剥削人民、奴役人民的等级森严的统治秩序，是对人民生命尊严的无视和剥夺。这个“道”，这个“天理”及以这个“道”和“天理”为核心建立起来的专制统治理论，不仅不是真知，不是真理，恰恰相反，都是自欺欺人的歪理邪说，对真知的公然蔑视和公

开亵渎。在专制统治之下，中国人民被剥夺了求知的权利，剥夺了说话的权利，剥夺了做人的权利。旧中国几千年愚昧落后黑暗罪恶的根本原因在哪里？就在这里。

中国人民求知探索真理，是从近代反帝反封建斗争开始的。中国人民探索真理的过程，就是中国人民争取自由解放的过程。1949年6月，新中国成立前夕，毛泽东主席在北京香山双清别墅写下了《论人民民主专政》这篇文章。文中，毛泽东主席回顾了中国人民寻找真理的过程。他说："自从一八四〇年鸦片战争失败那时起，先进的中国人，经过千辛万苦，向西方国家寻找真理。洪秀全、康有为、严复和孙中山，代表了在中国共产党出世以前向西方寻找真理的一派人物。那时，求进步的中国人，只要是西方的新道理，什么书也看。向日本、英国、美国、法国、德国派遣留学生之多，达到了惊人的程度。国内废科举，兴学校，好像雨后春笋，努力学习西方。我自己在青年时期，学的也是这些东西。"但是，"帝国主义的侵略打破了中国人学西方的迷梦。很奇怪，为什么先生老是侵略学生呢？中国人向西方学得很不少，但是行不通，理想总是不能实现。多次奋斗，包括辛亥革命那样全国规模的运动，都失败了。国家的情况一天一天坏，环境迫使人们活不下去。怀疑产生了，增长了，发展了。第一次世界大战震动了全世界。俄国人举行了十月革命，创立了世界上第一个社会主义国家。过去蕴藏在地下为外国人所看不见的伟大的俄国无产阶级和劳动人民的革命精力，在列宁、斯大林领导之下，像火山一样突然爆发出来了，中国人和全人类对俄国人都另眼相看了。这时，也只是在这时，中国人从思想到生活，才出现了一个崭新的时期。中国人找到了马克思列宁主义这个放之四海而皆准的普遍真理，中国的面目就起了变化了。"[53]

在中国共产党领导下，在马克思列宁主义指导下，中国人民赶跑了帝国主义，推翻了封建专制制度，建立了人民当家做主的新中国。中华人民共和国的诞生，是中国历史上最伟大的社会变革，它把尊严还给了人民，把公道还给了人间。中国人民熬过了几千年的漫漫长夜，终于迎来了光明，迎来了建设新国家、新社会创造人类文明的伟大时代。中国人民不会忘记，在为中国人民争取自由解放的斗争中，中国共产党探索救国救民的真理做出的艰苦卓绝的努力，付出的巨大牺牲，不会忘记人民中国是如何地来之不易。可以说，在人类历史上，真正地坚持不懈地践行“朝闻道，夕死可矣”精神的，就是伟大的中国共产党。

新中国成立后，中国共产党带领中国人民，开始了人类历史上规模最大的最伟大最深刻最全面的探索真知实践真知的过程，开始了建设人民中国的伟大进程。赢来了自由解放的中国人民，其聪明智慧像火山那样喷发出来，迅速荡涤旧中国留下来的污泥浊水，在政治、经济、科学技术各个领域进行了伟大的探索创新，取得了极其伟大的成就。中国人民的求知热情，中国人民的创造实践展示的伟大力量，已经得到了历史的证明，并将以其对人类文明作出的更大贡献，昭示人类智慧的力量和人类的伟大。

（二）在知行并进中开创人类更加美好的未来

在《论语》中，孔子师徒探讨知的情况较多，行讲得较少。孔子把知与行一起讲的是这句话：“诵《诗》三百，授之以政，不达；使于四方，不能专对。虽多，亦奚以为？”[54]就是说，学的再多，知再多，不能应用于治国理政、用于外交工作的实践中去，也是没有什么意义的。孔子推崇《诗经》，认为《诗经》中包含丰富的知识，包含很多解决人生和社会问题的道理。他说：“《诗》，可以兴，可以观，可以群，可以怨。迩之事父，远之事君，多识于鸟兽草木之名。”[55]他鼓励他的学生学习研究《诗经》，更希望他们运用《诗经》蕴含的“知”改善人生与社会。孔子这个知服务行的思想，对于社会建设和人的自身建设，具有十分重要的意义。

全部人类活动，可以概括为两个字：知与行。正如孔子讲的那样，求知很重要，但求知本身不是目的，求知的目的在于应用，在于用知指导人们完善自我提高自我，在于用知开创人类美好幸福的生活。

孔子讲的这个道理，在中国古代社会并未得到很好的落实。一是在封建专制统治下，统治者推行愚民政策，再加上自给自足的自然经济和封闭保守的社会环境，极大地压抑了人们的求知愿望，遏制束缚了人们的认知力，阻止了人们对真知的探索，阻止了真知的发现，更阻止了真知的应用和发展。二是即使发现某些真知，也难以在实际中得以运用。在古代中国，知与行分离的现象俯拾皆是，随处可见。比如君与民的关系，《荀子》讲述了孔子与鲁哀公的一次谈话，孔子说："且丘闻之：君者舟也，庶人者水也。水则载舟，水则覆舟。"[56]荀子还提出："庶人安政，然后君子安位。""君人者欲安则莫若平政爱民。"[57]孟子提出："民为贵，社稷次之，君为轻。"[58]唐太宗与魏征君臣对"水能载舟，亦能覆舟"的道理，也有清醒认识，魏征说："怨不在大，可畏惟人。载舟覆舟所宜深慎。"[59]统治者与人民大众的关系问题，是旧时代最大的问题，对这个问题，应该说，一些有识见的统治者和读书人还是有一定的认识。上述这些认识，虽尚未达到真知的程度，但至少他们认识到对人民群众要有起码的尊重，不能任意欺辱，对于维护他们的统治也是最起码的要求。但是，在几千年专制统治的历史上，除汉之文景、唐之太宗、明之仁宣等极少数开明帝王推行仁政，除个别清官廉吏爱民惠民之外，绝大多数专制帝王和封建官吏，都置这个最基本的道理于不顾，视劳动人民如粪土。王阳明，一个被封建统治阶级推崇备至、称颂不已的理学家，一个提出"致良知""知行合一"主张的思想家，对人民群众在国家中的地位不可能没有认识，但当他面对人民的时候，却把他自己提出的"知行合一"理论抛之脑后，露出了敌视人民、仇视人民的真面目。他镇压了广西大藤峡人民起义，镇压了南赣农民起义。在大藤峡，他对起义农民进行一场血腥的大屠杀，"官兵追杀，遍搜山洞无遗"，岩洞之中，林木之下，堆积大量尸首。据他自己开列的报功单，被他屠杀的人民就达一万五千余人。[60]他用人民群众的尸骨，换来了“世袭伯爵”“从祀文庙”的显赫地位。清朝人修《明史》，为他立传，称颂他“终明之世，文臣用兵制胜，未有如守仁者也”。[61]

知之难，行之更难。在专制统治时代，在私有制条件下，要求人们真正做到知行合一，既无可能更不现实。因为人们关注的是个人私利，极少有人关注社会公义。功名利禄面前，甚而至于蝇头小利面前，一切仁义道德，一切社会公理，都会被人熟视无睹，都会被人弃若敝屣的。这就是孔子提出的知服务于行、王守仁提出的知行合一，只是一句空话，不能真正付诸实践的原因。

社会主义制度的确立，私有制的废除，为知行结合、知行合一的实施提供了根本制度保障。在中国共产党领导中国革命和社会主义建设的伟大实践中，中国人民坚定不移地信仰马克思主义，坚定不移地实践马克思主义，坚定不移地发展马克思主义，不仅落实了知行合一，而且坚持知行并进，实现了马克思主义在理论和实践两方面的新的伟大飞跃。

当前，在以习近平同志为核心的党中央坚强领导下，中国特色社会主义进入新时代。我们要保持发扬我们党知行合一、知行并进的优良传统，在马克思主义指导下，认真研究新情况，提出新理论，解决新问题，推动中国特色社会主义建设取得新的更加伟大的成就，开创中国人民更加幸福更加美好的未来。

（三）进一步做好知人用人工作

为政之要，在于知人。樊迟问知。孔子说：“举直错诸枉，能使枉者直。”[62]就是说，把贤者用起来，不贤者自然也会向好的方向转变。然而，“焉知贤才而举之？”孔子说：“举尔所知。”[63]那么，知人的方法又是什么呢？孔子说：“视其所以，观其所由，察其所安。人焉廋哉？人焉廋哉？”[64]即考察一个人，要看他的言行，看他言行的出发点和动机，看他安心为善还是为恶。由此，可以看到，孔子有一整套用人知人的理论和方法。

“任贤必治，任不屑必乱”，[65]这是被历史反复证明的真知真理。孔子盛赞舜、周武王举用贤才而天下治。[66]但在中国古代4000多年的奴隶制和封建制社会的历史上，失人而乱的情况司空见惯，真正做到得人而治的时期屈指可数，比较典型的是周初、汉初和唐太宗时期。自然界有阴阳明暗，人间有正邪善恶，社会需要正气。孔子强调政者正也，当一个国家人才济济众正盈朝的时候，国家和社会就会朝气蓬勃，国民就会向善向上向美。反之，当一个国家邪恶横行奸臣当道的时候，社会就会污浊不堪，灾祸随之就会不期而至。这些最基本的常识性的道理，在中国古代社会，为什么不能得到应有的尊重呢？原因还是一条：专制统治和私有制度。有一次，鲁定公问孔子：“一言而丧邦，有诸？”孔子对曰：“言不可以若是其几也。人之言曰：‘予无乐乎为君，唯其言而莫予违也。’如其善而莫之违也，不亦善乎？如不善而莫之违也，不几乎一言而丧邦乎？”[67]孔子与鲁定公的这段对话，讲到了一个大问题，即专制君主的绝对权威问题。专制君主操天下生杀予夺之权，如果他不是一个头脑清醒的人，在用人上，他当然要用谄媚奉迎溜须拍马的奸佞小人，不用公正无私、“勿欺也，而犯之”[68]的正人君子。

国家乃天下人的国家，社会乃天下人的社会，国家治理的权力乃公共权力，职位乃公共职位，只有还权于民，秉天下至公，才能从根本上解决用人问题。这里，最核心的是一个公道问题。毛泽东主席曾经指出：“在这个使用干部的问题上，我们民族历史中从来就有两个对立的路线：一个是‘任人唯贤’的路线，一个是‘任人唯亲’的路线。前者是正派的路线，后者是不正派的路线。共产党的干部政策，应是以能否坚决地执行党的路线，服从党的纪律，和群众有密切的联系，有独立的工作能力，积极肯干，不谋私利为标准，这就是‘任人唯贤’的路线。过去张国焘的干部政策与此相反，实行‘任人唯亲’，拉拢私党，组织小派别，结果叛党而去，这是一个大教训。鉴于张国焘的和类似张国焘的历史教训，在干部政策问题上坚持正派的公道的作风，反对不正派的不公道的作风，借以巩固党的统一团结，这是中央和各级领导者的重要的责任。”[69]

中华人民共和国的诞生，社会主义公有制的建立，全心全意为人民服务的宗旨和人民至上理念的确立，为执行正确的干部路线，医治中国古代历史上用人的沉疴痼疾，提供了根本保障。我们党在领导中国革命和社会主义现代化建设的伟大斗争中，清除古代选人用人的糟粕，继承、转化和发展历史上“任人唯贤”的宝贵遗产，确立了“五湖四海”“公道正派”“德才兼备、以德为先”的干部路线和用人标准，培养使用了一批又一批德才兼备的干部，在20世纪和21世纪的中国形成了前所未有的人才济济、英雄辈出的局面，有力地推进了党和人民事业的发展。

当前，在以习近平同志为核心的党中央坚强领导下，中国特色社会主义进入新时代。党中央坚持从严管党、从严治党，大力加强新时代干部队伍和人才队伍建设，新时代的干部工作取得了新的历史性成就，涌现出一大批谷文昌、焦裕禄、孔繁森、杨善洲那样的优秀领导干部。他们恪守全心全意为人民服务的宗旨，把自己的一切献给党、献给人民，为党和人民的事业做出了突出贡献。他们是我们党的光荣，是人民的骄傲，也是新时代的自豪。

注释

[1]《荀子·王制》。

[2]《论语·季氏》第9章。

[3]《论语·阳货》第3章。

[4]《论语·学而》第1章。

[5]《论语·子张》第7章。

[6]《论语·述而》第20章。

[7]《论语·述而》第1章。

[8]《论语·里仁》第1章。

[9]《论语·述而》第22章。

[10]《论语·子张》第22章。

[11]《论语·述而》第28章。

[12]《论语·里仁》第7章。

[13]《论语·为政》第11章。

[14]《论语·为政》第23章。

[15]《论语·学而》第15章。

[16]《论语·里仁》第8章。

[17]《论语·泰伯》第13章。

[18]《论语·泰伯》第17章。

[19]《论语·雍也》第20章。

[20]《论语·宪问》第35章。

[21]《论语·里仁》第9章。

[22]《论语·为政》第17章。

[23]《论语·宪问》第30章。

[24]《论语·卫灵公》第19章。

[25]《论语·述而》第28章。

[26]《论语·里仁》第2章。

[27]《论语·里仁》第16章。

[28]《论语·阳货》第16章。

[29]《论语·阳货》第13章。

[30]《论语·雍也》第22章。

[31]《论语·公冶长》第18章。

[32]《论语·里仁》第21章。

[33]《尚书·皋陶谟》。

[34]《论语·学而》第16章。

[35]《论语·颜渊》第22章。

[36]《论语·子路》第2章。

[37]《论语·卫灵公》第34章。

[38]《论语·宪问》第18章。

[39]《论语·卫灵公》第14章。

[40]《论语·述而》第33章。

[41]《论语·述而》第34章。

[42]《论语·述而》第3章。

[43]《论语·学而》第8章。

[44]《论语·学而》第6章。

[45]《论语·子罕》第29章。

[46]《论语·尧曰》第3章。

[47] 毛泽东：《人的正确思想是从哪里来的？》，《毛泽东文集》第八卷，人民出版社1999年6月第1版，第320页。

[48]《论语·述而》第6章。

[49]《论语·里仁》第8章。

[50]《论语·泰伯》第13章。

[51]《论语·为政》第17章。

[52] 毛泽东：《改造我们的学习》，《毛泽东选集》第三卷，人民出版社1991年6月第2版，第801页。

[53] 毛泽东：《论人民民主专政》，《毛泽东选集》第四卷，人民出版社1991年6月第2版，第1469—1470页。

[54]《论语·子路》第5章。

[55]《论语·阳货》第9章。

[56]《荀子·哀公》。

[57]《荀子·王制》。

[58]《孟子·尽心下》

[59] 魏征：《谏太宗十思疏》。

[60] 王守仁：《阳明全书》卷一五，《八寨断藤峡捷音疏》。

[61]《明史》卷一九五，《王守仁传》。

[62]《论语·颜渊》第22章。

[63]《论语·子路》第2章。

[64]《论语·为政》第10章。

[65]《汉书·京房传》。

[66]《论语·泰伯》第20章。

[67]《论语·子路》第15章。

[68]《论语·宪问》第22章。

[69]《中国共产党在民主战争中的地位》，《毛泽东选集》第二卷，人民出版社1991年6月第2版，第527页。

第九篇 信

信者，心也。人际交往的最大问题，就是诚信问题。人与人之间的真诚交往，其实就是交心，失去信，社会将无法运行。研究信，对于加强人的建设，建设美好社会，具有重要意义。

信是儒家思想的核心内容之一，是《论语》中的一个基本概念。在《论语》中，孔子师徒讨论信的问题虽不是很多（参见附录九：《论语》论信），但却提出了一些很有价值的思想观点。

一、《论语》论信

（一）主忠信

孔子把信与忠并列，作为人最重要最基本的道德品质。忠，是尽心尽力，是尽己所能贡献自己的力量。信，是真诚，实心实意，没有欺诈，是对他人的尊重，也是自尊自重。孔子说："君子不重则不威，学则不固。主忠信。无友不如己者。过则勿惮改。"[1]在这里，孔子把信与忠、自尊自重、向上向善、改过并列，视作君子的五种品德。孔子用忠信教导学生，也以忠信规范和要求自己。"子以四教：文、行、忠、信。"[2]他说："十室之邑，必有忠信如丘者焉，不如丘之好学也。"[3]子张问崇德。孔子说："主忠信，徙义，崇德也。"[4]孔子把忠信作为人立身处世的根本，作为必须一丝不苟贯彻落实的原则，认为，忠信之人，可行天下；丢了忠信，无以做人。子张问行。孔子说："言忠信，行笃敬，虽蛮貊之邦，行矣。言不忠信，行不笃敬，虽州里，行乎哉？立则见其参于前也，在舆则见其倚于衡也，夫然后行。"[5]子张把老师的话写在随身穿的衣服大带子上，随时提醒自己践行老师的教导。孔子的得意门生曾子，更是念念不忘老师的教诲，他说："吾日三省吾身：为人谋而不忠乎？与朋友交而不信乎？传不习乎？"[6]

孔子把信与忠相提并论，作为人立身处世的根本，由此足见信之重要。但在孔子个人的人生实践中，孔子却只谈忠恕。有一次，他问子贡，说："赐也，女以予为多学而识之者与？"对曰："然，非与？"孔子说："非也，予一以贯之。"[7]孔子对曾子也讲了同一个事情。他说："参乎！吾道一以贯之。"曾子曰："唯。"子出，门人问曰："何谓也？"曾子说："夫子之道，忠恕而已矣。"[8]

朱熹说："尽己之谓忠，推己之谓恕。"[9]孔子一生，竭忠尽己，要做一些事情。但他不去如此苛求别人，对他人，只要求做到恕就可以了。子贡问他，"有一言而可以终身行之者乎？"孔子说："其恕乎！己所不欲，勿施于人。"[10]至于信，落实起来，比忠和恕要复杂得多。践行忠恕，是单向性的，自己就可以做到。但践行信，既有单向性，又有双向或多向性，常常不是一个人的事情。有时一个人可以做到，有时需要人们之间共同努力才能落实。

（二）笃信好学，守死善道

信的最高境界是信仰，是对真知真理的追求，是对人生理想的追求，是对社会正义的捍卫和守护。孔子说："笃信好学，守死善道。危邦不入，乱邦不居。天下有道则见，无道则隐。邦有道，贫且贱焉，耻也；邦无道，富且贵焉，耻也。”[11]孔子是一个以拯救乱世、匡正人心为己任的人，是一个敢于用生命捍卫真知的人。他在此处强调的“笃信好学，守死善道”，与他强调的“朝闻道，夕死可矣”，[12]“志士仁人，无求生以害仁，有杀身以成仁”，[13]表达的都是他捍卫真知的决心和勇气。他的学生子张也说：“执德不弘，信道不笃，焉能为有？焉能为亡？”[14]就是说，不修德的人，信仰不坚定的人，这样的人活在世上，是没有什么意义的。

受时代、本人认识和实践的局限，孔子孜孜以求的，却是尧舜禹汤文武周公之道。他讲的“述而不作，信而好古”，[15]信的是先王之道，述的是先王之事，这在当时，对于他拯救世道人心，就是不切实际的，是徒劳无益的。但他坚定执着追求捍卫真知捍卫信仰的精神，却是无比宝贵的。

孔子改善人生改善社会的信念是坚定执着的，他为此付出了毕生的努力。有一次，颜渊、子路陪侍在他身旁，他要求他们说说自己的志向。子路说：“愿车马衣轻裘与朋友共敝之而无憾。”颜渊说：“愿无伐善，无施劳。”子路说：“愿闻子之志。”孔子说：“老者安之，朋友信之，少者怀之。”[16]孔子的志向是老有所养，朋友相互信任，年轻人怀德向善，这在当时社会动荡、民生凋敝、人与人之间尔虞我诈、年轻人不知所向无所适从的现实条件下，是一个很伟大的理想信念，但希望用恢复先王之道恢复周礼的办法去实现，只能是一个幻想。

（三）人而无信，不知其可也

人生于世，要与人交往，还要有所作为，力所能及地做一些有益于社会的事情。这就要求人们必须诚实，守信，尊重别人，真诚对待别人，真心实意与人相处，与人团结共事。不然的话，怎么做人呢？孔子说：“人而无信，不知其可也。大车无輗，小车无軏，其何以行之哉？”[17]孔子鄙视那种无德无能、满身毛病却自作聪明偷奸耍滑不讲诚信的人，他说：

“狂而不直，侗而不愿，悾悾而不信，吾不知之矣。”[18]

孔子强调诚实，说实话。他要求弟子：“入则孝，出则悌，谨而信，泛爱众而亲仁，行有余力则以学文。”[19]他说：“君子义以为质，礼以行之，孙以出之，信以成之。君子哉！”[20]他建议他的弟子漆雕开入仕做官。漆雕开说：“吾斯之未能信。”也就是说，我对入仕做官还没有把握，还不能胜任职守。对漆雕开的真诚坦白，孔子很满意。[21]

孔子强调信守承诺，言出必行。他说：“古者言之不出，耻躬之不逮也。”[22]他认为说话算话是做人最起码的品德。子贡问孔子怎么样才可以称为“士”。孔子说：“行己有耻，使于四方，不辱君命，可谓士矣。”子贡又说：“敢问其次。”孔子说：“宗族称孝焉，乡党称弟焉。”子贡再问其次。孔子说：“言必信，行必果，硁硁然小人哉！抑亦可以为次矣。”[23]孔子的学生宰予，是一个“能言而行不逮”[24]的人。针对“宰予昼寝”这件事，孔子说：“朽木不可雕也，粪土之墙不可圬也。于予与何诛。”“始吾于人也，听其言而信其行。今吾于人也，听其言而观其行。于予与改是。”[25]孔子借此警示他的弟子们，要谨于言而敏于行，要言出必行。

朋友之间，诚信为重。真心实意，竭诚相见，是维系友谊的根本和纽带。孔子强调要与讲信用的人交朋友。他说：“益者三友。”“友直，友谅，友多闻，益矣。”[26]他的学生子夏说：“贤贤易色。事父母，能竭其力。事君，能致其身。与朋友交，言而有信。虽曰未学，吾必谓之学矣。”[27]

信很重要，也很复杂，孔子师徒认为，只有加强学习，提高认识问题的能力，才能更好践行落实“信”。孔子说：“不逆诈，不亿不信。抑亦先觉者，是贤乎！”[28]“好信不好学，其蔽也贼。”[29]他的学生有子说：“信近于义，言可复也。”[30]有子强调的是诺言合宜，就能够兑现。

（四）民无信不立

治国理政，最重要的事情，就是要尊重人民，相信人民，依靠人民，直道而行，造福于民。只有这样，才能赢得人民的信任，赢得人民的拥护和支持。子贡问政。孔子说："足食，足兵，民信之矣。"子贡说："必不得已而去，于斯三者何先？"孔子说："去兵。"子贡又说："必不得已而去，于斯二者何先？"孔子说："去食。自古皆有死。民无信不立。"[31]

孔子反复强调人民的信任对于治国理政的极端重要性。他说："道千乘之国，敬事而信，节用而爱人，使民以时。"[32]"上好礼，则民莫敢不敬；上好义，则民莫敢不服；上好信，则民莫敢不用情。夫如是，则四方之民襁负其子而至矣。"[33]孔子的学生子夏也说："君子信而后劳其民，未信，则以为厉己也。"[34]有一次，子张问仁于孔子。孔子说："能行五者于天下为仁矣。"子张请孔子再具体讲一讲。孔子说："恭、宽、信、敏、惠。恭则不侮，宽则得众，信则人任焉，敏则有功，惠则足以使人。"[35]

对于如何赢得人民的信任，孔子强调，要做正确的事情，以正治国。鲁哀公问孔子："何为则民服？"孔子对曰："举直错诸枉，则民服；举枉错诸直，则民不服。"[36]子张向孔子请教从政的事情。孔子说："尊五美，屏四恶，斯可以从政矣。"所谓五美，就是"惠而不费"，"因民之所利而利之"；"劳而无怨"，"择可劳而劳之"；"欲而不贪"，"欲仁而得仁"；"泰而不骄"，"无众寡，无大小，无敢慢"；"威而不猛"，"正其衣冠，尊其瞻视"。对"不教而杀""不戒视成""慢令致期""出纳之吝"这四种恶政，孔子强调要坚决杜绝。[37]

二、《论语》论信的理论和实践价值

（一）找到了连接人心的桥梁

孔子强调忠信，强调“人而无信，不知其可也”。[38]人的根本属性是社会性。人与人之间，是需要沟通交流的，缺少沟通交流，缺少正确的沟通交流，人生和社会都是要出问题的。而人与人之间沟通交流的基础是什么？是信，是彼此了解、彼此尊重，彼此信任。信任是连接人心的纽带，是凝聚人心的法宝。孔子师徒关于信的讨论，他们的一大贡献，就是为人类社会找到了连接人心的桥梁。

信，是人心的交流和契合。人心齐，泰山移。人心散了，社会是要崩溃的。有了信，人间就有了温暖。有了信，人心凝聚起来了，就有了应对挑战和困难的力量，就有开创美好生活建设美好社会的希望。有了信，可以化敌为友；没有信，朋友也会变为路人，变成敌人。可以说，人类社会的一切美好，都是信带来的；一切罪恶，都是互不信任、互相猜忌、欺骗、仇视带来的恶果。

守信，贵在一个实字，贵在实心实意。它要求人们说老实话，做老实事，当老实人。真正聪明的人，其实就是老实人。这样的人，知道尊重别人，善于了解别人，能够实实在在为别人着想，实实在在为他人提供力所能及的帮助。他们的实心实意，会赢来别人的尊重，赢来别人的信任，赢来创造美好人生的资本和条件。而那些自作聪明、偷奸耍滑、欺骗他人的人，是不会得到他人信任的。这样的人，其实是十足的傻子。

信，源于人的心底，贵在一个真字，一个诚字。假心假意是没有什么用的。中国古代社会，为了表示信任，维护信任，想了很多办法，有搞攻守同盟的，有结义拜把子的，有联姻和亲的，还有互派人质的，把人都当作信物，真是无所不用其极。但如果信不是发自心底的，缺了真，少了诚，信就不是真信了，恰恰变成了不信，变成了多疑。周王朝迁都洛邑（今河南洛阳）之后，由于诸侯国势力日益强大，周天子失去了周初那样的绝对统治权威。为了维护周王室与诸侯国之间的关系，表示彼此之间的信任，周王室与诸侯国之间也有了互派人质的荒唐做法。比如周平王时期，郑武公、庄公父子皆为平王卿士，秉周之政。为牵制削弱郑武公、庄公父子之权，周平王欲分政于西虢公，不复专任郑伯。“郑伯怨王”，周平王说，没有这回事。为增进互信，决定互派人质。“王子狐为质于郑，郑公子忽为质于周。”周平王死后，周王室遂按照周平王的原来的想法，改由虢公秉政。于是，“郑祭足帅师取温之麦。秋，又取成周之禾。周郑交恶”。这样，本来就不真实的周郑互信，终于土崩瓦解了。对此，左丘明评论说：“信不由中，质无益也。”[39]

（二）找到了人生动力源泉

孔子强调笃信好学，守死善道。这个道，就是信仰，就是理想信念，就是人生追求，是人生取之不尽用之不竭的动力源泉。孔子是个信仰坚定的人，他笃信的道，是先王之道，是先王典制，是西周礼乐制度。孔子抱定守死善道的精神，为复兴先王之道，重建西周初年那样周天子拥有绝对权威上下尊卑有序的社会局面，付出了毕生努力。尽管孔子信仰的道，在春秋末年奴隶制向封建制转变的过程中，已失去了发挥作用的现实基础，并由此带来了孔子政治实践的失败，但孔子坚定理想信念的精神，却是无比宝贵的。

人无信不立。人生于世，总要有所追求。为人类的自由解放事业而奋斗，为人类社会的进步而奋斗，应当成为全人类共同的理想信念。在这方面，马克思、恩格斯、列宁、毛泽东等无产阶级革命导师，为我们树立了光辉的榜样。马克思是一个伟大的思想家，他为科学事业的发展特别是社会科学事业的发展，作出了极其伟大的贡献。他“发现了人类历史的发展规律”，“发现了现代资本主义生产方式和它所产生的资产阶级社会的特殊运动规律”，创立了无产阶级革命的科学理论。马克思是一个伟大的革命家。他把“推翻资本主义社会”，推进“现代无产阶级的解放事业”，作为自己毕生的使命，“满腔热情、坚忍不拔和卓有成效地进行斗争”。[40]列宁把整个一生献给反对封建专制统治和资本剥削资本压迫的斗争，献给无产阶级和农民群众的自由解放事业，创建了世界上第一个无产阶级执政党——布尔什维克党，缔造了世界上第一个社会主义国家——苏联。他提出了工农联盟思想，提出帝国主义是无产阶级社会革命的前夜，创立了社会主义革命和建设的科学理论，把马克思主义发展到一个崭新的阶段。以毛泽东同志为代表的中国共产党人，是马克思主义的坚定追随者和伟大实践者。1936年，毛泽东主席在接受美国记者埃德加·斯诺的采访中说：“我一旦接受了马克思主义是对历史的正确解释以后，我对马克思主义的信仰就没有动摇过。”[41]自从1921年中国共产党成立以来，中国共产党和中国人民，在马克思主义指导下，进行了艰苦卓绝的反帝反封建的伟大斗争，在半殖民地半封建的中华大地上，推翻了帝国主义、封建主义和官僚资本主义的反动统治，建立了伟大的中华人民共和国，取得了社会主义革命的伟大胜利，取得了中国特色社会主义建设的伟大成就。实践表明，中国共产党是世界上最伟大的信仰坚定追求真理的马克思主义政党，中国人民是世界上最伟大的为人类进步事业无私奋斗的英雄群体。

（三）抓住了治国理政的一个关键因素

孔子说：“民无信不立。”[42]孔子这句话，抓住了治国理政的关键因素：人民的信任。

取信于民，是治国理政的基础和前提条件。公元前356年，秦孝公任用商鞅实行变法。法令既具，“未下，恐民之不信，已乃立三尺之木于国都市南门，募民有能徙之北门者予十金。民怪之，莫敢徙。复曰‘能徙者予五十金。’有一人徙之，辄予五十金，以明不欺。卒下令。”徙木示信，昭示了变法的坚定决心和坚强意志。“令行于民期年，秦民之国都言初令之不便者以千数。于是太子犯法。卫鞅说：‘法之不行，自上犯之。’将法太子。太子，君嗣也，不可施刑，刑其傅公子虔，黥其师公孙贾。”太子犯法，竟依法惩治其师其傅，秦国推行变法的坚定信念，终于赢得了国民的信任。“明日，秦人皆趋令”，变法取得了显著成效。“行之十年，秦民大说，道不拾遗，山无盗贼，家给人足。民勇于公战，怯于私斗，乡邑大治。”[43]

像商鞅变法赢得人民信任和支持的情况，在中国古代社会并不多见。在2000多年的封建专制统治下，在私有制度下，统治者高高在上，无视人民群众的疾苦，不顾黎民百姓的死活，对人民缺乏最基本的尊重，他们的统治，自然得不到人民的信任。上下失信，缺乏信任，人心离散，是中国封建社会的发展长期处于停滞状态的又一个重要原因。

1921年，中国共产党成立。党的宗旨是全心全意为人民服务。中国共产党领导的中国革命，是人民革命，革命的目标和任务是实现人民自由解放，建立人民中国。中国共产党是代表广大人民利益的党，是相信群众依靠群众的党。党领导的中国革命，得到了人民的衷心拥护和大力支持，这是中国革命胜利的根本原因，中国革命胜利后建立的新中国是人民中国。党在领导社会主义革命、建设和改革的伟大斗争中，在习近平新时代中国特色社会主义建设事业中，继续保持发扬密切联系群众的优良传统和作风，充分调动人民群众的积极性和创造力，推动中国特色社会主义现代化建设取得了举世瞩目的成就。实践充分表明，在中国共产党领导下，旧中国一盘散沙缺少互信的中国人民，在人民革命和人民中国建设的伟大实践中，团结起来了，人心凝聚起来了，并且向全世界展示了战无不胜的力量。只要牢固坚持群众路线，我们党就能够继续赢得广大人民的信任和爱戴，就会永葆青春，党和人民的事业就会取得新的更加伟大更加辉煌的成就。

三、继续做好《论语》论信思想理论的转化、发展工作

（一）深入研究信的实现途径和方法

在《论语》中，孔子师徒强调主忠信，强调民无信不立，强调言出必行，指出了信对于人的建设和社会建设、对于治国理政的极端重要性，最难能可贵的是提出了要有坚定信仰守死善道的精神。但是，孔子师徒没有找到信的实现途径，这一局限和缺陷，是当时的历史条件决定的。事实上，在整个中国古代社会，尽管在汉武帝罢黜百家、独尊儒术之后，信成了封建纲常的重要内容，但人们经过上下求索反复探讨，却始终没有提出切实可行的实现办法，始终没有找到解决这个问题的答案。

真正找出这个问题的症结和解决问题办法的，是中国共产党领导中国人民进行人民革命和建设人民中国的伟大实践。第一，中国共产党找到了平等是实现人与人之间互相信任和政府与人民群众互信的实现途径。信，是心灵的契合，是人与人之间互相尊重，是对人的尊严的认同和捍卫。没有平等，不讲平等，何谈互相尊重，何谈互相信任。这就是孔子提出信但找不到实现信落实信的真正原因。孔子竭力维护等级秩序，视维护周初上下尊卑有序的等级秩序为生命，把恢复周礼作为人生使命和追求，恪守“礼不下庶人，刑不上大夫”[44]“君使臣以礼，臣事君以忠”[45]的信条和戒律，如此不平不公，何以实现人与人之间的相互尊重和信任？孔子提出：“民可使由之，不可使知之。”[46]“唯女子与小人为难养也。”[47]他把下层百姓不当人，视他们为奴隶为犬马，对他们如此蔑视，连半点最起码的尊重都没有，虽然他提出民无信不立，但怎么可能建立统治者与下层百姓的信任呢？就是因为等级秩序，导致中国5000年的古代社会是一个信任缺失的病态社会，是一个人心离散一盘散沙的社会。历史发展到20世纪，中国有了坚守人民至上全心全意为人民服务的中国共产党，才发现了

这个大问题，最终解决了这个问题。《中华人民共和国宪法》规定：“中华人民共和国的一切权力属于人民。”“中华人民共和国各民族一律平等。”“中华人民共和国公民在法律面前一律平等。”中华人民共和国公民的“人身自由不受侵犯”“人格尊严不受侵犯”。“中华人民共和国妇女在政治的、经济的、文化的、社会的和家庭的生活等各方面享有同男子平等的权利。”[48]《中华人民共和国宪法》对人民自由平等权利的规定，为建立和巩固人际互信和社会公信，提供了根本保证。

第二，专制统治和私有制的废除，人民中国建立社会主义公有制的确立，为实现人与人之间互相尊重信任和政府与人民之间的互信，提供了最根本的制度保证。天下之大，人间万象，但概括起来，其实只有两个字：公和私。私是一切社会罪恶的根源。私字当头，私利面前，可致夫妻反目，可致父子兄弟相残。在专制统治之下，触动统治者半点私利，可致杀身之祸。如此，何谈尊重和信任？只有抛弃私利，出于公心，人与人之间才能坦诚相见，竭诚相待，才能把国民凝聚起来，团结奋斗，万众一心，建设美好的国家和美好的社会。对这个道理，孔子讲得很清楚：“大道之行也，天下为公。”“今大道既隐，天下为家。各亲其亲，各子其子，货力为己。大人世及以为礼，城郭沟池以为固。礼义以为纪，以正君臣，以笃父子，以睦兄弟，以和夫妇，以设制度，以立田里，以贤勇知，以功为己，故谋用是作，而兵由此起。”[49]遗憾的是，孔子看到了“私”字的危害，看到了它的破坏力，但他仍竭力维护奴隶制统治秩序，维护私有制度，那么，何以能够建立人们之间的信任，而阻止和避免“谋用是作，而兵由此起”呢？

中国共产党和中国人民找到了实现社会公信的方法和途径，这是中国共产党和中国人民的光荣和伟大。我们要继续沿着这条道路前进，深入研究新时代更好实现社会公信人际互信的途径和方法，万众一心，建设伟大的社会主义现代化强国。

（二）坚定对马克思主义的信仰

孔子强调笃信好学守死善道，为人们举起了坚定信仰捍卫真理的旗帜。中国历史上，出现过很多守死善道的志士仁人，他们是中国的脊梁。正是有了这些志士仁人和民族英雄，才支撑起中国古代社会在艰难中前行，才挽救了中国古代社会在最黑暗的时期没有走向全面堕落。

在人类历史上，真正捍卫真理守死善道的英雄群体是共产党人。在马克思主义诞生以来，共产党人用自己的英勇奋斗，彰显了人间正义，改变了世界的面貌，推进了人类的自由解放。中国共产党成立后一百年来，一代又一代共产党人前赴后继，不怕牺牲，谱写了人类历史上最伟大最壮美的英雄华章。夏明翰，在英勇牺牲前，写出“砍头不要紧，只要主义真，杀了夏明翰，还有后来人”的就义诗。方志敏，在狱中写出《清贫》《可爱的中国》等传之不朽的文字。他说：“矜持不苟，舍己为公，却是每个共产党员具备的美德。”“清贫，洁白朴素的生活，正是我们革命者能够战胜许多困难的地方！”[50]在国民党反动派的白色恐怖之中，面对国民党的屠刀，他写道：“假如我还能生存，那我生存一天就要为中国呼喊一天；假如我不能生存——死了，我流血的地方，或者我瘗骨的地方，或许会长出一朵可爱的花来，这朵花你们就看作是我的精诚的寄托吧！在微风的吹拂中，如果那朵花上下点头，那就可视为我对于为中华民族解放奋斗的爱国志士们在致以热诚的敬礼；如果那朵花左右摇摆，那就可视为我在提劲儿唱着革命之歌，鼓励战士们前进啦！”他坚信中华民族的解放事业一定会胜利，坚信“中国一定有个可赞美的光明前途”。他说：“我相信，到那时，到处都是活跃的创造，到处都是日新月异的进步，欢歌将代替了悲叹，笑脸将代替了哭脸，富裕将代替了贫穷，康健将代替了疾病，智慧将代替了愚昧，友爱将代替了仇恨，生之快乐将代替死之忧伤，明媚的花园将代替了暗淡的荒地！这时，我们民族就可以无愧色地立在人类的面前，而生育我们的母亲，也会最美丽地装饰起来，与世界的各位母亲平等的携手了。”[51]这诗一样的语言，正是作者对国家和民族爱的凝结，正是作者坚定信仰坚强信念的潇洒表达。如今，方志敏烈士坚信的中国可赞美的光明前途，在中国共产党和中国人民的百年奋斗中已经变成了现实，这是对无数革命先烈的最好的告慰。中国革命的胜利，新中国的发展进步，昭示了共产党人的光荣和伟大。我们现在的任务，是继续奋斗，续写马克思主义在中国实践的更加辉煌的新篇章。

（三）深入贯彻落实党的群众路线

孔子提出民无信不立，强调取信于民。他的这个思想观念，在2000多年的封建专制统治下，从来没有贯彻下来。在近代以来的中国民主革命中，孙中山先生提出了三民主义，但以蒋介石为首的国民党反动派依靠的是英美帝国主义，依靠的是大地主、大官僚、大资本家，对工农劳苦大众实行专制独裁统治，三民主义并没有付诸实施。真正贯彻取信于民思想的，是中国共产党，是中国共产党执行的群众路线。

密切联系群众，是中国共产党的三大优良作风之一。群众路线是毛泽东思想三大灵魂之一。毛泽东主席指出：“人民，只有人民，才是创造世界历史的动力。”“全心全意为人民服务，一刻也不脱离群众；一切从人民的利益出发，而不是从个人或小集团的利益出发；向人民负责和向党的领导机关负责的一致性；这些就是我们的出发点。”“只要我们依靠人民，坚决地相信人民群众的创造力是无穷无尽的，因而信任人民，和人民打成一片，那就任何困难也能克服，任何敌人也不能压倒我们，而只会被我们所压倒。”[52]毛泽东主席把党的群众路线，概括为：“从群众中来，到群众中去。”“将群众的意见（分散的无系统的意见）集中起来（经过研究，化为集中的系统的意见），又到群众中去作宣传解释，化为群众的意见，使群众坚持下去，见之于行动，并在群众行动中考验这些意见是否正确。然后再从群众中集中起来，再到群众中坚持下去。如此无限循环，一次比一次地更正确、更生动、更丰富。这就是马克思主义的认识论。”[53]中国共产党发明了群众路线，坚定不移地贯彻执行群众路线，赢得了广大人民的信任，凝聚起全中国人民的力量，经过百年奋斗，彻底改变了中国的面貌，彻底改变了中华民族的面貌，这是人类历史上从未有过的取信于民的伟大实践。

迄今为止，人类已经有了几千年的文明史。从原始社会到奴隶社会，再到封建社会，再到资本主义社会和社会主义社会，人类社会的每一次跨越，都是对人民力量的一次承认，都是在人民自由解放上向前迈进了一步。欧美资产阶级革命提出了自由、平等和民主的口号，这是一个巨大的历史贡献。资本主义的发展，也在一定程度上把人民从封建专制主义的统治下解放出来，但人民群众又被套上了资本压迫的枷锁。真正深入、全面、彻底地贯彻群众路线，落实民主、自由、平等观念的，是共产党人。共产党人以取信于民、相信人民、依靠人民的伟大实践，推动人类社会取得了巨大进步，也必将依靠人民的信任和支持，为人类的进步事业做出新的更大的贡献。

注释

[1]《论语·学而》第8章。

[2]《论语·述而》第25章。

[3]《论语·公冶长》第28章。

[4]《论语·颜渊》第10章。

[5]《论语·卫灵公》第6章。

[6]《论语·学而》第4章。

[7]《论语·卫灵公》第3章。

[8]《论语·里仁》第15章。

[9]《四书章句集注》，《论语集注》卷二。

[10]《论语·卫灵公》第24章。

[11]《论语·泰伯》第13章。

[12]《论语·里仁》第8章。

[13]《论语·卫灵公》第9章。

[14]《论语·子张》第2章。

[15]《论语·述而》第1章。

[16]《论语·公冶长》第26章。

[17]《论语·为政》第22章。

[18]《论语·泰伯》第16章。

[19]《论语·学而》第6章。

[20]《论语·卫灵公》第18章。

[21]《论语·公冶长》第6章。

[22]《论语·里仁》第22章。

[23]《论语·子路》第20章。

[24]《四书章句集注》，《论语集注》卷三。

[25]《论语·公冶长》第10章。

[26]《论语·季氏》第4章。

[27]《论语·学而》第7章。

[28]《论语·宪问》第31章。

[29]《论语·阳货》第8章。

[30]《论语·学而》第13章。

[31]《论语·颜渊》第7章。

[32]《论语·学而》第5章。

[33]《论语·子路》第4章。

[34]《论语·子张》第10章。

[35]《论语·阳货》第6章。

[36]《论语·为政》第19章。

[37]《论语·尧曰》第2章。

[38]《论语·为政》第22章。

[39]《左传·隐公三年》。

[40] 恩格斯：《在马克思墓前的讲话》。

[41] 埃德加·斯诺：《西行漫记》，生活·读者·新知三联书店1979年12月第1版，第131页。

[42]《论语·颜渊》第7章。

[43]《史记·商君列传》。

[44]《礼记·典礼》。

[45]《论语·八佾》第19章。

[46]《论语·泰伯》第9章。

[47]《论语·阳货》第25章。

[48]《中华人民共和国宪法》（2018年修正）。

[49]《礼记·礼运》。

[50] 方志敏：《清贫》。

[51] 方志敏：《可爱的中国》。

[52] 毛泽东：《论联合政府》，《毛泽东选集》第三卷，人民出版社1991年6月第2版，第1031页、第1094—1096页。

[53] 毛泽东：《关于领导方法的若干问题》，《毛泽东选集》第三卷，人民出版社1991年6月第1版，第899页。

第十篇　忠孝

忠孝是中华民族的传统美德，是《论语》十分重要的基本概念（参见附录十：《论语》论忠孝）。研究《论语》关于忠孝的论述，对于加强人的建设和社会建设具有重要的意义。

一、《论语》关于忠的论述

（一）忠为立身处世之本

孔子把忠作为人立身处世之本。他反复强调忠恕之道，毕生践行忠恕之道。有一次，他对他的得意门生曾子说："参乎！吾道一以贯之。"曾子说："唯。"孔子走出去以后，别的学生问曾参：老师说的是什么意思？曾子说："夫子之道，忠恕而已矣。"[1]还有一回，他问他的学生子贡："赐也，女以予为多学而识之者与？"子贡说：对呀，难道不是吗？孔子说："非也，予一以贯之。"[2]他告诉子贡，他最重视的，并不是博学多才，而是忠恕之道。

孔子还常常把忠与信一起强调。他说："主忠信，徙义，崇德也。"[3]"十室之邑，必有忠信如丘者焉，不如丘之好学也。"[4]他把忠与信、自尊自重、友贤、改过一起，视为君子五德，他说："君子不重，则不威，学则不固。主忠信。无友不如己者。过则勿惮改。"[5]子张问行。他说："言忠信，行笃敬，虽蛮貊之邦，行矣。言不忠信，行不笃敬，虽州里，行乎哉？立则见其参于前也，在舆则见其倚于衡也，夫然后行。"[6]他把忠作为教导学生的四项重要内容之一。"子以四教：文、行、忠、信。"[7]

（二）与人忠

孔子把对人忠诚，作为仁德的一个重要方面，作为对君子的一个基本要求。樊迟问仁。孔子说："居处恭，执事敬，与人忠。虽之夷狄，不可弃也。"[8]孔子强调，"君子有九思：视思明，听思聪，色思温，貌思恭，言思忠，事思敬，疑思问，愤思难，见得思义。"[9]子贡问友。孔子说："忠告而善道之，不可则止，毋自辱焉。"[10]孔子的弟子曾参，也把"为人忠"作为自我省视自我检查的一项重要内容。曾子说："吾日三省吾身：为人谋而不忠乎？与朋友交而不信乎？传不习乎？"[11]

（三）臣事君以忠

鲁定公向孔子询问君使臣、臣事君的方法，"君使臣，臣事君，如之何？"孔子对曰："君使臣以礼，臣事君以忠。"[12]强调臣子要恪尽职守，尽心竭力服侍君主。孔子还说："事君，敬其事而后其食。"[13]就是说，先把工作做好，再拿俸禄。他的学生子夏也说："事君，能致其身。"[14]孔子师徒讲的是同一个道理。

孔子强调的臣子以忠事君，并非一切都要顺从君主的旨意，而是要做到真正的忠诚，对君主的过失，要直言敢谏，不能阳奉阴违。子路问事君。孔子说："勿欺也，而犯之。"[15]对君主犯颜直谏，孔子的学生子夏还给出了一个方法——信而后谏。子夏说："（君子）信而后谏，未信，则以为谤己也。"[16]

孔子反对不能以忠事君的旷职渎职行为。鲁国执政大夫季氏贪婪无度，家财富于周公。孔子的弟子冉求为季氏宰，他对季氏不仅不加劝阻，反而“为之聚敛而附益之”。孔子大为恼火，他说，冉求“非吾徒也。小子鸣鼓而攻之，可也”。[17]季氏将伐颛臾。冉求不知劝阻，却为季氏狡辩，孔子斥责道：“求！周任有言曰：‘陈力就列，不能者止。’危而不持，颠而不扶，将焉用彼相矣。”[18]当季子然问孔子：“仲由、冉求可谓大臣与？”孔子说：“所谓大臣者，以道事君，不可则止。今由与求也，可谓具臣矣。”[19]

孔子还强调大臣对同僚、对百姓都要恪尽职守。他说：“爱之，能勿劳乎？忠焉，能勿诲乎？”[20]主张鼓励人们热爱劳动，对他们加强教育。子张问政。孔子说：“居之无倦，行之以忠。”[21]有一次，子张问他：“令尹子文三仕为令尹，无喜色；三已之，无愠色。旧令尹之政，必以告新令尹。何如？”孔子说：“忠矣。”[22]

二、《论语》关于孝的论述

孝，是孔子师徒对人们立身处世提出的一项原则要求。孔子教导弟子，将孝弟与仁和信并列，与学习、实践相提并论，他说：“弟子入则孝，出则悌，谨而信，泛爱众而亲仁。行有余力，则以学文。”[23]他的学生子夏也说：“贤贤易色。事父母，能竭其力。事君，能致其身。与朋友交，言而有信。虽曰未学，吾必谓之学矣。”[24]孝为人们生而为人的第一大德。孔子师徒对孝有如下三个方面的具体论述。

（一）从理从礼

人，生由父母，养由父母，教由父母，孝敬父母，天经地义，是天下第一公理。礼是理的表现形式，孔子强调对待父母要一准于礼。孟懿子问孝。孔子说：“无违。”孔子讲的无违，就是不要违礼悖理。樊迟为孔子赶车子，孔子又向他讲起这件事。孔子说："孟孙问孝于我，我对曰，无违。"樊迟说，这是什么意思？孔子说："生，事之以礼；死，葬之以礼，祭之以礼。"[25]林放问礼之本。子曰："大哉问！礼，与其奢也，宁俭。丧，与其易也，宁戚。"[26]孔子强调，丧礼，表达的是悲伤哀痛之理。孔子学生子游也说："丧致乎哀而止。"[27]

（二）从亲从爱

父母是我们最亲最爱的人，孝敬父母，体现的是亲，表达的是爱。子夏问孝。孔子说："色难。有事，弟子服其劳；有酒食，先生馔，曾是以为孝乎。"[28]他告诉子夏，服劳奉养，不足为孝。真正的孝，是亲爱，是和颜悦色服侍父母。孟武伯问孝。孔子说："父母唯其疾之忧。"[29]父母身体健康，是儿女最大的幸福。对孝子孝女来说，最揪心的是父母身体不好。孔子对孟武伯讲的这个道理，同样是亲是爱。孔子还说："父母之年，不可不知也。一则以喜，一则以惧。"[30]孔子在这里讲的是，父母年纪大了，子女因他们高寿而喜，又因他们一年比一年衰老而忧，这就是亲情。为了使父母尽量少一点对子女的牵挂，为了对父母多尽一点孝心，孔子说："父母在，不远游，游必有方。"[31]特别是在父母年老的时候，在双亲跟前多一点陪伴，将来心里就多一份踏实，少一份遗憾。曾子说："吾闻诸夫子：人未有自致者也，必也亲丧乎！"[32]孔子对他讲的是，人在其他方面的情感都可以克制，只有父母去世的痛苦，是抑制不住的。对宰我认为"三年之丧，期已久矣"，应该改为一年，孔子十分生气，他说："予之不仁也！子生三年，然后免于父母之怀。夫三年之丧，古今之通丧也，予也有三年之爱于其父母乎！"[33]他痛心的是，宰我怎么能是那么一个不知亲爱父母的人呢？

（三）从敬从诚

子游问孝。孔子说："今之孝者，是谓能养。至于犬马，皆能有养。不敬，何以别乎？"[34]孔子批评当时仅仅把赡养父母就称为孝的错误观点，他认为，对待父母，只讲赡养是远远不足的，那和其他动物没有区别。孝子为孝，重在一个敬字，要体现对父母的尊重和敬爱。他提出如果父母有过，当怀着尊敬的态度，讲究方式，柔声以谏，不从再谏。他说："事父母几谏，见志不从，又敬不违，劳而不怨。"[35]他还强调丧尽其礼，祭尽其诚，他说："慎终追远，民德归厚矣。"[36]他认为，通过观察一个人的志向和行为，如果他继承父亲的嘉言懿行，对父亲心怀一个敬字，那就是孝子。他说："父在，观其志；父没，观其行。三年无改于父之道。可谓孝矣。"[37]他称赞孟庄子继续推行其父的良法善政，继续信用其父的优秀臣属的美德，认为"孟庄子之孝也，其他可能也；其不改父之臣与父之政，是难能也"。[38]他的弟子闵子骞忠诚实在地孝敬父母，友爱兄弟，他的家人称其孝友，外人也交口赞誉。孔子说："孝哉闵子骞！人不间于其父母昆弟之言。"[39]孔子是很少表扬他的弟子们的，除称赞颜回好学外，就是如此称许闵子骞之孝。闵子骞是孔子的十位得意门生之一。"德行：颜渊、闵子骞、冉伯牛、仲弓。言语：宰我、子贡。政事：冉有、季路。文学：子游、子夏。"[40]对孔子赞美闵子骞，朱熹作了如下阐释："父母兄弟称其孝友，人皆信之无异辞者，盖其孝友之实，有以积于中而著于外，故夫子叹而美之。"[41]朱熹讲的孝友之实即是一个诚字。不实不诚，假心假意，怎么能称得上孝呢？

三、《论语》关于忠孝关系的论述

季康子问："使民敬，忠以劝，如之何？"孔子说："临之以庄，则敬；孝慈，则忠；举善而教不能，则劝。”[42]孔子讲的是，统治者孝于亲，慈于幼，其品德就会获得人民的称赞，就会得到人民对他的忠诚。孔子把在外尽忠、在家尽孝作为人生两件大事。他说：“出则事公卿，入则事父兄，丧事不敢不勉，不为酒困，何有于我哉？”[43]把家庭与社会联系起来，用父子关系比附君臣关系，是孔子社会哲学和政治哲学的一个突出特点。齐景公问政于孔子。孔子对曰：“君君，臣臣，父父，子子。”齐景公说：“善哉！信如君不君，臣不臣，父不父，子不子，虽有粟，吾得而食诸？”[44]有人问孔子：“子奚不为政？”孔子说：“《书》云：‘孝乎惟孝，友于兄弟，施于有政。’是亦为政，奚其为为政。”[45]在孔子看来，家国一体，其治同理。在家孝敬双亲，友爱兄弟，把此理引导到应用到为政者之上，就是为政，并不是一定要居位食禄才算从事治国理政。孔子的学生子夏提出，“其为人也孝弟，而好犯上者，鲜矣。不好犯上而好作乱者，未之有也。君子务本。本立而道生。孝弟也者，其为人之本与！”[46]子夏此言，讲的也是孝亲与忠君的关系。

四、《论语》忠孝思想的价值及其局限

（一）“与人忠”的思想观点，确立了正确的人际交往准则

在人类社会，人际关系问题，是人的建设、社会建设、政治建设、经济建设等各项建设中基础性根本性的问题之一。人有两个根本属性，即自然属性和社会属性。社会属性是人区别于其他生命形式的标志。人是具有互相交往需要和交往能力的生命存在。没有人际交往，就没有社会。人际交往的目的、方式和原则，构成了人际交往的内容和结果，构成了人类社会的是非善恶，影响着人类的生存状态和人类的命运。

樊迟问仁。孔子说：“居处恭，执事敬，与人忠。虽之夷狄，不可弃也。”[47]在这里，孔子提出了对人忠诚“与人忠”的人际交往原则，这是

孔子对人类社会建设作出的又一个重要贡献。在人际交往中，坚持了这个原则，人们之间就有了相互信任，相互关心，相互爱护，相互帮助，人类社会有了和谐，有了温暖，就会变得越来越好。反之，背弃这个原则，人们之间就会有猜忌，有提防，冷酷无情和仇恨敌视也会生长出来，人类社会就会变坏，就会堕落，甚至变成人间地狱。

孔子强调的“与人忠”，是对所有人的忠诚。既包括对上，也包括对下。既包括“臣事君以忠”[48]，也包括统治者对人民的忠和爱。子张问政。孔子说：“居之无倦，行之以忠。”[49]他还说：“爱之，能勿劳乎？忠焉，能勿诲乎？”[50]

孔子提出“与人忠”，他毕生一以贯之地坚持这个原则，率先垂范，身体力行，为人类社会作出了万世师表。他光明坦荡，广交朋友，有教无类，诲人不倦，竭尽忠诚地对待君主，对待卿相，对待他的朋友和他的学生。他博学多识，娴熟古代典籍，毫无保留地把他的学问和立身处世的道理教给他的学生。他说：“二三子以我为隐乎？吾无隐乎尔。吾无行而不与二三子者，是丘也。”[51]他与君主、卿相相见，坦诚相待，推心置腹，讲述治国安邦的道理。鲁定公问他：“一言而可以兴邦，有诸？”孔子对曰：“言不可以若是其几也。人之言曰：‘为君难，为臣不易。’如知为君之难也，不几乎一言而兴邦乎？”鲁定公又问：“一言而丧邦，有诸？”孔子说：“言不可以若是其几也。人之言曰：‘予无乐乎为君，唯其言而莫予违也。’如其善而莫之违也，不亦善乎？如不善而莫之违也，不几乎一言而丧邦乎？”[52]在与人交往之中，孔子不计较别人以往的缺陷，只要他们希望进步，乐于改过，孔子就真心真意帮助他人，劝导他们。有一个叫互乡的地方，习俗不好，人们难以向上向善，人与人之间难以交流。互乡的一个童子却得到了孔子的接见，孔子的弟子们感到疑惑。孔子说：“与其进也，不与其退也，唯何甚？人洁己以进，与其洁也，不保其往也。”[53]

孔子把与人忠的思想，还落实到对待子女方面，他教导子女进步，关心他们的学习，却没有丝毫溺爱。陈亢问孔子的儿子伯鱼："我们老师对您，是不是有与众不同的传授呢？"伯鱼说："未也。尝独立，鲤趋而过庭，曰：'学诗乎？'对曰：'未也。''不学诗，无以言。'鲤退而学诗。他日，又独立，鲤趋而过庭。曰：'学礼乎？'对曰：'未也。''不学礼，无以立。'鲤退而学礼。闻斯二者。"[54]对子女不存私心，不施溺爱，这才是对子女真正的关心帮助。孔子对人忠诚，尽心竭力帮助别人，着实令人肃然起敬。

（二）孝慈、孝弟的思想，为文明家庭建设提供了重要保障

孝是春秋战国时期诸子百家讨论的一个道德概念。不仅儒家讲孝，道家、墨家、法家都讲孝。老子认为："绝仁弃义，民复孝慈。"[55]墨子提出："孝，利亲也。"[56]韩非子认为，所谓孝，就是"家贫则富之，父苦则乐之"，[57]使父母过上幸福富足的生活。在《论语》中，孔子师徒强调孝慈、孝弟，从理从礼，从亲从爱，从诚从敬，对家庭成员之间的关系作出规范，对家庭建设产生了多方面的积极的影响。

家庭是社会的细胞。家庭的出现，是人类文明发展到一定阶段的结果，也会促进人类文明的发展。一家一户的家庭的形成，结束了原始部落时期人群的乱婚、走婚和群婚状态，形成了相对稳定的家庭，形成了明确的夫妻、父母、子女关系。孔子提出的父慈子孝，提出的孝于亲、友于兄弟的思想，切合家庭关系的自然伦理，对文明家庭建设提供了重要保障。孔子提出的孝，强调亲、爱、诚、敬，这是建设和谐温暖的家庭不可或缺的元素。同时，在家庭形成的对他人尊敬友爱的优秀品质，用之于社会，也会对美好社会建设起了积极的促进作用。

（三）孝慈则忠的观点，不符合人的自然属性与社会属性差别的客观实际

人有两个根本属性。一是自然属性。人是自然界一种生命形式，是生命自然繁衍的结果，父母与子女，得之于自然，父母与子女的一切联系，都是建立在这个自然属性之上的。自然界的其他生命形式，除生这个共同情况之外，有的还有养、教、爱护、保护的现象。人作为自然界的高级生命形式，则是将其他生命形式的养、教、爱护、保护发展到父母慈爱子女，子女孝敬父母的高度。二是社会属性。一个个体的人，除对兄弟姐妹之外，除对有较近血缘联系的人之外，与其他人的联系，主要体现的是社会性联系，主要是建立在社会属性之上的。孔子提出与人忠思想，通过人与人之间的相互尊重忠诚，建立美好社会，体现的就是人的社会性联系。

孔子在与季康子的谈话中，提出了“孝慈则忠”[58]的思想，认为统治者孝于亲、慈于幼，就会赢得人民对他的忠诚。这个思想观点，有一定道理。统治者孝亲慈幼，这个好品质，会受到人们的称赞。但仅仅因为这一点，未必就会得到人民的忠诚。统治者的孝慈是赢得人民的忠诚的必要条件，但不是充分条件。更重要的是，孝慈是由人的自然属性规定的，忠诚则是由人的社会属性规定的，二者之间是有区别的。一个人，应当称赞他人的孝慈，但未必因为这一个方面，就一定忠诚于他。从此可以看出，孔子提出的“孝慈则忠”的观点，存在的逻辑缺陷，就是混淆了人的自然属性和社会属性，把属于自然属性范畴的“孝”与属于社会属性范畴的“忠”混为一谈。

五、忠孝文化在古代中国的历史实践

孔子的忠孝思想，是春秋战国时期诸子百家忠孝文化的重要组成部

分，为忠孝文化的发展作出了重要贡献。儒法墨道各家，对忠孝的认识各有特色。老子认为："大道废，有仁义；智慧出，有大伪；六亲不和，有孝慈；国家昏乱，有忠臣。"[59]他主张在乱世之中，应当采取无为而治的办法，恢复人们纯洁朴实的本性，减少私心杂念，"绝圣弃智，民利百倍；绝仁弃义，民复孝慈；绝巧弃利，盗贼无有"。[60]这样，天下自然得到治理。韩非子指出："天下皆以孝悌忠顺之道为是也，而莫知察孝悌忠顺之道而审行之，是以天下乱。"[61]在韩非子看来，当时社会上流行的关于孝悌忠顺的观点，实际上强调的是"尚贤"，是舍法任智的表现。墨子讲忠孝，是在兼相爱的理论之上，强调父慈子孝，君惠臣忠。先秦诸子用不同的理性思维论述忠孝，为忠孝文化的发展，打下了坚实基础。

遗憾的是，汉武帝罢黜百家、独尊儒术，阻断了忠孝文化健康发展之路，在中国2000多年的封建社会，忠孝文化的发展误入了歧途。

（一）通过杂糅忠孝家国概念，编造维护封建专制统治的歪理邪说

国和家，本是两个不同的概念。国，是国土范围内全体国民的利益共同体。治国理政，属于公共事务。君臣之间、帝王与国民之间的关系，皆属于公共事务中的人际关系。无论是治国理政，还是规范和调节君臣、君民关系，都应当体现一个"公"字。其中的人际交往，除具有较近血缘关系的人之外，都是人的社会属性的体现。

家，是人类文明发展的产物，是人类健康繁衍发展的基础。在家庭之中，父母生育子女，是生命形式的延续，体现的是人的自然属性。家庭事务、家庭财产、家庭成员之间的关系，皆是家庭之私，体现的是一个私字。

国与家的区别是明确的，界限是清晰的。国就是国，家就是家，不可以国代家，也不可以家代国。

但是，自从禹改变尧舜禅让王位的制度，将王位传给他的儿子启建立

夏王朝之后，过去的公天下，就变成了家天下了。一家一姓的帝制，将本来的天下之公，变成了一己之私，将属于全体国民公共利益的国，变成维护一家一姓之私的王朝。这本来是一个天底下最大的罪恶，最大的错误，因为没有人赋予帝王这个特权。因为国是全体国民之国，而不是一家一姓一国。所谓“普天之下，莫非王土；率土之滨，莫非王臣”，[62]乃是一派胡言，哪有这个道理！为了掩饰这个罪恶和错误，为这个罪恶和错误辩护，于是，就有一些别有用心的人，也还有一些糊涂人，提出或者编造出来为这个天大的罪恶“正名”的歪理邪说。最大的歪理邪说就是君权神授，中国和外国都有这种荒唐无稽的理论。与之相配套的，还有一系列大大小小的谬论。中国的家国忠孝理论，就是其中的一种。

家国忠孝理论，通过混淆人的自然属性和社会属性，混淆家、国概念，混淆公、私之别，把国与家搅和在一起，把君臣与父子联结起来，把属于家庭亲情的“孝”与社会公共事务的“忠”联结起来，把维护封建专制统治说成天经地义的事情。提倡罢黜百家独尊儒术的董仲舒，在孔子君君、臣臣、父父、子子理论的基础上，在孔子忠孝思想的基础上，提出“三纲五常”理论。三纲就是君为臣纲、父为子纲、夫为妻纲，强调君对臣像父对子、夫对妻那样，有统治与服从的自然关系。董仲舒说：“人受命于天，固超然异于群生，入有父子兄弟之亲，出有君臣上下之谊。”[63]“受命之君，天意之所予也。故号为天子者，宜视天如父，事天以孝道也。”[64]王守仁也把孝亲与忠君比附连结在一起。他说：“故有孝亲之心，即有孝之理；无孝亲之心，即无孝之理矣。有忠君之心，即有忠之理；无忠君之心，即无忠之理矣。”[65]这样，通过混淆家、国、忠、孝概念，他们就把一家一姓的专制统治，说成了代表全体国民利益的合法统治，把一家一姓的家说成了国；把属于全体国民的国，说成了专制帝王的家；把子女对父母的孝，嫁接成全体国民服从专制统治的忠。如此荒唐的逻辑，竟被奉为天理，在中国大地存在了2000多年。

（二）强化“臣事君以忠”，忽视“与人忠”，把正确的人际关系准则，变成了维护封建专制统治的政治伦理

孔子强调的“与人忠”，讲的是对人忠诚，真心实意对待他人，尽心竭力帮助他人，竭忠尽智履行自己在人际交往中的责任和义务。与人忠，是人立身处世的原则，也是每一个人实现其人生价值的必由之路，是人们创造美好人生美好社会的必由之路。这个“忠”，并不是单向的，而是双向的，是彼此之间的竭诚相待、坦诚相见。孔子强调的“与人忠”，是对着所有的人讲的，是多方位的，既有“臣事君以忠”，也有君主对于人民的“忠焉，能勿诲乎”，更有同事之间、朋友之间的忠诚。但遗憾的是，在封建专制统治下，孔子关于忠的思想观点，却受到曲解和误读，把人际交往双向的对所有人都适用的“忠”，变成了单向的对专制皇帝一人的绝对服从，把一个内涵丰富的人生哲学概念变成了彰显霸权与罪恶的政治哲学概念；把创造美好人生美好社会的重要道德观念，变成了束缚人民维护专制统治的工具。在中国2000多年的封建社会里，“忠君”实际上成了封建专制统治的代名词，成了任何人都不敢触碰不能质疑的天条，成为套在人民群众头上的沉重的精神枷锁。

（三）将维护封建专制统治的歪理邪说运用于家庭，孝道变成了维护“吃人”礼教的工具

在封建专制统治下，维护封建专制统治的歪理邪说，也毒害了中国家庭。按照忠君思想的要求，不管专制统治者是仁是暴，其政令是对是错，全天下的人都必须绝对服从专制君主的统治，服从专制君主的奴役。否则就是不忠，就是大逆不道。这种歪理邪说运用到封建家庭之中，就表现为全家之人，必须无条件地服从家长的管理。稍有半点违误，就是不孝不敬。如此，使得原本只有亲情只有爱的家庭，也变得像专制帝王朝堂那样

的讲究上下尊卑和冷酷无情。在一个封建大家庭里，封建家长具有和专制皇帝一样的权威，一样的高高在上，一样的不可侵犯。他可以不慈不爱，但全家人却不敢有丝毫的不敬不孝。封建家长可以随意休妻纳妾，却不允许子女有恋爱自由；封建家长可以专制跋扈，却不允许家人有丝毫的个人意志。在封建家庭里，一切不服从封建家长要求的言论和行动，都会被视为不孝，视为大逆不道。孝道完全成了维护封建“吃人”礼教的工具。

六、继续做好中国传统忠孝文化的清理批判和转化、发展工作

中国传统忠孝文化，包括中华传统优秀忠孝文化和反动的封建忠孝文化两部分。对于封建忠孝文化，在近代以来中国人民反帝反封建的伟大斗争中，特别是中华人民共和国成立以来在建设社会主义新文化的伟大实践中，进行了全面系统的清理批判工作，揭穿了封建忠孝文化的本质，厘正了是非，取得了巨大成绩，积累了丰富经验，但也有过失误和教训。对于封建忠孝文化的清理批判工作，还要适应新时代新要求，更加客观深入地推进下去。

中华优秀传统忠孝文化，是中华优秀传统文化的重要组成部分。中国共产党领导人民在进行中国革命、建设和改革的伟大斗争中，将对人忠诚这个中华民族传统美德转化为全心全意为人民服务的根本宗旨和执政理念，转化为争取人民自由解放和建设人民中国的路线方针政策，转化为为中国人民谋幸福，为中华民族谋复兴的伟大实践。党的十八大以来，中国特色社会主义进入新时代，以习近平同志为核心的党中央，高度重视中华优秀传统文化的转化、发展工作，大力弘扬忠孝、友爱、诚信等中华民族传统美德。习近平总书记指出：“深入实施公民道德建设工程，推进社会公德、职业道德、家庭美德、个人品德建设，激励人们向上向善、孝老爱

亲，忠于祖国，忠于人民。”[66]我们要深入贯彻落实习近平总书记的指示要求，在以往工作的基础上，继续做好中华优秀忠孝文化的转化和发展工作，凝聚起实现中华民族伟大复兴中国梦的磅礴力量，把我国建设成为富强民主文明和谐美丽的社会主义现代化强国。

注释

[1]《论语·里仁》第15章。

[2]《论语·卫灵公》第3章。

[3]《论语·颜渊》第10章。

[4]《论语·公冶长》第28章。

[5]《论语·学而》第8章。

[6]《论语·卫灵公》第6章。

[7]《论语·述而》第25章。

[8]《论语·子路》第19章。

[9]《论语·季氏》第10章。

[10]《论语·颜渊》第23章。

[11]《论语·学而》第4章。

[12]《论语·八佾》第19章。

[13]《论语·卫灵公》第38章。

[14]《论语·学而》第7章。

[15]《论语·宪问》第22章。

[16]《论语·子张》第10章。

[17]《论语·先进》第17章。

[18]《论语·季氏》第1章。

[19]《论语·先进》第24章。

[20]《论语·宪问》第7章。

[21]《论语·颜渊》第14章。

[22]《论语·公冶长》第19章。

[23]《论语·学而》第6章。

[24]《论语·学而》第7章。

[25]《论语·为政》第5章。

[26]《论语·八佾》第4章。

[27]《论语·子张》第14章。

[28]《论语·为政》第8章。

[29]《论语·为政》第6章。

[30]《论语·里仁》第21章。

[31]《论语·里仁》第19章。

[32]《论语·子张》第17章。

[33]《论语·阳货》第21章。

[34]《论语·为政》第7章。

[35]《论语·里仁》第18章。

[36]《论语·学而》第9章。

[37]《论语·学而》第11章。

[38]《论语·子张》第18章。

[39]《论语·先进》第5章。

[40]《论语·先进》第3章。

[41]《四书章句集注》，《论语集注》卷六。

[42]《论语·为政》第20章。

[43]《论语·子罕》第16章。

[44]《论语·颜渊》第11章。

[45]《论语·为政》第21章。

[46]《论语·学而》第2章。

[47]《论语·子路》第19章。

[48]《论语·八佾》第19章。

[49]《论语·颜渊》第14章。

[50]《论语·宪问》第7章。

[51]《论语·述而》第24章。

[52]《论语·子路》第15章。

[53]《论语·述而》第29章。

[54]《论语·季氏》第13章。

[55]《道德经》第19章。

[56]《墨子·经上》。

[57]《韩非子·忠孝》。

[58]《论语·为政》第20章。

[59]《道德经》第18章。

[60]《道德经》第19章。

[61]《韩非子·忠孝》。

[62]《诗经·小雅·北山》。

[63]《举贤良对策三》。

[64] 董仲舒：《深察名号》。

[65] 王守仁：《传习录》中的《答顾东桥书》。

[66] 习近平：《决胜全面建成小康社会，夺取新时代中国特色社会主义伟大胜利》。

第十一篇 政

孔子热心政治，以重建西周安定有序的社会秩序为己任，提出了一系列治国理政的理论观念。《论语》中有许多与治国理政相关的论述（参见附录十一：《论语》论政），较为全面地反映了孔子师徒对治国理政的认识。孔子治国理政的思想观点，对中国社会的影响很大，对其进行清理、扬弃、转化、发展，是一项意义重大的任务。

一、《论语》论政

政，是《论语》中一个十分重要的基本概念，《论语》直接论政的情况很多，阐述与政相关问题的情况更多。本文将它们一并讨论。

《论语》论政，主要有以下几个方面的内容。

（一）政者，正也

季康子问政于孔子。孔子对曰：“政者，正也。子帅以正，孰敢不正？”[1]孔子讲这句话的时候，鲁君失政，大夫专权，“家臣效尤，据邑背叛”，国政一片混乱。故孔子以此言相告，希望季康子以正自律，一改季氏僭越非礼之为。遗憾的是，季康子“溺于利欲”，不能改正。[2]

“政者，正也”，讲明了治国理政的一个大道理，也是一个最基本的道理。自然界有阴阳、寒暑，有黑暗和光明，人类社会同样有美有丑，有正有邪。政治，其根本任务就是要扶正去邪，以正压邪。当以正治国、人们向上向善向美的时候，当邪不压正的时候，政治就取得了成效，社会就是美好的。同样，当正不胜邪的时候，国家治理就出了问题，社会就是丑陋的，就是罪恶的，如果邪恶横行，正义被压制，这个世界就成了人间地狱。孔子“政者，正也”这个论断，是社会公理，是治国理政必须遵循的方针原则。

以正治国，孔子强调以上率下。正人必先正己，统治者做出表率，百姓自然学习他的榜样，此即“子帅以正，孰敢不正”。这是孔子再三强调的道理。他说：“其身正，不令而行；其身不正，虽令不从。”[3]“苟正其身矣，于从政乎何有？不能正其身，如正人何？”[4]他盛赞舜恭己为政，以身作则，为天下师表，他说：“无为而治者其舜也与！夫何为哉？恭己正南面而已矣。”[5]当鲁国大夫季康子向他请教如何惩治盗贼的时候，他说：“苟子之不欲，虽赏之不窃。”[6]还有一次，季康子向他请教治国理政的问题，季康子说：“如杀无道，以就有道，何如？”孔子答道：“子为政，焉用杀？子欲善而民善矣。君子之德风，小人之德草。草上之风，必偃。”[7]

立身正，就可以做到无私。统治者，公正无私，天下可致太平。孔子极力颂扬尧舜禹至公至正之盛德，他说：“巍巍乎！舜禹之有天下也而不与焉！”[8]“大哉尧之为君也！巍巍乎！唯天为大，唯尧则之。荡荡乎，民无能名焉。巍巍乎其有成功也，焕乎其有文章！”[9]他还称赞公叔文子公正无私举荐家臣大夫僎与自己一起“同升诸公”的公正忘己的品德，认为公叔文子“可以为‘文’矣”。[10]他赞扬孟庄子立政唯公、任人唯贤，他说：“其不改父之臣与父之政，是难能也。”[11]

（二）为政以德

孔子说：“为政以德，譬如北辰，居其所而众星共之。”[12]朱熹注曰：“政之为言正也，所以正人之不正也。德之为言得也，得于心而不失也。”居其所而众星共之，即自己安然不动，“众星四面环绕而归向之也。”“为政以德，则无为而天下归之。”程子曰：“为政以德，然后无为。”范氏曰：“为政以德，则不动而化，不言而信，无为而成。所守者至简而能御烦，所处者至静而能制动，所务者至寡而能服众。”[13]德是人品，是一个人影响力的源泉。帝王德配其位，公正无私，以正治国，不徒自己心安理得，也会受到天下人的爱戴和拥护。

孔子盛赞泰伯之德。他说：“泰伯，其可谓至德也已矣！三以天下让，民无得而称焉。”[14]泰伯是殷商末年人，是周大王长子。周大王有三子，长子泰伯，次子仲雍，三子季历。当时商王朝日趋衰败，周日益强大，周大王有伐商之志，泰伯不从。周大王便要打破立嫡之制，传位三子季历。于是，泰伯和仲雍一起出逃，大王乃立季历。季历崩，子昌立，是为周文王。文王有盛德，诸侯归服。文王崩，子发立，遂克商而有天下，是为武王。孔子还极力称颂文王之德，他认为周文王姬昌“三分天下有其二，以服事殷”。文王之德，“其可谓至德也已矣”[15]。

孔子认为“德”，对于治国理政，具有根本性的作用和意义。他说：“道之以政，齐之以刑，民免而无耻；道之以德，齐之以礼，有耻且格。”[16]叶公向他问政，他说：“近者悦，远者来。”[17]

孔子强调，从政者，当潜心修德，不可徒务虚名。有一次，子张问他：“士何如斯可谓之达矣？”子曰：“何哉，尔所谓达者？”子张对曰：“在邦必闻，在家必闻。”子曰：“是闻也，非达也。夫达也者，质直而好义，察言而观色，虑以下人。在邦必达，在家必达。夫闻也者，色取仁而行违，居之不疑。在邦必闻，在家必闻。”[18]

在孔子看来，德是分层次的。圣德、至德为上，其次为仁，再其次为贤、忠、清等。子贡问他：“如有博施于民而能济众，何如？可谓仁乎？”孔子说：“何事于仁！必也圣乎！尧舜其犹病诸！夫仁者，己欲立而立人，己欲达而达人。能近取譬，可谓仁之方也已。”[19]有一次，子张问他："令尹子文三仕为令尹，无喜色；三已之，无愠色。旧令尹之政，必以告新令尹。何如？"子曰："忠矣。"曰："仁矣乎？"曰："未知。焉得仁？"子张又问："崔子弑齐君，陈文子有马十乘，弃而违之。至于他邦，则曰：'犹吾大夫崔子也。'违之。之一邦，则又曰：'犹吾大夫崔子也。'违之。何如？"子曰："清矣。"曰："仁矣乎？"曰："未知，焉得仁？"[20]

（三）君君臣臣父父子子

齐景公向孔子问政。孔子对曰："君君，臣臣，父父，子子。"齐景公说："善哉！信如君不君，臣不臣，父不父，子不子，虽有粟，吾得而食诸？"[21]是时景公失政，而大夫陈氏厚施于周。景公又多内嬖，不立太子，其君臣父子之间，皆失其道。景公虽善孔子之言，但不能用，后来果因继嗣不定，招来陈氏弑君篡国之祸。

有一次，子路问孔子："卫君待子而为政，子将奚先？"孔子说："必也正名乎！"又说："名不正，则言不顺；言不顺，则事不成；事不成，则礼乐不兴；礼乐不兴，则刑罚不中；刑罚不中，则民无所措手足。"[22]那时卫国朝政混乱，卫世子蒯聩耻其母南子淫乱，欲杀之不果而出奔。卫灵公欲立公子郢，郢辞，乃立蒯聩之子辄，以拒其父蒯聩。蒯聩欲杀其母，又得罪其父；辄据国以拒父，皆失父子之伦。故孔子认为，整顿卫国之政，首要的任务，是正名定分，明确君臣父子之伦。

君君臣臣父父子子，是孔子政治思想的核心内容。孔子强调正名定分，明确君臣父子上下尊卑的等级秩序，希望由此实现国家治理和社会安定。汉武帝罢黜百家独尊儒术之后，君君臣臣父父子子的等级观念，更被视作天理，成为中国封建专制统治的理论基础。

孔子在提出君君臣臣的理论的同时，又强调通过恢复西周制度特别是礼乐制度，维护君君臣臣的政治局面。鲁定公问他："君使臣，臣事君，如之何？”孔子对曰：“君使臣以礼，臣事君以忠。”[23]

（四）胜残去杀

孔子强调仁爱，推崇仁政。他说：“‘善人为邦百年，亦可以胜残去杀矣。’诚哉是言也！”[24]又说：“如有王者，必世而后仁。”[25]“居上不宽，为礼不敬，临丧不哀，吾何以观之哉？”[26]他认为，“能行五者（恭、宽、信、敏、惠）于天下为仁矣。”“恭则不侮，宽则得众，信则人任焉，敏则有功，惠则足以使人。”[27]有一次，子张问他：“何如斯可以从政矣？”孔子说：“尊五美，屏四恶，斯可以从政矣。”所谓五美，即惠而不费，劳而不怨，欲而不贪，泰而不骄，威而不猛。所谓四恶，即“不教而杀谓之虐，不戒视成谓之暴，慢令致期谓之贼，犹与之人也，出纳之吝谓之有司。”在这里，他强调为政当利民惠民，使民以时，因民之所利而利之，择可劳而劳之，反对虐民、暴民、贼民。[28]孔子学生有若也坚持与孔子同样的爱民利民的思想观念。当鲁哀公向有若询问：“年饥，用不足，如之何？”有若对曰：“盍彻乎？”就是说，为什么不实行十分抽一的税率呢？听了有若的话，哀公很不高兴，他说，十分抽二，我还不够，你怎么讲十分抽一呢？本来，哀公意欲加赋以足其用，有若提出十分抽一，意在使哀公深知君民一体之意，以止其厚敛无度，费出无经。他说：“百姓足，君孰与不足？百姓不足，君孰与足？”[29]

管仲是春秋时期著名的政治家。孔子反对管仲僭越非礼的行为，他说：“邦君树塞门，管氏亦树塞门。邦君为两君之好，有反坫，管氏亦有反坫。管氏而知礼，孰不知礼？”[30]但管仲辅佐齐桓公“九合诸侯，不以兵车”[31]，“霸诸侯，一匡天下，民到于今受其赐”，对他息兵安民、推行仁政，孔子则大加称赞，认为如果没有管仲，“吾其被发左衽矣”[32]。

（五）以礼让为国

孔子无比倾慕西周礼乐制度，希望恢复周礼，用礼乐制度规范人们行为，重建安定有序的社会局面。他说："能以礼让为国乎？何有？不能以礼让为国，如礼何？"[33]"上好礼，则民易使也。"[34]"上好礼，则民莫敢不敬；上好义，则民莫敢不服；上好信，则民莫敢不用情。"[35]他强调，"天下有道，则礼乐征伐自天子出；天下无道，则礼乐征伐自诸侯出。……天下有道，则政不在大夫。天下有道，则庶人不议。"[36]他的学生有子说："礼之用，和为贵。先王之道，斯为美，小大由之。有所不行，知和而和，不以礼节之，亦不可行也。"[37]

礼是理的表达形式，乐是情的表达手段，孔子坚信西周礼乐制度具有教化人民、规范人们行为、维护上下尊卑秩序的力量。他夸赞他的学生子路忠信明决，善于听讼折狱，他说："片言可以折狱者，其由也与？"[38]孔子本人也善于断狱，但他期盼的却是天下人皆知理守礼，期待社会安宁祥和。他说，"听讼，吾犹人也。必也使无讼乎？"[39]他去卫国，冉有侍从。途中，看到一个又一个集中连片的村落，他说："庶矣哉！"冉有说："既庶矣，又何加焉？"孔子曰："富之。"冉有又说："既富矣，又何加焉？"孔子说："教之。"[40]礼乐教化，是孔子一生孜孜不倦的事业。当颜渊向他请教如何治理国家的时候，他说："行夏之时，乘殷之辂，服周之冕，乐则《韶》《舞》。放郑声，远佞人。郑声淫，佞人殆。"[41]有一次，他和他的几个弟子一起去武城，听到"弦歌之声"，孔子很高兴，也很惊讶，随口说了一句话："割鸡焉用牛刀。"其意是治此小邑，何必用此大道。武城是一个小地方，当时他的弟子子游为武城宰，以礼乐为教，邑人皆习弦歌。子游听了老师的话，有些不解，便说："昔者偃也闻诸夫子曰：'君子学道则爱人，小人学道则易使也。'"孔子更高兴了，说："二三子，偃之言是也。前言戏之耳。"[42]这里，他不仅肯定了子游说的话，更为子游以礼乐为教感到欣慰。

（六）治国方法

《论语》中，既有前述政者正也、为政以德、为政以礼、君君臣臣、推行仁政等重大理论观点，还有一系列基于这些理论观点之上的具体方法、具体要求。一是强调节用爱人，取信于民。孔子说："道千乘之国，敬事而信，节用而爱人，使民以时。"[43]子贡问政。孔子说："足食，足兵，民信之矣。"子贡说："必不得已而去，于斯三者何先？"孔子说："去兵。"子贡又说："必不得已而去，于斯二者何先？"孔子说："去食。自古皆有死，民无信不立。"[44]鲁国要扩建贮藏财货的长府。孔子的学生闵子骞反对这种劳民伤财的行为，他说："仍旧贯，如之何？何必改作？"听到闵子骞的话，孔子很高兴，他说："夫人不言，言必有中。"[45]二是强调以上率下，加强教育引导。季康子问孔子："使民敬、忠以劝，如之何？"孔子说："临之以庄，则敬；孝慈，则忠；举善而教不能，则劝。"[46]子路问政。孔子说，给百姓带头教育他们勤奋劳动。子路请求多讲一点。孔子说，永远不要懈怠。[47]孔子还强调要加强国防教育，他说："善人教民七年，亦可以即戎矣。"[48]又说："以不教民战，是谓弃之。"[49]三是强调雪中送炭，反对锦上添花，反对过分追求财富。他说："丘也闻有国有家者，不患寡而患不均，不患贫而患不安。盖均无贫，和无寡，安无倾。"[50]孔子在鲁国为鲁司寇主事的时候，委派他的弟子公西赤出使齐国，冉子为公西赤之母请粟，希望孔子多给一点。孔子说："赤之适齐也，乘肥马，衣轻裘。吾闻之也，君子周急不继富。"[51]"原思为之宰"，孔子给了他很多禄米，原思辞不受。孔子说：不要辞，有多的，给你乡邻乡里的穷人吧！[52]除如上这些具体方法具体要求外，孔子还强调统治者要加强自身修为，方可尽到安定天下的职守。有一次，子路向他请教如何才能做一个合格的统治者，他说："修己以敬。”子路问：“如斯而已乎？”他说：“修己以安人。”子路再追问：“如斯而已乎？”他说：“修己以安百姓，尧舜其犹病诸？”[53]他赞美郑国贤相子产，“有君子之道四焉：其行己也恭，其事上也敬，其养民也惠，其使民也义。”[54]孔子毕生注重自身修为，以安定天下为己任，他告诉他的弟子，他的志向是“老者安之，朋友信之，少者怀之”。[55]

（七）用人

治国理政，得人为先。孔子高度重视用人问题。周初众贤盈朝，人才济济，成就了周王朝的强大繁荣。周武王说：“予有乱臣十人，同心同德。”此十人是：周公旦、召公奭、太公望、毕公、荣公、太颠、闳夭、散宜生、南宫适、文母。唐尧虞舜之时人才盛于周初，夏商皆不及周。故孔子说：“才难，不其然乎？唐虞之际，于斯为盛。”[57]孔子的学生子游“为武城宰”，孔子问他：“女得人焉耳乎？”子游说：“有澹台灭明者，行不由径。非公事，未尝至于偃之室也。”[58]澹台灭明非公事不见邑宰，不枉己徇私，子游着实用到一个正大光明的人。

仲弓为季氏宰，他向老师请教治国理政。孔子说：“先有司，赦小过，举贤才。”[59]有一次，鲁哀公问他：“何为则民服？”孔子对曰：“举直错诸枉，则民服；举枉错诸直，则民不服。”[60]樊迟问知于孔子。子曰：“知人。”樊迟未达。孔子说：“举直错诸枉，能使枉者直。”樊迟退，向子夏请教老师讲话的含义。子夏说：“富哉言乎！舜有天下，选于众，举皋陶，不仁者远矣。汤有天下，选于众，举伊尹，不仁者远矣。”[61]

在用人上，孔子强调知人善任，用其所长，不要求全责备。对他的学生子路、冉求、公西赤，孔子不与之“仁”，但认可他们各有所长，可堪任使。他说：“由也，千乘之国，可使治其赋也，不知其仁也。”“求也，千室之邑，百乘之家，可使为之宰也，不知其仁也。”“赤也，束带立于朝，可使与宾客言也，不知其仁也。”[62]季康子问仲由、端木赐、冉求是否可以从政，孔子说：“由也果，于从政乎何有？”“赐也达，于从政乎何有？”“求也艺，于从政乎何有？”[63]鲁国大夫孟公绰，是一个廉静寡欲的人，他认为：“孟公绰为赵魏老则优，不可以为滕薛大夫。”[64]就是说，孟公绰德高望重，做晋卿赵氏、魏氏的家臣，是绰绰有余的；但要他做滕、薛这样的小国大夫，政务繁杂，位高责重，却是不合适的。

对于用人，孔子的态度是严肃认真、一丝不苟的。他反对用患得患失的小人，他说：“鄙夫可与事君也与哉？其未得之也，患得之。既得之，患失之。苟患失之，无所不至矣。”[65]他提倡学而后入政，反对未学不达政务的人从政。“子路使子羔为费宰，子曰：‘贼夫人之子。’”[66]他认为，子羔虽然品质不错，但未习治民事神，遂使为政，适以害之。他强调举荐人才，是为政者的天职。在他看来，有贤不知，不明；知而不举，罪莫大焉。臧文仲为政于鲁，知柳下惠之贤而不举荐，孔子怒斥道：“臧文仲其窃位者与！知柳下惠之贤而不与立也。”[67]

（八）官德

孔子强调为政以德，赞美圣德、仁德，他和他的弟子也提出了一些为官应有的具体的品德。一是敬。孔子说：“事君，敬其事而后其食。”[68]“出门如见大宾，使民如承大祭。”[69]二是忠。子路问事君。孔子说：“勿欺也，而犯之。”[70]就是说，不可欺罔，但要犯颜谏诤。曾子说，君子入仕，“可以讬六尺之孤，可以寄百里之命，临大节而不可夺也。”[71]季子然问孔子：“仲由、冉求可谓大臣与？”孔子说：“所谓大臣者，以道事君，不可则止。今由与求也，可谓具臣矣。”[72]季氏将伐颛臾，仲由、冉求没有劝阻，孔子说：“今由与求也，相夫子，远人不服，而不能来也；邦分崩离析，而不能守也；而谋动干戈于邦内。”[73]他对仲由、冉求很失望，也很生气，故称他们为充位食禄的具臣。三是公。冉求谄事季氏，“为之聚敛而附益之。”孔子说：“非吾徒也，小子鸣鼓而攻之，可也。”[74]四是信。“行己有耻，使于四方，不辱君命。”“言必信，行必果。”[75]入仕者，不仅要取信于上，取信于民，还要有胜任职守的自信。“不患无位，患所以立。”[76]孔子使漆雕开仕。对曰：“吾斯之未能信。”听了漆雕开的话，孔子很高兴。[77]

二、《论语》论政的理论贡献及其局限

（一）政者正也，揭示了政治的实质

按照孔子提出的“政者，正也”的观念，我们可以为政治下一个定义：以正治国。

如前所述，人类社会是一个复杂的矛盾统一体，有各种各样的矛盾现象，有正有邪，有善有恶，有美有丑，有真有假，有忠有奸，有光明有黑暗，有进步有落后，有聪明也有愚昧，有真知灼见也有歪理邪说。其中，正与邪的矛盾，是最根本的一对基础性的矛盾。通过实施正确的政治，以正治国，扶正祛邪，我们生活的这个世界，就会多一些真善美，少一些假恶丑；多一些光明与进步，少一些黑暗与落后。我们生活的社会，就是一个美好的社会。

孔子提出“政者，正也”，揭示了政治的实质，这是一个伟大的理论发现，是孔子对人类社会作出的一个伟大的历史贡献，具有永恒的不朽的普遍的理论和实践价值，它为人类社会的政治建设指明了道路，也为人类社会的发展进步提供了一项根本性的理论保障。

但是，孔子虽然提出了“政者，正也”的理论，但未能为以正治国找到可靠的实现形式。他向往传说中的尧舜禹以正治国的时代，寄希望于统治者公正无私以上率下，这只能是一个幻想。因为在私有制度下，遇到一个开明的君主已属不易，绝大多数专制君主，都是剥削阶级的代言人，是

不可能真正实施天下为公的。

近代以来，自由、平等思想的提出，资产阶级革命的兴起，荡涤了封建专制主义这个最邪恶的东西，民主进步成了人类共同追求的正义事业，民主也就成了以正治国的实现形式。

国家是国土范围内全体人民的利益共同体。建立人民政权、捍卫人民利益，永远是国家政治的根本宗旨。把人民的利益维护好、实现好、发展好，才是国家政治的正确选择，才是切切实实的以正治国。在中国民主革命中，中国共产党提出“为人民服务”，找到了以正治国最根本最有效的实现形式，这是中国共产党人对人类社会做出的伟大贡献。在中国革命、建设和改革的伟大实践中，中国共产党坚守“全心全意为人民服务”的根本宗旨，完成了反帝反封建的伟大历史任务，建立了人民当家做主的新中国，实现了中华民族从站起来到富起来到强起来的伟大变革，这是人类历史上以正治国最伟大的历史实践和最伟大的历史成就。

（二）为政以德，为官吏制度建设提供了遵循

国家设官置吏，执行治国理政任务，为的是维护全体人民利益，实现国家治理和社会安定。每一个职位，都是公共职位，皆执行公共服务的职能。每一位官员，都应当忠于职守，奉公守职，这就是政德，也是官德。

孔子提出为政以德，为政治建设和官吏制度建设提供了根本遵循。但在奴隶主贵族统治的时代，在封建专制时代和资本主义时代，在全部私有制时代，为政以德很难落实，它是一个空洞无力的说教，有时甚至是欺骗。

德，作为一种社会意识，是由社会存在决定的。在封建制度下，忠于专制君主，维护封建统治秩序，是所有官吏都必须恪守的官德，是不可置疑的所谓天理。明代理学家朱熹，满口仁义道德，却是一个镇压农民起义双手沾满人民鲜血的刽子手。清代的曾国藩也是这样一个人物。当然，不

排除在一定的历史条件下，个别封建帝王和部分官员目睹人民群众受压迫欺凌的现实，面对国家危亡的威胁，或汲取历史治乱兴衰的经验教训，也会在不同程度上行仁德、施仁政，但这种情况不是主流。

（三）君君臣臣父父子子的观点，为封建专制统治提供了理论依据

孔子君君臣臣父父子子的思想观点，本是在齐景公向他请教治国理政问题的时候，孔子针对景公失政、君臣父子皆失其道的情况提出的，他是希望齐景公抑制大夫陈氏专权乱政、早立太子，以稳定齐国政局。可是，到了汉武帝时期，罢黜百家，独尊儒术，孔子君君臣臣父父子子的思想观念，经董仲舒一番牵强附会地改造加工，就成了中国封建社会维护专制统治的基本理论基础，君臣之间上下尊卑的关系就成了不可移易的天理。董仲舒说："天有阴阳，人亦有阴阳。"[78]"君臣父子夫妇之义，皆取诸阴阳之道。"董仲舒在孔子君君臣臣父父子子的思想观点基础上，提出了三纲五常的社会道德论。三纲：君为臣纲、父为子纲、夫为妻纲。五常：仁、义、礼、智、信。他说："王道之三纲，可求于天。""凡物必有合。""阴者，阳之合。妻者，夫之合。子者，父之合。臣者，君之合。物莫无合，而合各相阴阳。阳兼于阴，阴兼于阳。夫兼于妻，妻兼于夫。父兼于子，子兼于父。君兼于臣，臣兼于君。君臣、父子、夫妇之义，皆取诸阴阳之道。"他认为天"亲阳而疏阴"，[79]故阳贵阴贱，阳尊阴卑，君、父、夫地位尊贵，臣、子、妻身份卑贱，后者必须服从前者。

董仲舒的推理论证，其逻辑的错误和混乱是显而易见的。阴阳是自然现象，父子、夫妇，是自然界和人类社会运动变化的产物。君臣，则是国家出现后适应国家和社会治理的需要而产生的。君臣、父子、夫妇与阴阳之间，没有必然的联系。父子、夫妇与君臣之间，也没有什么必然的联系。董仲舒把他们强揉在一起，作为最基本的社会道德观念，其逻辑推理是不能成立的。董仲舒的目的只有一个，就是把君臣关系附会天道自然，

借以维护反动的封建专制统治。

孔子和董仲舒君君臣臣父父子子的思想观念，在实践上带来了一个巨大的危害，就是专制帝王将天下据为私有。孔子盛赞传说中的尧舜禹的功德，极力颂扬他们为政以德公正无私。夏启之后，建立家天下的奴隶制国家。帝王传子制度，既是在孔子那里，与尧禅让帝位给舜、舜禅让帝位给禹相比，也是有天壤之别的。但孔子和董仲舒提出君君臣臣父父子子的思想观念，却把君臣之间的国事公事与父子之间的家事私事比附起来，把国与家生拉硬扯在一起，把他们等同起来，于是，奴隶制国家和封建国家实施家天下的专制统治，就有了貌似合理合法的理论逻辑，专制帝王就可以为所欲为，就可以堂而皇之占有天下财富，视天下人为奴仆，给中国社会带来了无穷无尽的罪恶。

（四）明哲保身，为人们在从政问题上提供了一种无奈的选择

孔子热心政治，同时支持和鼓励他的弟子们从政。樊迟请学稼，他说："吾不如老农。"请学为圃，他说："吾不如老圃。"他对樊迟很失望，说："小人哉，樊须也！"[80]孔子认为，"耕也，馁在其中矣；学也，禄在其中矣。"[81]

但是，政治是复杂的，官场是险恶的，孔子提出了一套明哲保身的从政哲学。他说："邦有道，危言危行；邦无道，危行言孙。"[82]"不在其位，不谋其政。"[83]"笃信好学，守死善道。危邦不入，乱邦不居。天下有道则见，无道则隐。邦有道，贫且贱焉，耻也；邦无道，富且贵焉，耻也。"[84]他还说："贤者辟世，其次辟地，其次辟色，其次辟言。"[85]"直哉史鱼！邦有道，如矢；邦无道，如矢。君子哉蘧伯玉！邦有道，则仕；邦无道，则可卷而怀之。"[86]子张学干禄。孔子说："多闻阙疑，慎言其余，则寡尤；多见阙殆，慎行其余，则寡悔。言寡尤，行寡悔，禄在其中矣。"[87]

孔子以明哲保身的从政哲学教人，而他自己，却是一个不畏从政风险以拯救天下为己任的人。公山弗扰盘踞在费邑图谋造反，召孔子，孔子欲往。子路很不高兴，说道："没什么地方可去也就算了，为什么要到那里去呢！"孔子说："夫召我者，而岂徒哉？如有用我者，吾其为东周乎？"[88]佛肸盘踞中牟谋反，召孔子。子路说："昔者由也闻诸夫子曰：'亲于其身为不善者，君子不入也。'佛肸以中牟畔，子之往也，如之何？"孔子说："然，有是言也。不曰坚乎，磨而不磷；不曰白乎，涅而不缁。吾岂匏瓜也哉？焉能系而不食？"[89]由此看来，孔子对于从政，已到了"无可无不可"[90]的执着程度，时人亦称他是一个"知其不可而为之者"。[91]他自己总结说："天下有道丘不与易也。"[92]孔子的精神，还是值得人们钦佩的。

三、孔子政治思想对中国政治和社会的影响

春秋战国时期，是中国奴隶制社会向封建制社会转化的时期。诸侯混战，社会动荡，前路渺茫，为人们提供了施展才华创造新历史的际遇，也为人们思考人生问题，思考社会政治问题，提供了不可或缺的条件。这个时期，出现了春秋五霸、战国七雄，出现了齐桓公、秦孝公、赵武灵王、秦庄襄王、管仲、子产、商鞅、李悝、吴起、孙子、白起等一大批著名的政治家和军事家，也出现了儒、法、墨、道、名、农、阴阳等学术流派，出现了老子、庄子、孔子、墨子、荀子、韩非子等一大批著名的思想家，出现了思想界百花齐放百家争鸣的局面。这是一个人民群众流血牺牲颠沛流离的悲惨时代，也是一个人才辈出风云际会的时代，是一个历史给了人们很多经验教训的时代。

孔子在这个时代应运而生。孔子是一个热爱学习的人，是一个认真思考问题的人，更是一个以安定天下为己任的人。他天赋异禀，多才多艺，

知礼通乐，娴熟历史文献。他多闻多见多识，学而不厌，诲人不倦，广收门徒，有教无类，提出了很多有价值的教育思想，是一个伟大的教育家。他热衷政治，不辞劳苦，周游列国，所到之处，必闻其政，只要有些许机会，即便委屈自己，也力争有所作为。遗憾的是，他到处碰壁，不受欢迎，他提出的政治思想很少得以施行。不能不说，孔子在政治上是一个失败者，他的全部从政经历，就是一场悲剧。

到了汉武帝时期，辞世已经300多年的孔子，获得了也许令他意外的荣光。汉武帝出于维护汉王朝“大一统”专制统治的需要，采纳董仲舒的建议，罢黜百家，独尊儒术。董仲舒提出：“《春秋》大一统者，天地之常经，古今之通谊也。今师异道，人异论，百家殊方，指意不同，是以上无以持一统；法制数变，下不知所守。”他建议“诸不在六艺之科孔子之术者，皆绝其道，勿使并进。邪辟之说灭息，然后统纪可一而法度可明，民知所从矣”。[93]

从汉武帝开始，一直到清朝灭亡中国封建统治终结，在2000多年里，孔子被历代封建专制统治者捧起来，供起来，他创立的儒学，成了维护专制统治的工具，成了束缚人民思想阻碍历史前进的精神枷锁。这或许是儒学的“幸运”，但对中国社会的发展，绝对是一种悲哀。

在儒学独尊独霸的政治和社会背景下，秦以前未能产生太多影响的孔学和它的政治思想，在汉以后的中国封建社会里，产生了极为广泛而深远的影响，这是人类历史的“奇迹”，也是中国封建社会长期停滞不前的重要原因之一。

孔子政治思想对中国政治和社会的影响，突出表现在以下几个方面。

（一）尊君抑臣

尊君抑臣，是孔子政治思想的核心内容。孔子强调君君臣臣父父子子，念念不忘恢复天子、诸侯、卿大夫上下尊卑的等级秩序，恢复维护这种等级秩序的礼乐制度。“君使臣以礼，臣事君以忠”，[94]就是孔子尊君抑臣思想的集中体现。

汉武帝罢黜百家独尊儒术之后，孔子尊君抑臣思想，成了历代封建专制王朝维护其反动统治的法宝。董仲舒提出的三纲五常道德论，进一步强化了孔子尊君抑臣思想的权威性。

司马光把君臣之间上下尊卑的等级秩序称之为封建纪纲。他对尊君抑臣有如下经典论述：“夫以四海之广，兆民之众，受制于一人，虽有绝伦之力，高世之智，莫不奔走而服役者，岂非以礼为之纪纲哉！是故天子统三公，三公率诸侯，诸侯制卿大夫，卿大夫治士庶人。贵以临贱，贱以承贵。上之使下犹心腹之运手足，根本之制支叶；下之事上犹手足之卫心腹，支叶之庇本根，然后能上下相保而国家治安。”“文王序《易》，以《乾》《坤》为首。孔子系之曰：‘天尊地卑，乾坤定矣。卑高以陈，贵贱位矣’。言君臣之位犹天地之不可易也。《春秋》抑诸侯，尊王室，王人虽微，序于诸侯之上，是以见圣人于君臣之际未尝不惓惓也。非有桀、纣之暴，汤、武之仁，人归之，天命之，君臣之分当守死伏节而已矣。”[95]

正如司马光所言，在整个中国2000多年的封建社会中，君尊臣卑，君贵臣贱，被历代封建王朝奉为天条，视为天理，作为绝对不可触碰的红线，对维护专制统治发挥了具有根本性的保障作用。这就是封建王朝尊孔的真正原因。

孔子和孔子的学说维护等级秩序，被封建专制统治者利用作为维护专制统治的工具。专制统治者也极力维护孔子和他的学说，任何对儒学的质疑和非议，都会被视为大逆不道。明末著名思想家李贽对儒学六经和《论语》《孟子》的价值表示怀疑，反对孔子价值观独霸天下，他说：“千百余年而独无是非者，岂其人无是非哉，咸以孔子之是非为是非，故未尝有是非耳。”[96]明朝统治者把李贽称为“敢倡乱道，惑世诬民”的“妖人”，[97]逮捕下狱，李贽在狱中割喉而死。明王朝统治者害死了李贽，随后不久明朝灭亡。继起的清朝统治者，多次下令烧毁李贽所著的《藏书》《焚书》。

（二）复古倒退

在孔子心目中，周初是他理想的社会。他向往西周上下尊卑有序的社会环境，赞美西周时期“天下有道，礼乐征伐自天子出”[98]的政治局面，颂扬西周的礼乐制度，他说：“周监于二代，郁郁乎文哉！吾从周。”[99]孔子生活的西周末年，奴隶制崩溃、封建制兴起已经成为时代发展进步的潮流，周天子至高无上的权威不复存在，诸侯、大夫特别是士庶人在动荡的社会政治环境中逐渐摆脱旧有的等级观念的束缚，成为推动社会变革的新生力量。在这大动荡大变革的时代，孔子只看到礼崩乐坏的社会现象，只为社会的纷乱无序感到不安，却看不清历史前进的大势，更找不到社会变革的内在原因，于是，便举起了复古倒退的旗帜，希望通过恢复西周礼乐制度，恢复以周天子为最高权威的上下尊卑的等级秩序，重建他心目中文、武、周公那样的圣人统治的理想社会。但是，历史是前进的，这种复古倒退的努力只能是徒劳的。孔子自己也清醒地认识到了这个结果。他说：“甚矣吾衰也！久矣。吾不复梦见周公。”[100]“凤鸟不至，河不出图，吾已矣夫！”[101]

孔子复古倒退的思想观念，在中国封建社会尊崇孔子、儒学独尊的社会政治气候下，演化成为古代中国僵化保守、惧变求稳的社会风气和文化传统。在遇到重大社会矛盾和问题的时候，在面对社会变革的时候，在需要重建统治秩序鼎新革故建章立制的时候，绝大多数人不愿意正视现实正视矛盾，不愿意深入分析矛盾问题，不愿意痛下决心寻找前进的道路和方法，缺少变革的信心、决心和勇气，无法凝聚推动变革的力量。人们不愿意向前看，总是迷恋过去，总是向后看，总是希望回到过去他们认可的时代。这种社会风气和文化传统，其实质是懒惰，是自私，是无能，是堕落，是不可救药。

这种社会氛围和文化传统，使中国古代社会，生长不起积极向上、勇毅前行的力量，即使偶有像王安石、张居正那样力挽狂澜敢扶大厦于将倾的人物出现，也会遭到绝大多数人特别是既得利益者的围攻，使之一腔热血付诸东流。如此，导致2000多年的中国封建社会，如同一潭污浊不堪的死水，完全失去了生机活力，生长不出任何实质性的进步，处于僵死性的停滞状态，并时常伴有不可思议的历史倒退。比如汉初恢复奴隶制时代的分封诸侯制度，酿成了“七国之乱”；西晋分封宗室，导致“八王之乱”；明太祖分封子孙，招来了长达四年之久的靖难之役，留下了复古倒退的沉痛教训。

在2000多年的中国封建社会中，政治结构僵化保守，专制体制日趋强化，走到了无可复加的地步。经济结构缺乏活力，官商一体，大官僚、大地主、大商人相互勾结，严重阻碍着中国经济社会发展进步，威胁着人民大众的生存安全，常常因社会财富极度集中激化社会矛盾，导致社会动荡。明清时期在江南和广东等地虽然出现过资本主义萌芽，但也被封建专制统治者扼杀在襁褓之中。思想文化领域，更是死气沉沉。腐朽堕落的思想观念，不仅弥漫在庙堂之上缙绅之中，还愚及下层人民。

当政治、经济结构的矛盾累加到极致的时候，当专制统治者和人民群众的矛盾发展到不可调和的时候，伴随着全国范围的社会动荡，社会结构会全面垮塌，导致中国历史出现分久必合、合久必分的悲剧。两汉四百年，接着出现魏晋南北朝三百多年的分裂局面。隋唐三百年的统一之后，是五代十国、宋辽金西夏又一个三百多年的分裂。元明清700多年的统一后，在北洋军阀时期，中国又出现了分裂局面。复古倒退、抱残守缺的文化传统和社会痼疾，给中国人民带来的苦难，是无穷无尽的，是倾诉不完的。

（三）读书做官

夏商西周奴隶制时期，奴隶主贵族垄断教育，垄断文化，世袭垄断国家政权。春秋以后，随着奴隶制走向崩溃，诸侯国之间图强争霸斗争日趋剧烈，各诸侯国纷纷招贤纳士，士庶人入仕之门渐渐打开。在这样的时代背景下，孔子于积极从政力图恢复西周政治社会秩序的同时，招收门徒，教育弟子，并鼓励他们积极仕进干禄，开启了中国历史上读书做官的先河。

秦始皇统一六国建立秦帝国之后，在全国范围内推行郡县制度。秦帝国废除夏商周奴隶主贵族世袭垄断国家政权的制度，将管理国家的公共权力向社会开放，由国家选派官员治理郡县。汉承秦制，“因循而不革”，[102]汉王朝通过征辟、察举选拔任用官员，魏晋南北朝实行九品官人法，读书成了人们仕进的资本。隋唐以后，科举选官，读书做官成了士人孜孜以求的人生大事。

读书做官，相比于贵族世袭，是一个巨大历史进步。孔子开启读书做官之先河，是孔子对中国政治、中国社会做出的一个重大历史贡献。孔子读书做官，旨在实现他的政治抱负，很少掺杂个人私利，这是应当充分肯定的。他对他的弟子读书从政，一是积极支持，二是严格要求。孔子建议他的学生漆雕开入仕做官，漆雕开说：“吾斯之未能信。”[103]弟子在读书做官问题上笃志不苟，孔子很高兴。他对仲由、冉求不能恪尽职守，不能阻止季氏胡作非为，感到很痛心，称他们为充位食禄的“具臣”。[104]他不能容忍冉求附益季氏为之聚敛的行为，他说：“非吾徒也！小子鸣鼓而攻之，可也。”[105]孔子还认为，做官必须学习，但学习不一定必须做官。他说：“三年学，不至于谷，不易得也。”[106]

汉武帝罢黜百家独尊儒术之后，在中国2000多年的封建社会里，孔子被奉为至圣先师、万世师表。他开启的读书做官，成为封建国家选拔任用官员的主要途径。特别是隋唐兴科举以后，一代又一代的读书人，怀抱济世安民的抱负，通过科考入仕，为治国理政注入了活力。

然而，在封建专制统治下，读书做官却暴露出两个方面的大问题。一是科考制度日趋僵化保守。洪武三年（1370年），明政府规定以八股文取士，专以四书五经命题，四书要以朱熹的注为依据，把读书人的思想限制在程朱理学的范围内，为专制统治选拔奴才。二是读书人入仕做官，逐步偏离济世安民之道，堕落为对功名利禄的追逐。本来，求取功名，做官取禄，劳有所得，皆为无可厚非的事情。孔子罕言利，[107]认为“君子喻于义，小人喻于利”。[108]但对于功、名、禄，他是不排斥的。他盛赞尧之功德，“巍巍乎其有成功也，焕乎其有文章”；[109]他也很看重名望，他说：“后生可畏，焉知来者之不如今也？四十、五十而无闻焉，斯亦不足畏也已。”[110]对达巷党人说他“博学而无所成名”，他还有点不高兴。子张学干禄，他教给子张干禄之道：“多闻阙疑，慎言其余，则寡尤；多见阙殆，慎行其余，则寡悔。言寡尤，行寡悔，禄在其中矣。”[111]毫无疑问，孔子对功名利禄的认识和态度是正确的。封建专制统治下读书做官出现的问题是，有的读书人读书做官，偏离了功名的本义，偏离了仅仅享有应得官俸的要求，把读书做官，变成了获取权力、谋求非法利益的资本，把入仕做官济世安民变成了蠹政害民，由此，造成了封建专制统治下官场混乱黑暗、污浊不堪的局面，最终导致了封建制统治的崩溃瓦解。

（四）歧视人民

孔子是一个聪明绝顶的人。他提出“政者，正也，子帅以正，孰敢不正？”[112]“为政以德，譬如北辰，居其所而众星拱之。”[113]这些至理名言，穿越几千年历史时空，至今仍闪耀着真理的光辉。孔子对政治扶正祛邪之实质的揭示，将永远规范和指导着人们治国理政，指引着人们向着建设美好社会的目标前进。

但是，事物都有两个方面，孔子有智不可攀的识见，也有愚不可及的思想观点，这就是他对人民的歧视。他歧视劳动，歧视下层百姓，歧视妇女。他说："唯女子与小人为难养也。"[114]"民可使由之，不可使知之。"[115]"礼不下庶人。"[116]他重视学习，积极从政，这可以理解，毕竟人各有志，但他不应该鄙视劳动，蔑视劳动人民。他说："耕也，馁在其中矣；学也，禄在其中矣。"[117]樊迟请学稼。他说："吾不如老农。"请学为圃。他说："吾不如老圃。"樊迟退出后，他生气地说道："小人哉，樊须也！"[118]最让人不可理解不能接受的是他对妇女的不尊重。孔子极力推崇文、武、周公。武王说，我有十大贤臣而治天下。这十人之中，有一女性文母。孔子认同人才难得，但他说："有妇人焉，九人而已。"[119]他连文母都不知尊重，可见孔子对妇女的歧视，已到了匪夷所思的程度。当宰我欲改三年通丧的时候，孔子痛责宰我"也有三年之爱于其父母乎"！[120]那么，孔子如此不尊重妇女，用他自己的逻辑，他是不是也忘掉了母亲的养育之恩呢？由此看来，聪明绝顶的孔子，同时又可以说是一个充满悖论的人。

孔子歧视劳动，歧视人民，歧视妇女，这是他个人的错误，本也不是什么太大的事情。但他的学说被封建专制者利用，被奉为国教、奉为治国理政的理论基础之后，他个人的错误就变成了封建国家的错误，他个人的悲哀就变成了国家、民族和历史的悲哀。孔子被封建专制统治者捧起来，供起来，在唐开元二十七年（739年）获得了"文宣王"的追谥，在元大德十一年（1307年）获得"大成至圣文宣王"的加谥，其获得如此殊荣，是有原因的。诚如鲁迅先生指出的那样："孔夫子曾经计划过出色的治国的方法，但那都是为了治民众者即权势者设想的方法，为民众本身的，却一点也没有。"[121]

在整个中国2000多年的封建时代，除汉之文景，唐之太宗，明之仁宣等少数开明君主之外，很少有人把老百姓当人，很少有人知道尊重下层人民的。明太祖朱元璋，本是出身极为贫苦的人，因无法生存参加农民起义，得了天下，但他看到孟子“民为贵，社稷次之，君为轻”[122]等言论之后，气得差点要撤去孟子在国子监孔庙中配享的神位，并下令把《孟子》中民贵君轻的相关言论删除，编成《孟子节文》。[123]

孔子歧视人民和愚民政治的实施，给人民群众带来了极为深重的灾难，给中国社会带来了极为惨痛的影响。中国封建时代2000多年，不仅专制帝王歧视人民，各级各类官员同样歧视人民。对下层百姓不屑一顾，视人民群众如粪土，成为古代中国一种普遍流行的畸形社会心态。一些读书人，今天还是被人歧视的农民，明天考取了功名，当了官，穿上官服，有了权力，就会受人追捧，自己摇身一变，便翻脸不认人，也开始歧视下层人民。正是由于统治阶级从心底里蔑视人民，他们就肆无忌惮地压迫人民，剥削人民，肆无忌惮地掠夺人民群众微薄的仅仅赖以生存的财富。这么做的结果，就是一旦人民群众被逼得走投无路，就会揭竿而起，砸烂这罪恶的社会。更可悲的是，一个旧王朝灭亡了，新王朝的统治者同样效法前朝的榜样，同样歧视欺负、掠夺下层百姓。一部中国古代史，就是封建统治者歧视人民压迫人民的历史，也是人民群众的反抗史。造成中国古代王朝的反复更迭、中国社会停滞不前和深度堕落的根本原因之一，就是专制统治者对人民的歧视。在这一方面，我们不能不给孔子记一个“大功”！

四、继续做好孔子政治思想的清理扬弃和转化、发展工作

本文所讨论的，主要是《论语》论政，是《论语》中孔子的政治理论和政治实践。研究先秦政治思想，不能不重视孔子；研究中国封建时代的政治思想，更不能不研究孔子，因为孔子的学说在汉武帝罢黜百家独尊儒术之后，取得了一家独霸的地位，成了封建国家的主流意识形态。

孔子的政治思想，内容十分丰富，孔子提出了许多重大政治学概念、

命题，提出了许多独创性的政治思想观点。其中，诸如仁者爱人，政者正也，为政以德，治国以礼等思想观点，或揭示政治真谛，或探索求治方略，对治国理政具有基础性的指导意义。但也有不少思想观点，受制于历史、时代和本人认识的局限，对后世产生了消极乃至灾难性的影响。对于孔子的政治思想观点，我们当抱着实事求是的科学态度，对之加以清理甄别，扬优弃劣，对其中优秀的思想文化，切实做好转化、发展工作，更好地服务于推进中国特色社会主义政治建设。

孔子是中国古代社会影响最大的思想家，中国人对孔子既熟悉又陌生，对他的感情是十分复杂的。把他捧到九天之上的有之，把他打入九地之下的亦有之。恢复孔子本来面目，还孔子一个公道，是一项重大政治任务，也是一项重大历史任务。

孔子在古代中国享受了2000多年的殊荣和特殊待遇，他早已不是他自己，后人给了他过多的梳妆打扮。董仲舒按照专制统治的需要，改造了他的学说；两汉经学对他的思想观点，进行了太多牵强附会，甚至无端增加了很多迷信色彩。魏晋以后，更融入佛、道，孔子的学说已是面目全非。宋元明清，理学家们以绍圣自居，其实皆是投专制统治者之所好，孔学完全成了专制统治者维护统治的工具，成了任人拿捏的玩物。

近代以后，伴随着封建专制统治土崩瓦解，孔子由天堂一下子跌入地面，但时而仍有人捡起他，利用他。对此，鲁迅先生有一段精彩的叙述：

“从二十世纪的开始以来，孔夫子的运气是很坏的，但到袁世凯时代，却又被从新记得，不但恢复了祭典，还新做了古怪的祭服，使奉祀的人们穿起来。跟着这事而出现的便是帝制。然而那一道门终于没有敲开，袁氏在门外死掉了。余剩的是北洋军阀，当觉得渐近末路时，也用它来敲过另外的幸福之门。盘踞着江苏和浙江，在路上随便砍杀百姓的孙传芳将军，一面复兴了投壶之礼；钻进山东，连自己也数不清金钱和兵丁和姨太太的数目了的张宗昌将军，则重刻了《十三经》，而且把圣道看作可以由肉体关系来传染的花柳病一样的东西，拿一个孔子后裔的谁来做了自己的女婿。然而幸福之门，却仍然对谁也没有开。这三个人，都把孔夫子当作砖头用，但是时代不同了，所以都明明白白的失败了。岂但自己失败而已呢，还带累孔子也更加陷入了悲境。他们都是连字也不大认识的人物，然而偏要大谈什么《十三经》之类，所以使人们觉得滑稽；言行也太不一致了，就更加令人讨厌。”[124]

中华人民共和国成立后，我们对孔子思想进行过清理、扬弃和总结，也进行了片面批判。现在，提出了转化、发展的任务。历史对孔子，留下了太多的经验教训。我们当记取这些经验教训，在前人的基础上，更加客观地研究孔子，研究他的思想，特别是实事求是地研究他的政治思想，取其精华，去其糟粕，通过转化、发展，提出实现中华民族伟大复兴的新思想、新理论、新观点，这是历史和时代赋予我们的神圣使命。

注释

[1]《论语·颜渊》第17章。

[2]《四书章句集注》，《论语集注》卷六。

[3]《论语·子路》第6章。

[4]《论语·子路》第13章。

[5]《论语·卫灵公》第5章。

[6]《论语·颜渊》第18章。

[7]《论语·颜渊》第19章。

[8]《论语·泰伯》第18章。

[9]《论语·泰伯》第19章。

[10]《论语·宪问》第18章。

[11]《论语·子张》第18章。

[12]《论语·为政》第1章。

[13]《四书章句集注》，《论语集注》卷一。

[14]《论语·泰伯》第1章。

[15]《论语·泰伯》第20章。

[16]《论语·为政》第3章。

[17]《论语·子路》第16章。

[18]《论语·颜渊》第20章。

[19]《论语·雍也》第30章。

[20]《论语·公冶长》第19章。

[21]《论语·颜渊》第11章。

[22]《论语·子路》第3章。

[23]《论语·八佾》第19章。

[24]《论语·子路》第11章。

[25]《论语·子路》第12章。

[26]《论语·八佾》第26章。

[27]《论语·阳货》第6章。

[28]《论语·尧曰》第2章。

[29]《论语·颜渊》第9章。

[30]《论语·八佾》第22章。

[31]《论语·宪问》第16章。

[32]《论语·宪问》第17章。

[33]《论语·里仁》第13章。

[34]《论语·宪问》第41章。

[35]《论语·子路》第4章。

[36]《论语·季氏》第2章。

[37]《论语·学而》第12章。

[38]《论语·颜渊》第12章。

[39]《论语·颜渊》第13章。

[40]《论语·子路》第9章。

[41]《论语·卫灵公》第11章。

[42]《论语·阳货》第4章。

[43]《论语·学而》第5章。

[44]《论语·颜渊》第7章。

[45]《论语·先进》第14章。

[46]《论语·为政》第20章。

[47]《论语·子路》第1章。

[48]《论语·子路》第29章。

[49]《论语·子路》第30章。

[50]《论语·季氏》第1章。

[51]《论语·雍也》第4章。

[52]《论语·雍也》第5章。

[53]《论语·宪问》第42章。

[54]《论语·公冶长》第16章。

[55]《论语·公冶长》第26章。

[56]《尚书·泰誓》。

[57]《论语·泰伯》第20章。

[58]《论语·雍也》第14章。

[59]《论语·子路》第2章。

[60]《论语·为政》第19章。

[61]《论语·颜渊》第22章。

[62]《论语·公冶长》第8章。

[63]《论语·雍也》第8章。

[64]《论语·宪问》第11章。

[65]《论语·阳货》第15章。

[66]《论语·先进》第25章。

[67]《论语·卫灵公》第14章。

[68]《论语·卫灵公》第38章。

[69]《论语·颜渊》第2章。

[70]《论语·宪问》第22章。

[71]《论语·泰伯》第6章。

[72]《论语·先进》第24章。

[73]《论语·季氏》第1章。

[74]《论语·先进》第17章。

[75]《论语·子路》第20章。

[76]《论语·里仁》第14章。

[77]《论语·公冶长》第6章。

[78]《春秋繁露·同类相动》。

[79]《春秋繁露·基义》。

[80]《论语·子路》第4章。

[81]《论语·卫灵公》第32章。

[82]《论语·宪问》第3章。

[83]《论语·泰伯》第14章。

[84]《论语·泰伯》第13章。

[85]《论语·宪问》第37章。

[86]《论语·卫灵公》第7章。

[87]《论语·为政》第18章。

[88]《论语·阳货》第5章。

[89]《论语·阳货》第7章。

[90]《论语·微子》第8章。

[91]《论语·宪问》第38章。

[92]《论语·微子》第6章。

[93]《汉书·董仲舒传》。

[94]《论语·八佾》第19章。

[95]《资治通鉴·威烈王二十三年》。

[96] 李贽：《藏书·世纪列传总目前论》。

[97]《明神宗万历实录》卷三六九。

[98]《论语·季氏》第2章。

[99]《论语·八佾》第14章。

[100]《论语·述而》第5章。

[101]《论语·子罕》第9章。

[102]《汉书·百官公卿表》。

[103]《论语·公冶长》第6章。

[104]《论语·先进》第24章。

[105]《论语·先进》第17章。

[106《论语·泰伯》第12章。

[107]《论语·子罕》第1章。

[108]《论语·里仁》第16章。

[109]《论语·泰伯》第19章。

[110]《论语·子罕》第23章。

[111]《论语·为政》第18章。

[112]《论语·颜渊》第17章。

[113]《论语·为政》第1章。

[114]《论语·阳货》第25章。

[115]《论语·泰伯》第9章。

[116]《礼记·典礼》。

[117]《论语·卫灵公》第32章。

[118]《论语·子路》第4章。

[119]《论语·泰伯》第20章。

[120]《论语·阳货》第21章。

[121] 鲁迅：《在现代中国的孔夫子》，《鲁迅全集》第6卷，人民文学出版社1981年第1版，第318页。

[122]《孟子·尽心》。

[123]《明史》卷一三九《钱唐传》。

[124] 鲁迅：《在现代中国的孔夫子》，《鲁迅全集》第6卷，人民文学出版社1981年第1版，第317页。

附录一：《论语》论学

总序号	篇目序号	原文	释义
1	学而篇 1·1	子曰："学而时习之，不亦说乎？有朋自远方来，不亦乐乎？人不知而不愠，不亦君子乎？"	孔子强调学与习结合，即学习要与实践结合起来。这是一个完善提高自己、成就人生的过程，是一件快乐的事情。 人生三件大事：学习、交友、修身。
2	学而篇 1·4	曾子曰："吾日三省吾身：为人谋而不忠乎？与朋友交而不信乎？传不习乎？"	曾子强调要在实践中贯彻执行学到的理论知识，并把它与忠、信并列，作为省视自己的三件大事。
3	学而篇 1·6	子曰："弟子入则孝，出则悌，谨而信，泛爱众，而亲仁。行有余力，则以学文。"	孔子要求年轻人以孝、悌、谨、信、爱众、亲仁、力行、重学立身。 强调学习与实践结合，知行统一。"学而优则仕，仕而优则学"。"行有余力，则以学文"。
4	学而篇 1·7	子夏曰："贤贤易色；事父母，能竭其力；事君，能致其身；与朋友交，言而有信。虽曰未学，吾必谓之学矣。"	子夏认为学习的目的，不是为学而学，而是掌握为人处世的道理。
5	学而篇 1·8	子曰："君子不重则不威，学则不固。主忠信。无友不如己者。过则勿惮改。"	做人与学习相辅相成。做人轻浮，不知自重自尊，为学也只能是浮在表面，收不到好的效果。
6	学而篇 1·14	子曰："君子食无求饱，居无求安，敏于事而慎于言，就有道而正焉，可谓好学也已。"	好学上进。 不求安饱，敏行慎言，向圣贤看齐，才是真正的好学之人。
7	学而篇 1·15	子贡曰："贫而无谄，富而无骄，何如？"子曰："可也。未若贫而乐，富而好礼者也。" 子贡曰："《诗》云：'如切如磋，如琢如磨。'其斯之谓与？"子曰："赐也，始可与言《诗》已矣，告诸往而知来者。"	学习，当开动脑筋，举一反三，"告诸往而知来者"。

续表

总序号	篇目序号	原文	释义
8	为政篇 2・4	子曰："吾十有五而志于学，三十而立，四十而不惑，五十而知天命，六十而耳顺，七十而从心所欲，不踰矩。"	好学才能上进。孔子年十五志于学，以至三十而立，四十不惑，五十知天命，六十所闻皆通，七十从心所欲不踰矩，获得自由，怡然自得。
9	为政篇 2・11	子曰："温故而知新，可以为师矣。"	温故知新，善学者也。 善学，才具备当老师的资格。
10	为政篇 2・15	子曰："学而不思则罔，思而不学则殆。"	学习要开动脑筋，通过审问、慎思、明辨，以知人情物理。善于思考，但如果不学新的知识，同样也不能进步。
11	为政篇 2・17	子曰："由！诲女知之乎！知之为知之，不知为不知，是知也。"	学习求知，就是要把所学的东西搞明白，要实事求是，知之为知之，不知为不知，这才是聪明之举。不可自欺，不可强不知以为知。
12	为政篇 2・18	子张学干禄。子曰："多闻阙疑，慎言其余，则寡尤；多见阙殆，慎行其余，则寡悔。言寡尤，行寡悔，禄在其中矣。"	孔子支持、鼓励弟子从政。
13	八佾 3・8	子夏问曰："'巧笑倩兮，美目盼兮，素以为绚兮。'何谓也？"子曰："绘事后素。"曰："礼后乎？"子曰："起予者商也！始可与言诗已矣。"	教学相长。
14	里仁篇 4・17	子曰："见贤思齐焉，见不贤而内自省也。"	读书是学习，与人交往也是学习。见贤思齐，见不贤反省自己，也可实现自我完善自我提高。
15	公冶长篇 5・15	子贡问曰："孔文子何以谓之'文'也？"子曰："敏而好学，不耻下问，是以谓之'文'也。"	好学者，不耻下问。
16	公冶长篇 5・28	子曰："十室之邑，必有忠信如丘者焉，不如丘之好学也。"	热爱学习的人，才能出类拔萃。
17	雍也篇 6・3	哀公问："弟子孰为好学？"孔子对曰："有颜回者好学，不迁怒，不贰过。不幸短命死矣，今也则亡，未闻好学者也。"	好学的人，才能做到不迁怒，不贰过。

续表

总序号	篇目序号	原文	释义
18	雍也篇 6·21	子曰："中人以上，可以语上也；中人以下，不可以语上也。"	教学，要因材施教。求学，亦当循序渐进。
19	雍也篇 6·27	子曰："君子博学于文，约之以礼，亦可以弗畔矣夫！"	博学与循理并行，乃为向上之路。博学而不循理，有悖道之危。
20	述而篇 7·2	子曰："默而识之，学而不厌，诲人不倦，何有于我哉？"	学无止境。学而不厌，诲人不倦，是对待学习的正确态度。
21	述而篇 7·3	子曰："德之不修，学之不讲，闻义不能徙，不善不能改，是吾忧也。"	学习、修德、改过，做合宜之事，皆日新向上之途。
22	述而篇 7·8	子曰："不愤不启，不悱不发。举一隅不以三隅反，则不复也。"	孔子倡导启发式教学，强调学习举一反三。
23	述而篇 7·17	子曰："加我数年，五十以学《易》，可以无大过矣。"	学《易》，则明乎吉凶消长之理，进退存亡之道，故可以无大过。 读经典很重要。
24	述而篇 7·20	子曰："我非生而知之者。好古，敏以求之者也。"	学习是求知、进步的必由之路。
25	述而篇 7·22	子曰："三人行，必有我师焉。择其善者而从之，其不善者而改之。"	学习，非但读书之谓也。 与人交往，也是学习的途径。
26	述而篇 7·25	子以四教：文，行，忠，信。	孔子教人以学文修行而存忠信也。
27	述而篇 7·28	子曰："盖有不知而作之者，我无是也。多闻，择其善者而从之；多见而识之；知之次也。"	学习的办法，就是多闻多见，择善而从。
28	述而篇 7·33	子曰："文，莫吾犹人也。躬行君子，则吾未之有得。"	学行并重。
29	述而篇 7·34	子曰："若圣与仁，则吾岂敢？抑为之不厌，诲人不倦，则可谓云尔已矣。" 公西华曰："正唯弟子不能学也。"	向上向善，须为之不厌，诲人不倦。
30	泰伯篇 8·13	子曰："笃信好学，守死善道。危邦不入，乱邦不居。天下有道则见，无道则隐。邦有道，贫且贱焉，耻也；邦无道，富且贵焉，耻也。"	笃信好学，守死善道，乃为君子。

续表

总序号	篇目序号	原文	释义
31	泰伯篇 8·17	子曰："学如不及，犹恐失之。"	对待学习，要有"学如不及，犹恐失之"的执着心态。
32	子罕篇 9·2	达巷党人曰："大哉孔子！博学而无所成名。"子闻之，谓门弟子曰："吾何执？执御乎？执射乎？吾执御矣。"	博学之人，心胸豁达，可以坦然面对他人不太理解自己的看法。
33	子罕篇 9·11	颜渊喟然叹曰："仰之弥高，钻之弥坚。瞻之在前，忽焉在后。夫子循循然善诱人，博我以文，约我以礼，欲罢不能。既竭吾才，如有所立卓尔。虽欲从之，末由也已。"	孔子教育弟子，循循善诱，博之以文，约之以礼。弟子学习，自当博文循理。
34	子罕篇 9·19	子曰："譬如为山，未成一篑，止，吾止也。譬如平地，虽覆一篑，进，吾往也。"	学习贵在持之以恒，切忌功亏一篑。
35	子罕篇 9·20	子曰："语之而不惰者，其回也与！"	遵循师长教诲，当勤勉不惰。
36	子罕篇 9·21	子谓颜渊，曰："惜乎！吾见其进也，未见其止也。"	孔子称许颜回好学上进，不知倦怠。
37	子罕篇 9·30	子曰："可与共学，未可与适道；可与适道，未可与立；可与立，未可与权。"	人与人之间，同学之间，是有差别的。
38	先进篇 11·15	子曰："由之瑟奚为于丘之门？"门人不敬子路。子曰："由也升堂矣，未入于室也。"	读书做学问，仅仅入门、升堂是不够的，还要入室，追求精深，探究奥秘。
39	颜渊篇 12·24	曾子曰："君子以文会友，以友辅仁。"	道德学问，立身交友之资也。
40	子路篇 13·4	樊迟请学稼。子曰："吾不如老农。"请学为圃。曰："吾不如老圃。" 樊迟出。子曰："小人哉，樊须也！上好礼，则民莫敢不敬；上好义，则民莫敢不服；上好信，则民莫敢不用情。夫如是，则四方之民襁负其子而至矣，焉用稼？"	孔子关心政治，不希望他的弟子学习种庄稼。
41	子路篇 13·5	子曰："诵《诗》三百，授之以政，不达；使于四方，不能专对；虽多，亦奚以为？"	学习的价值在于运用。

续表

总序号	篇目序号	原文	释义
42	宪问篇 14·2	子曰："士而怀居，不足以为士矣。"	读书人当胸怀天下，不要贪图安逸。
43	宪问篇 14·24	子曰："古之学者为己，今之学者为人。"	读书学习，是为了自我完善、自我提高，而不是为了装样子，给别人看的。
44	宪问篇 14·35	子曰："莫我知也夫！"子贡曰："何为其莫知子也？"子曰："不怨天，不尤人，下学而上达。知我者其天乎！"	下学人事， 上达天理。
45	卫灵公篇 15·3	子曰："赐也，女以予为多学而识之者与？"对曰："然，非与？"曰："非也，予一以贯之。"	为人为学，当致力于济世救世，尽己推己，贵在明道弘道贯道。
46	卫灵公篇 15·31	子曰："吾尝终日不食，终夜不寝，以思，无益，不如学也。"	思而不学无益， 思而不学则殆。
47	卫灵公篇 15·32	子曰："君子谋道不谋食。耕也，馁在其中矣；学也，禄在其中矣。君子忧道不忧贫。"	孔子关心政治，致力于以道济世救世，学以谋道，禄在其中。
48	季氏篇 16·9	孔子曰："生而知之者上也；学而知之者次也；困而学之，又其次也；困而不学，民斯为下矣。"	学习是进步的阶梯。
49	阳货篇 17·4	子之武城，闻弦歌之声。夫子莞尔而笑，曰："割鸡焉用牛刀？" 子游对曰："昔者偃也闻诸夫子曰：'君子学道则爱人，小人学道则易使也。'"子曰："二三子！偃之言是也。前言戏之耳。"	君子学道可为仁人，小人学道服从管理。 不论什么层次的人，学习正确的东西，都是可以进步的。
50	阳货篇 17·8	子曰："由也！女闻六言六蔽矣乎？"对曰："未也。" "居！吾语女。好仁不好学，其蔽也愚；好知不好学，其蔽也荡；好信不好学，其蔽也贼；好直不好学，其蔽也绞；好勇不好学，其蔽也乱；好刚不好学，其蔽也狂。"	好学者，可以完善自己，提高自己，规范自己。

续表

总序号	篇目序号	原文	释义
51	阳货篇 17·9	子曰："小子何莫学夫诗？诗，可以兴，可以观，可以群，可以怨。迩之事父，远之事君，多识于鸟兽草木之名。"	学习，可以从多方面提高自己。
52	子张篇 19·1	子张曰："士见危致命，见得思义，祭思敬，丧思哀，其可已矣。"	学以明理， 学以崇德， 学以弘道。
53	子张篇 19·5	子夏曰："日知其所亡，月无忘其所能，可谓好学也已矣。"	温故知新。
54	子张篇 19·6	子夏曰："博学而笃志，切问而近思，仁在其中矣。"	博学，笃志，关心现实问题，乃仁人之所宜为。
55	子张篇 19·7	子夏曰："百工居肆以成其事，君子学以致其道。"	学以明道。
56	子张篇 19·13	子夏曰："仕而优则学，学而优则仕。"	学行并重。 知行并进。
57	子张篇 19·22	卫公孙朝问于子贡曰："仲尼焉学？"子贡曰："文武之道，未坠于地，在人。贤者识其大者，不贤者识其小者，莫不有文武之道焉。夫子焉不学？而亦何常师之有？"	学无常师，随时随地皆可学习。

附录二：《论语》论友

总序号	篇目序号	原文	释义
1	学而篇 1·1	子曰："学而时习之，不亦说乎？有朋自远方来，不亦乐乎？人不知而不愠，不亦君子乎？"	孔子将交友与学习、修身相提并论。
2	学而篇 1·4	曾子曰："吾日三省吾身：为人谋而不忠乎？与朋友交而不信乎？传不习乎？"	曾子把交友守信与忠人之谋、复习巩固老师传授的学业一起，作为三省吾身的内容。
3	学而篇 1·7	子夏曰"贤贤易色；事父母，能竭其力；事君，能致其身；与朋友交，言而有信。虽曰未学，吾必谓之学矣。"	与朋友交往，要说到做到。
4	学而篇 1·8	子曰："君子不重则不威，学则不固。主忠信。无友不如己者。过，则勿惮改。"	贤者交友，相互促进，共同提高。不要和那些相处无益的人交朋友。
5	学而篇 1·14	子曰："君子食无求饱，居无求安，敏于事而慎于言，就有道而正焉，可谓好学也已。"	与圣贤为友，向圣贤看齐。
6	学而篇 1·16	子曰："不患人之不己知，患不知人也。"	知人，是与人交往的前提。
7	为政篇 2·10	子曰："视其所以，观其所由，察其所安。人焉廋哉？人焉廋哉？"	知人的方法是看其所作所为，观察其动机和追求。
8	为政篇 2·14	子曰："君子周而不比，小人比而不周。"	君子之交，是团结共进；小人之交，是勾结起来干坏事。
9	里仁篇 4·1	子曰："里仁为美。择不处仁，焉得知？"	要和有仁德的人相处。
10	里仁篇 4·3	子曰："唯仁者能好人，能恶人。"	仁者知善恶。
11	里仁篇 4·17	子曰："见贤思齐焉，见不贤而内自省也。"	在与人交往中完善提高自己。
12	里仁篇 4·25	子曰："德不孤，必有邻。"	德是交友的资本。有德之人，必有朋友。

续表

总序号	篇目序号	原文	释义
13	公冶长篇 5・17	子曰："晏平仲善与人交，久而敬之。"	朋友之间，互相尊敬很重要。
14	公冶长篇 5・25	子曰："巧言、令色、足恭，左丘明耻之，丘亦耻之。匿怨而友其人，左丘明耻之，丘亦耻之。"	孔子强调与人相处（包括交友），要表里如一。他反对心藏怨恨，表面上却同他要好。
15	公冶长篇 5・26	颜渊、季路侍。子曰："盍各言尔志？" 子路曰："愿车马、衣轻裘与朋友共，敝之而无憾。" 颜渊曰："愿无伐善，无施劳。" 子路曰："愿闻子之志。" 子曰："老者安之，朋友信之，少者怀之。"	与人交朋友，最重要的是要赢得朋友的信任。
16	述而篇 7・11	子谓颜渊曰："用之则行，舍之则藏，惟我与尔有是夫！" 子路曰："子行三军，则谁与？" 子曰："暴虎冯河，死而无悔者，吾不与也。必也临事而惧，好谋而成者也。"	临事而惧，好谋而成，方可与之共事。
17	述而篇 7・22	子曰："三人行，必有我师焉。择其善者而从之，其不善者而改之。"	见贤思齐，择其善而从；见不善而自省，然后改之。
18	述而篇 7・29	互乡难于言，童子见，门人惑。子曰："与其进也，不与其退也，唯何甚？人洁己以进，与其洁也，不保其往也。"	与人交往，要看到他人的长处与好处。
19	述而篇 7・31	陈司败问："昭公知礼乎？"孔子曰："知礼。" 孔子退，揖巫马期而进之，曰："吾闻君子不党，君子亦党乎？君取于吴，为同姓，谓之吴孟子。君而知礼，孰不知礼？"巫马期以告。 子曰："丘也幸，苟有过，人必知之。"	与人交往，人言己过，当乐于接受。
20	泰伯篇 8・5	曾子曰："以能问于不能，以多问于寡；有若无，实若虚，犯而不校，昔者吾友尝从事于斯矣。"	要和品德好、修养好的人交朋友。

续表

总序号	篇目序号	原文	释义
21	乡党篇 10·22	朋友死，无所归，曰："于我殡。"	诚挚待友。
22	乡党篇 10·23	朋友之馈，虽车马，非祭肉，不拜。	朋友之间，可以信赖。坦然接受朋友的真情馈赠。
23	颜渊篇 12·23	子贡问友。子曰："忠告而善道之，不可则止，毋自辱焉。"	对朋友，尽心帮助，不可则止。
24	颜渊篇 12·24	曾子曰："君子以文会友，以友辅仁。"	学问道德，是交友的资本。
25	子路篇 13·21	子曰："不得中行而与之，必也狂狷乎！狂者进取，狷者有所不为也。"	激进向前和狷介不肯做坏事的人，也可交往。
26	子路篇 13·23	子曰："君子和而不同，小人同而不和。"	与人交往，要讲求和气，但不能无原则地附和。
27	子路篇 13·28	子路问曰："何如斯可谓之士矣？"子曰："切切偲偲，怡怡如也，可谓士矣。朋友切切偲偲，兄弟怡怡。"	朋友之间，互相批评责善。
28	卫灵公篇 15·10	子贡问为仁。子曰："工欲善其事，必先利其器。居是邦也，事其大夫之贤者，友其士之仁者。"	友仁。 与仁人为友。
29	卫灵公篇 15·11	颜渊问为邦。子曰："行夏之时，乘殷之辂，服周之冕，乐则《韶》《舞》。放郑声，远佞人。郑声淫，佞人殆。"	远离小人。 斥退小人。
30	卫灵公篇 15·21	子曰："君子求诸己，小人求诸人。"	与人交往，要注重严格要求自己。
31	卫灵公篇 15·40	子曰："道不同，不相为谋。"	真的朋友，志同道合。
32	季氏篇 16·4	孔子曰："益者三友，损者三友。友直，友谅，友多闻，益矣。友便辟，友善柔，友便佞，损矣。"	善于交友，有益；交友不慎，有害。
33	季氏篇 16·5	孔子曰："益者三乐，损者三乐。乐节礼乐，乐道人之善，乐多贤友，益矣。乐骄乐，乐佚游，乐宴乐，损矣。"	多贤友，是有益的事情，快乐的事情。

续表

总序号	篇目序号	原文	释义
34	子张篇 19·3	子夏之门人问交于子张。子张曰："子夏云何？"对曰："子夏曰：'可者与之，其不可者拒之。'" 子张曰："异乎吾所闻。君子尊贤而容众，嘉善而矜不能。我之大贤与，于人何所不容？我之不贤与，人将拒我，如之何其拒人也？"	与人交往，应尊贤容众，表扬他们做得好的，怜惜他们做不到的，同时帮助他们。

附录三：《论语》论君子

总序号	篇目序号	原文	释义
1	学而篇 1·1	子曰："学而时习之，不亦说乎？有朋自远方来，不亦乐乎？人不知而不愠，不亦君子乎？"	有德有能，是人修身养性的目标，也是有益于世的资本。一个积善成德的人，是不在意别人是否了解自己的。
2	学而篇 1·2	有子曰："其为人也孝弟，而好犯上者，鲜矣；不好犯上，而好作乱者，未之有也。君子务本，本立而道生。孝弟也者，其为仁之本与！"	君子务本，从孝悌开始做起。
3	学而篇 1·8	子曰："君子不重则不威，学则不固。主忠信。无友不如己者。过则勿惮改。"	自尊自珍自重，方为君子。只有自珍自重，才能树立威信。
4	学而篇 1·14	子曰："君子食无求饱，居无求安，敏于事而慎于言，就有道而正焉，可谓好学也已。"	君子好学上进，不追求个人享受。
5	为政篇 2·12	子曰："君子不器。"	君子是有德之士，并非只有一才一艺之人。
6	为政篇 2·13	子贡问君子。子曰："先行其言而后从之。"	君子慎言。 先做后说，做了再说，不要说了不做。
7	为政篇 2·14	子曰："君子周而不比，小人比而不周。"	君子与人相处，出于公心大义讲团结，不为私利偏袒别人。
8	八佾篇 3·7	子曰："君子无所争。必也射乎！揖让而升，下而饮。其争也君子。"	君子与世无争。即使是射礼比箭那样的"争"，也是彬彬有礼的君子之争。
9	八佾篇 3·24	仪封人请见，曰："君子之至于斯也，吾未尝不得见也。"从者见之。出曰："二三子何患于丧乎？天下之无道也久矣，天将以夫子为木铎。"	君子是有道德学问的人。

续表

总序号	篇目序号	原文	释义
10	里仁篇 4·5	子曰："富与贵，是人之所欲也；不以其道得之，不处也。贫与贱，是人之所恶也；不以其道得之，不去也。君子去仁，恶乎成名？君子无终食之间违仁，造次必于是，颠沛必于是。"	仁义君子。 君子于仁，"无时无处而不用其力也"。
11	里仁篇 4·10	子曰："君子之于天下也，无适也，无莫也，义之与比。"	仁义君子。 言行合宜。
12	里仁篇 4·11	子曰："君子怀德，小人怀土；君子怀刑，小人怀惠。"	君子乐善恶不善，小人苟安恶得。 "君子小人趣向不同，公私之间而已。"君子为天下之公，小人为一己之私。
13	里仁篇 4·16	子曰："君子喻于义，小人喻于利。"	君子懂天下大义，小人只懂得个人私利。
14	里仁篇 4·24	子曰："君子欲讷于言而敏于行。"	君子谨言敏行，多做少说。
15	公冶长篇 5·3	子谓子贱："君子哉若人！鲁无君子者，斯焉取斯？"	贤德君子。
16	公冶长篇 5·16	子谓子产："有君子之道四焉：其行己也恭，其事上也敬，其养民也惠，其使民也义。"	君子之道：谦恭做人，虔敬事上，惠民爱民。
17	雍也篇 6·13	子谓子夏曰："女为君子儒，无为小人儒。"	君子儒尚义，小人儒逐利。小人儒以私灭公，适己自便。"君子小人之分，义与利之间而已。"
18	雍也篇 6·18	子曰："质胜文则野，文胜质则史。文质彬彬，然后君子。"	君子文质兼备。
19	雍也篇 6·27	子曰："君子博学于文，约之以礼，亦可以弗畔矣夫！"	君子博学守礼。
20	述而篇 7·26	子曰："圣人，吾不得而见之矣；得见君子者，斯可矣。" 子曰："善人，吾不得而见之矣；得见有恒者，斯可矣。亡而为有，虚而为盈，约而为泰，难乎有恒矣。"	才德出众，乃为君子。 圣人神明不测，君子才德出众。"圣人、君子以学言，善人、有恒者以质言。" 善人志于仁而无恶。

续表

总序号	篇目序号	原文	释义
21	述而篇 7·31	陈司败问："昭公知礼乎？"孔子曰："知礼。" 孔子退，揖巫马期而进之，曰："吾闻君子不党，君子亦党乎？君取于吴，为同姓，谓之吴孟子。君而知礼，孰不知礼？" 巫马期以告。子曰："丘也幸，苟有过，人必知之。"	君子不党，君子公道，正派，不偏袒于人。
22	述而篇 7·33	子曰："文，莫吾犹人也。躬行君子，则吾未之有得。"	孔子躬行君子，矢志做一个才德出众的文明人。
23	述而篇 7·37	子曰："君子坦荡荡，小人长戚戚。"	君子循理，光明坦荡；小人役于物，不知足。
24	泰伯篇 8·2	子曰："恭而无礼则劳，慎而无礼则葸，勇而无礼则乱，直而无礼则绞。君子笃于亲，则民兴于仁；故旧不遗，则民不偷。"	以身作则。
25	泰伯篇 8·4	曾子有疾。孟敬子问之。曾子言曰："鸟之将死，其鸣也哀；人之将死，其言也善。君子所贵乎道者三：动容貌，斯远暴慢矣；正颜色，斯近信矣；出辞气，斯远鄙倍矣。笾豆之事，则有司存。"	君子要注重言谈举止。
26	泰伯篇 8·6	曾子曰："可以托六尺之孤，可以寄百里之命，临大节而不可夺也。君子人与？君子人也。"	德才兼备，谓之君子。
27	子罕篇 9·6	太宰问于子贡曰："夫子圣者与？何其多能也？"子贡曰："固天纵之将圣，又多能也。"子闻之，曰："太宰知我乎？吾少也贱，故多能鄙事。君子多乎哉？不多也。"	孔子强调君子不习鄙事。君子不必多能。
28	子罕篇 9·14	子欲居九夷。或曰："陋，如之何？"子曰："君子居之，何陋之有？"	君子所居则化，何陋之有？
29	乡党	略	通篇皆讲孔子言谈举止。
30	先进篇 11·1	子曰："先进于礼乐，野人也；后进于礼乐，君子也。如用之，则吾从先进。"	君子文质彬彬。"先进于礼乐，文质得宜。"

续表

总序号	篇目序号	原文	释义
31	先进篇 11・21	子曰："论笃是与，君子者乎？色庄者乎？"	不可以言语取人。
32	颜渊篇 12・4	司马牛问君子。子曰："君子不忧不惧。" 曰："不忧不惧，斯谓之君子已乎？" 子曰："内省不疚，夫何忧何惧？"	君子内省不疚，问心无愧。
33	颜渊篇 12・5	司马牛忧曰："人皆有兄弟，我独亡。"子夏曰："商闻之矣，死生有命，富贵在天。君子敬而无失，与人恭而有礼。四海之内，皆兄弟也。君子何患乎无兄弟也？"	君子为人处世，合宜得体。处世敬而无失，与人恭而有礼。
34	颜渊篇 12・8	棘子成曰："君子质而已矣，何以文为？"子贡曰："惜乎，夫子之说君子也。驷不及舌。文犹质也，质犹文也。虎豹之鞟犹犬羊之鞟。"	君子是好的内在本质与美的外在表象的统一。
35	颜渊篇 12・16	子曰："君子成人之美，不成人之恶。小人反是。"	君子做好事，小人做坏事。君子助人，小人害人。
36	颜渊篇 12・19	季康子问政于孔子曰："如杀无道，以就有道，何如？"孔子对曰："子为政，焉用杀？子欲善而民善矣。君子之德风，小人之德草。草上之风，必偃。"	言传身教。
37	颜渊篇 12・24	曾子曰："君子以文会友，以友辅仁。"	君子追求崇高，向上、向善、向美。
38	子路篇 13・3	子路曰："卫君待子而为政，子将奚先？" 子曰："必也正名乎！" 子路曰："有是哉，子之迂也！奚其正？" 子曰："野哉，由也！君子于其所不知，盖阙如也。名不正，则言不顺；言不顺，则事不成；事不成，则礼乐不兴；礼乐不兴，则刑罚不中；刑罚不中，则民无所措手足。故君子名之必可言也，言之必可行也。君子于其言，无所苟而已矣。"	君子慎言。 讲准讲对，抓住根本。

续表

总序号	篇目序号	原文	释义
39	子路篇 13·23	子曰："君子和而不同，小人同而不和。"	君子尚义，无乖戾之心，故和。小人尚利，有阿比之为，故同。
40	子路篇 13·25	子曰："君子易事而难说也。说之不以道，不说也。及其使人也，器之。小人难事而易说也。说之虽不以道，说也；及其使人也，求备焉。"	君子行公理，小人求私欲。"君子之心公而恕，小人之心私而刻。"
41	子路篇 13·26	子曰："君子泰而不骄，小人骄而不泰。"	"君子循理，故安舒而不矜肆。"小人逞欲，故骄纵而不安舒。
42	宪问篇 14·5	南宫适问于孔子曰："羿善射，奡荡舟，俱不得其死然。禹稷躬稼而有天下。"夫子不答。 南宫适出。子曰："君子哉若人！尚德哉若人！"	君子尚德。
43	宪问篇 14·6	子曰："君子而不仁者有矣夫，未有小人而仁者也。"	仁义君子。
44	宪问篇 14·23	子曰："君子上达，小人下达。"	君子喻于义，小人喻于利。
45	宪问篇 14·26	子曰："不在其位，不谋其政。" 曾子曰："君子思不出其位。"	君子不越位做事，不越俎代庖。
46	宪问篇 14·27	子曰："君子耻其言而过其行。"	君子以言过其行为耻。
47	宪问篇 14·28	子曰："君子道者三，我无能焉。仁者不忧，知者不惑，勇者不惧。"子贡曰："夫子自道也。"	君子乃仁者、智者、勇者。
48	宪问篇 14·42	子路问君子。子曰："修己以敬。" 曰："如斯而已乎？"曰："修己以安人。"曰："如斯而已乎？"曰："修己以安百姓。修己以安百姓，尧、舜其犹病诸？"	君子敬事安人安百姓。
49	卫灵公篇 15·2	在陈绝粮，从者病，莫能兴。 子路愠见曰："君子亦有穷乎？" 子曰："君子固穷，小人穷斯滥矣。"	君子不以处境改易节操，小人遇到困境无所不为。

续表

总序号	篇目序号	原文	释义
50	卫灵公篇 15·15	子曰："躬自厚而薄责于人，则远怨矣。"	君子责己。
51	卫灵公篇 15·18	子曰："君子义以为质，礼以行之，孙以出之，信以成之。君子哉！"	君子做事，以合宜为本，循理而行，用谦逊诚实的态度与人沟通联络，争取支持合作，共同成就事业。
52	卫灵公篇 15·19	子曰："君子病无能焉，不病人之不己知也。"	君子责己。
53	卫灵公篇 15·20	子曰："君子疾没世而名不称焉。"	君子责己。
54	卫灵公篇 15·21	子曰："君子求诸己，小人求诸人。"	君子严格要求自己。
55	卫灵公篇 15·22	子曰："君子矜而不争，群而不党。"	君子为人和善、公道正派。
56	卫灵公篇 15·23	子曰："君子不以言举人，不以人废言。"	重视言论，但不以言评判人。
57	卫灵公篇 15·34	子曰："君子不可小知而可大受也，小人不可大受而可小知也。"	对君子、小人要区别对待。
58	卫灵公篇 15·37	子曰："君子贞而不谅。"	君子公道正派
59	季氏篇 16·1	孔子曰："求，君子疾夫舍曰欲之而必为之辞。"	反对强词夺理，找借口干坏事。
60	季氏篇 16·7	孔子曰："君子有三戒：少之时，血气未定，戒之在色；及其壮也，血气方刚，戒之在斗；及其老也，血气既衰，戒之在得。"	君子三戒。
61	季氏篇 16·8	孔子曰："君子有三畏：畏天命，畏大人，畏圣人之言。小人不知天命而不畏也，狎大人，侮圣人之言。"	君子三畏。
62	季氏篇 16·10	孔子曰："君子有九思：视思明，听思聪，色思温，貌思恭，言思忠，事思敬，疑思问，忿思难，见得思义。"	君子九思。

续表

总序号	篇目序号	原文	释义
63	阳货篇 17·4	子之武城，闻弦歌之声。夫子莞尔而笑，曰："割鸡焉用牛刀？" 子游对曰："昔者偃也闻诸夫子曰：'君子学道则爱人，小人学道则易使也。'" 子曰："二三子！偃之言是也。前言戏之耳。"	此处的君子、小人是指统治阶级和劳动群众。
64	阳货篇 17·23	子路曰："君子尚勇乎？"子曰："君子义以为上，君子有勇而无义为乱，小人有勇而无义为盗。"	仁义君子。
65	阳货篇 17·24	子贡曰："君子亦有恶乎？"子曰："有恶。恶称人之恶者，恶居下流而讪上者，恶勇而无礼者，恶果敢而窒者。"	君子仁义正派。
66	微子篇 18·7	子路曰："不仕无义。长幼之节，不可废也；君臣之义，如之何其废之？欲洁其身，而乱大伦。君子之仕也，行其义也。道之不行，已知之矣。"	仁义君子。
67	微子篇 18·10	周公谓鲁公曰："君子不施其亲，不使大臣怨乎不以。故旧无大故，则不弃也。无求备于一人！"	君子不求全责备，严以律己宽以待人。
68	子张篇 19·3	子张曰："君子尊贤而容众，嘉善而矜不能。"	君子乃教养之人。
69	子张篇 19·4	子夏曰："虽小道，必有可观者焉；致远恐泥，是以君子不为也。"	君子要成就大事业。
70	子张篇 19·7	子夏曰："百工居肆以成其事，君子学以致其道。"	君子学以致道。
71	子张篇 19·8	子夏曰："小人之过也必文。"	小人文过饰非。
72	子张篇 19·9	子夏曰："君子有三变：望之俨然，即之也温，听其言也厉。"	君子厚重可亲。
73	子张篇 19·10	子夏曰："君子信而后劳其民；未信，则以为厉己也。信而后谏；未信，则以为谤己也。"	君子对上对下，皆以诚信待人。

续表

总序号	篇目序号	原文	释义
74	子张篇 19·12	子游曰："子夏之门人小子，当洒扫应对进退，则可矣，抑末也。本之则无，如之何？" 子夏闻之，曰："噫！言游过矣！君子之道，孰先传焉？孰后倦焉？譬诸草木，区以别矣。君子之道，焉可诬也？有始有卒者，其惟圣人乎！"	君子教人有序，循序渐进。
75	子张篇 19·20	子贡曰："纣之不善，不如是之甚也。是以君子恶居下流，天下之恶皆归焉。"	君子应"常自警醒，不可一置其身于不善之地"。
76	子张篇 19·21	子贡曰："君子之过也，如日月之食焉。过也，人皆见之；更也，人皆仰之。"	君子受人理解尊重。
77	子张篇 19·25	陈子禽谓子贡曰："子为恭也，仲尼岂贤于子乎？" 子贡曰："君子一言以为知，一言以为不知，言不可不慎也。夫子之不可及也，犹天之不可阶而升也。夫子之得邦家者，所谓立之斯立，道之斯行，绥之斯来，动之斯和。其生也荣，其死也哀，如之何其可及也？"	君以慎言。
78	尧曰篇 20·2	子曰："君子惠而不费，劳而不怨，欲而不贪，泰而不骄，威而不猛。" 子曰："因民之所利而利之，斯不亦惠而不费乎？择可劳而劳之，又谁怨？欲仁而得仁，又焉贪？君子无众寡，无小大，无敢慢，斯不亦泰而不骄乎？君子正其衣冠，尊其瞻视，俨然人望而畏之，斯不亦威而不猛乎？"	君子治国之要。
79	尧曰篇 20·3	孔子曰："不知命，无以为君子也；不知礼，无以立也；不知言，无以知人也。"	君子知命、知礼、知言。

附录四：《论语》论仁

总序号	篇目序号	原文	释义
1	学而篇 1·2	有子曰："其为人也孝弟，而好犯上者，鲜矣；不好犯上，而好作乱者，未之有也。君子务本，本立而道生。孝弟也者，其为仁之本与！"	敬上顺从为仁。在家孝悌，在外就不会犯上作乱，故曰孝悌乃为仁之本。
2	学而篇 1·3	子曰："巧言令色，鲜矣仁。"	真诚为仁，伪善不仁。
3	学而篇 1·6	子曰："弟子入则孝，出则悌，谨而信，泛爱众而亲仁。行有余力，则以学文。"	亲近仁人。
4	八佾篇 3·3	子曰："人而不仁，如礼何？人而不仁，如乐何？"	仁人循规蹈矩。不仁不人，不知礼乐之重要。
5	里仁篇 4·1	子曰："里仁为美。择不处仁，焉得知？"	亲近仁人，是人生中美好的机遇。
6	里仁篇 4·2	子曰："不仁者不可以久处约，不可以长处乐。仁者安仁，知者利仁。"	仁德可以美化人生。
7	里仁篇 4·3	子曰："唯仁者能好人，能恶人。"	仁人秉天下至公，憎爱分明。
8	里仁篇 4·4	子曰："苟志于仁矣，无恶也。"	立志为仁，那是最好的人生选择。
9	里仁篇 4·5	子曰："富与贵，是人之所欲也；不以其道得之，不处也。贫与贱，是人之所恶也；不以其道得之，不去也。君子去仁，恶乎成名？君子无终食之间违仁，造次必于是，颠沛必于是。"	仁为人立身之本。
10	里仁篇 4·6	子曰："我未见好仁者，恶不仁者。好仁者，无以尚之；恶不仁者，其为仁矣，不使不仁者加乎其身。有能一日用其力于仁矣乎？我未见力不足者。盖有之矣，我未之见也。"	仁在人为。人人皆可为仁人。
11	公冶长篇 5·5	或曰："雍也仁而不佞。"子曰："焉用佞？御人以口给，屡憎于人。不知其仁，焉用佞？"	要追求做一个仁人。

续表

总序号	篇目序号	原文	释义
12	公冶长篇 5·8	孟武伯问："子路仁乎？"子曰："不知也。"又问。子曰："由也，千乘之国，可使治其赋也，不知其仁也。" "求也何如？"子曰："求也，千室之邑，百乘之家，可使为之宰也，不知其仁也。" "赤也何如？"子曰："赤也，束带立于朝，可使与宾客言也，不知其仁也。"	仁人可以从政，但从政者不一定就是仁人。 从政要求的主要是能力，仁要求的主要是德，是德才并举。
13	公冶长篇 5·19	子张问曰："令尹子文三仕为令尹，无喜色；三已之，无愠色。旧令尹之政，必以告新令尹。何如？"子曰："忠矣。"曰："仁矣乎？"曰："未知。焉得仁？" "崔子弑齐君，陈文子有马十乘，弃而违之。至于他邦，则曰：'犹吾大夫崔子也。'违之。之一邦，则又曰："'犹吾大夫崔子也。'违之。何如？"子曰："清矣。"曰："仁矣乎？"曰："未知。焉得仁？"	忠清不能等同于仁。
14	雍也篇 6·7	子曰："回也，其心三月不违仁，其余则日月至焉而已矣。"	颜渊一心向仁，矢志为仁。
15	雍也篇 6·22	樊迟问仁。子曰："仁者先难而后获，可谓仁矣。"	必为之事，不畏其难而为之，而不计所获，是为仁。
16	雍也篇 6·23	子曰："知者乐水，仁者乐山。知者动，仁者静。知者乐，仁者寿。"	仁者安于循理为人，循理处世。
17	雍也篇 6·26	宰我问曰："仁者，虽告之曰：'井有仁焉。'其从之也？"子曰："何为其然也？君子可逝也，不可陷也；可欺也，不可罔也。"	宰我不可能成为仁人。
18	雍也篇 6·30	子贡曰："如有博施于民而能济众，何如？可谓仁乎？"子曰："何事于仁？必也圣乎！尧、舜其犹病诸！夫仁者，已欲立而立人，已欲达而达人。能近取譬，可谓仁之方也已。"	仁者推己及人，不强加于人。
19	述而篇 7·6	子曰："志于道，据于德，依于仁，游于艺。"	志道，据德，依仁，游艺，"忽不自知其人于圣贤之域矣"。言谈举止，为人处世，一准以仁。

续表

总序号	篇目序号	原文	释义
20	述而篇 7·15	冉有曰："夫子为卫君乎？"子贡曰："诺。吾将问之。" 入，曰："伯夷、叔齐何人也？"曰："古之贤人也。"曰："怨乎？"曰："求仁而得仁，又何怨？"出，曰："夫子不为也。"	求仁得仁，死而无怨。
21	述而篇 7·30	子曰："仁远乎哉？我欲仁，斯仁至矣。"	克己复礼为仁。 为仁由己。 欲仁则仁。
22	述而篇 7·34	子曰："若圣与仁，则吾岂敢？抑为之不厌，诲人不倦，则可谓云尔已矣。"公西华曰："正唯弟子不能学也。"	矢志于圣仁之道，当为之不厌；教人行圣仁之道，当诲人不倦。
23	泰伯篇 8·2	子曰："君子笃于亲，则民兴于仁。故旧不遗，则民不偷。"	用笃亲感召百姓兴仁。统治者笃亲，老百姓兴仁，逻辑不通。
24	泰伯篇 8·7	曾子曰："士不可以不弘毅，任重而道远。仁以为己任，不亦重乎？死而后已，不亦远乎？"	恭行仁德，任重道远。
25	泰伯篇 8·10	子曰："好勇疾贫，乱也。人而不仁，疾之已甚，乱也。"	疾人不可太甚。
26	子罕篇 9·1	子罕言利与命与仁。	仁之道大，孔子罕言。
27	子罕篇 9·29	子曰："知者不惑，仁者不忧，勇者不惧。"	仁者无私无畏，何忧之有？
28	颜渊篇 12·1	颜渊问仁。子曰："克己复礼为仁。一日克己复礼，天下归仁焉。为仁由己，岂由人乎哉？" 颜渊曰："请问其目。"子曰："非礼勿视，非礼勿听，非礼勿言，非礼勿动。"颜渊曰："回虽不敏，请事斯语矣。"	循理做事，循理做人，乃为仁人。为仁由己，欲仁则仁。
29	颜渊篇 12·2	仲弓问仁。子曰："出门如见大宾，使民如承大祭。己所不欲，勿施于人。在邦无怨，在家无怨。" 仲弓曰："雍虽不敏，请事斯语矣。"	敬事安民，推己及人，尊敬别人，是仁人为人处世的具体表现。
30	颜渊篇 12·3	司马牛问仁。子曰："仁者，其言也讱。" 曰："其言也讱，斯谓之仁已乎？"子曰："为之难，言之得无讱乎？"	仁者谨言。

续表

总序号	篇目序号	原文	释义
31	颜渊篇 12·20	子张问："士何如斯可谓之达矣？"子曰："何哉，尔所谓达者？"子张对曰："在邦必闻，在家必闻。"子曰："是闻也，非达也。夫达也者，质直而好义，察言而观色，虑以下人。在邦必达，在家必达。夫闻也者，色取仁而行违，居之不疑。在邦必闻，在家必闻。"	色仁行违，假仁假义。
32	颜渊篇 12·22	樊迟问仁。子曰："爱人。"问知。子曰："知人。" 樊迟未达。子曰："举直错诸枉，能使枉者直。" 樊迟退，见子夏曰："乡也吾见于夫子而问知，子曰：'举直错诸枉，能使枉者直'，何谓也？" 子夏曰："富哉言乎！舜有天下，选于众，举皋陶，不仁者远矣。汤有天下，选于众，举伊尹，不仁者远矣。"	仁者爱人。行天下之至公，则人皆为仁。仁者爱人，使人向上向善向美。
33	颜渊篇 12·24	曾子曰："君子以文会友，以友辅仁。"	向贤者看齐，以贤者为友，乃为仁之方。
34	子路篇 13·12	子曰："如有王者，必世而后仁。"	仁政大行，是孔子期盼的理想社会。
35	子路篇 13·19	樊迟问仁。子曰："居处恭，执事敬，与人忠。虽之夷狄，不可弃也。"	恭、敬、忠，乃仁德三要素。
36	子路篇 13·27	子曰："刚、毅、木、讷近仁。"	刚、毅、木、讷，接近仁德。
37	宪问篇 14·1	宪问耻。子曰："邦有道，谷。邦无道，谷，耻也。" "克、伐、怨、欲不行焉，可以为仁矣？"子曰："可以为难矣，仁则吾不知也。"	仁者无克、伐、怨、欲，但仅无克、伐、怨、欲，尚不足称为仁人。
38	宪问篇 14·4	子曰："有德者必有言，有言者不必有德。仁者必有勇，勇者不必有仁。"	仁者无私，不计个人得失，故仁者必有勇。
39	宪问篇 14·6	子曰："君子而不仁者有矣夫，未有小人而仁者也。"	仁人君子。
40	宪问篇 14·16	子路曰："桓公杀公子纠，召忽死之，管仲不死。"曰："未仁乎？"子曰："桓公九合诸侯，不以兵车，管仲之力也。如其仁，如其仁。"	帮助国君实现国治民安，此乃仁德之大者。

续表

总序号	篇目序号	原文	释义
41	宪问篇 14·17	子贡曰："管仲非仁者与？桓公杀公子纠，不能死，又相之。"子曰："管仲相桓公，霸诸侯，一匡天下，民到于今受其赐。微管仲，吾其被发左衽矣。岂若匹夫匹妇之为谅也，自经于沟渎而莫之知也。"	管仲相齐，国强民富，仁之大者也。
42	宪问篇 14·28	子曰："君子道者三，我无能焉：仁者不忧，知者不惑，勇者不惧。"子贡曰："夫子自道也。"	仁者无私无畏，何忧之有？
43	卫灵公篇 15·9	子曰："志士仁人，无求生以害仁，有杀身以成仁。"	仁者无私无畏，当死而死，又有何惧？
44	卫灵公篇 15·10	子贡问为仁。子曰："工欲善其事，必先利其器。居是邦也，事其大夫之贤者，友其士之仁者。"	欲为仁人，必向圣贤、仁人学习。
45	卫灵公篇 15·33	子曰："知及之，仁不能守之；虽得之，必失之。知及之，仁能守之，不庄以莅之，则民不敬。知及之，仁能守之，庄以莅之，动之不以礼，未善也。"	德应配其位。禄位，无德而受之，虽得必失。
46	卫灵公篇 15·35	子曰："民之于仁也，甚于水火。水火，吾见蹈而死者矣，未见蹈仁而死者也。"	仁，对于人，百利而无害，是水火还要急需不可或缺的东西。
47	卫灵公篇 15·36	子曰："当仁，不让于师。"	面对着仁，绝不谦让。
48	阳货篇 17·1	阳货欲见孔子，孔子不见，归孔子豚。孔子时其亡也，而往拜之。 遇诸途。谓孔子曰："来！予与尔言。"曰："怀其宝而迷其邦，可谓仁乎？"曰："不可。""好从事而亟失时，可谓知乎？"曰："不可。""日月逝矣，岁不我与。" 孔子曰："诺，吾将仕矣。"	孔子认可有本领要为国家服务，这是符合仁爱要求的。
49	阳货篇 17·6	子张问仁于孔子。孔子曰："能行五者于天下为仁矣。" "请问之。"曰："恭、宽、信、敏、惠。恭则不侮，宽则得众，信则人任焉，敏则有功，惠则足以使人。"	以恭、宽、信、敏、惠治国，乃为仁政。

续表

总序号	篇目序号	原文	释义
50	阳货篇 17·8	子曰："由也！女闻六言六蔽矣乎？" 对曰："未也。" "居！吾语女。好仁不好学，其蔽也愚。好知不好学，其蔽也荡。好信不好学，其蔽也贼。好直不好学，其蔽也绞。好勇不好学，其蔽也乱。好刚不好学，其蔽也狂。"	孔子反对愚仁。
51	阳货篇 17·21	宰我问："三年之丧，期已久矣。君子三年不为礼，礼必坏；三年不为乐，乐必崩。旧谷既没，新谷既升，钻燧改火，期可已矣。" 子曰："食夫稻，衣夫锦，于女安乎？"曰："安。" "女安，则为之！夫君子之居丧，食旨不甘，闻乐不乐，居处不安，故不为也。今女安，则为之！" 宰我出。子曰："予之不仁也！子生三年，然后免于父母之怀。夫三年之丧，天下之通丧也。予也有三年之爱于其父母乎？"	不孝、不敬，对父母无爱，心役于外物，实为不仁之人。
52	微子篇 18·1	微子去之，箕子为之奴，比干谏而死。孔子曰："殷有三仁焉。"	仁者竭尽忠诚，无私无畏。
53	子张篇 19·6	子夏曰："博学而笃志，切问而近思，仁在其中矣。"	博学笃志，切问近思，乃仁人之当为必为。
54	子张篇 19·15	子游曰："吾友张也为难能也，然而未仁。"	能不等于仁。子张能有余而德不足。
55	子张篇 19·16	曾子曰："堂堂乎张也，难于并为仁矣。"	同上
56	尧曰篇 20·1	虽有周亲，不如仁人。 宽则得众，信则民任焉，敏则有功，公则说。	国有仁人则兴，无仁人则亡。 宽、信、敏、公，乃为仁政。

续表

总序号	篇目序号	原文	释义
57	尧曰篇 20·2	子张问于孔子曰："何如斯可以从政矣？" 子曰："尊五美，屏四恶，斯可以从政矣。" 子张曰："何谓五美？" 子曰："君子惠而不费，劳而不怨，欲而不贪，泰而不骄，威而不猛。" 子张曰："何谓惠而不费？" 子曰："因民之所利而利之，斯不亦惠而不费乎？择可劳而劳之，又谁怨？欲仁而得仁，又焉贪？君子无众寡，无小大，无敢慢，斯不亦泰而不骄乎？君子正其衣冠，尊其瞻视，俨然人望而畏之，斯不亦威而不猛乎？" 子张曰："何谓四恶？" 子曰："不教而杀谓之虐，不戒视成谓之暴，慢令致期谓之贼。犹之与人也，出纳之吝谓之有司。"	欲仁则仁，不教而杀，不戒视成，乃为暴政。

附录五：《论语》论义

总序号	篇目序号	原文	释义
1	学而篇 1·13	有子曰："信近于义，言可复也。恭近于礼，远耻辱也。因不失其亲，亦可宗也。"	义者，宜也。约信合宜，则可践诺。
2	为政篇 2·24	子曰："非其鬼而祭之，谄也。见义不为，无勇也。"	为应为之事。 应该做的事情，无论遇到什么情况，都必须做。
3	里仁篇 4·10	子曰："君子之于天下也，无适也，无莫也，义之与比。"	凡合宜之事，皆可为之；不合宜的，绝不能做。
4	里仁篇 4·12	子曰："放于利而行，多怨。"	见利忘义，必招怨恨。
5	里仁篇 4·16	子曰："君子喻于义，小人喻于利。"	君子明白天下大义，小人只知个人私利。
6	公冶长篇 5·16	子谓子产："有君子之道四焉：其行己也恭，其事上也敬，其养民也惠，其使民也义。"	役使人民，必须合宜。
7	述而篇 7·3	子曰："德之不修，学之不讲，闻义不能徙，不善不能改，是吾忧也。"	修德、进学、徙义、改过，人生四要。
8	述而篇 7·16	子曰："饭疏食饮水，曲肱而枕之，乐亦在其中矣。不义而富且贵，于我如浮云。"	不求不义之富贵。
9	颜渊篇 12·10	子张问崇德、辨惑。子曰："主忠信，徙义，崇德也。"	忠、信、义，皆为德。
10	颜渊篇 12·20	子曰："夫达也者，质直而好义，察言而观色，虑以下人。"	品格正直，追求道义，尊重照顾他人，乃为通达之人。
11	宪问篇 14·12	子曰："见利思义，见危授命，久要不忘平生之言，亦可以为成人矣。"	不取不义之利。
12	宪问篇 14·13	子问公叔文子于公明贾曰："信乎，夫子不言，不笑，不取乎？" 公明贾对曰："以告者过也。夫子时然后言，人不厌其言；乐然后笑，人不厌其笑；义然后取，人不厌其取。" 子曰："其然？岂其然乎？"	合宜而取。 不取不义之财。

续表

总序号	篇目序号	原文	释义
13	卫灵公篇 15·17	子曰："群居终日，言不及义，好行小慧，难矣哉！"	言要合宜。 要讲合宜的话。
14	卫灵公篇 15·18	子曰："君子义以为质，礼以行之，孙以出之，信以成之。君子哉！"	仁义君子。
15	季氏篇 16·10	孔子曰："君子有九思：视思明，听思聪，色思温，貌思恭，言思忠，事思敬，疑思问，愤思难，见得思义。"	仁义君子。
16	季氏篇 16·11	孔子曰："见善如不及，见不善如探汤。吾见其人矣。吾闻其语矣。隐居以求其志，行义以达其道。吾闻其语矣，未见其人也。"	依义而行。
17	阳货篇 17·23	子路曰："君子尚勇乎？"子曰："君子义以为上，君子有勇而无义为乱，小人有勇而无义为盗。"	有勇无义，不足道也。
18	微子篇 18·7	子路曰："不仕无义。长幼之节，不可废也；君臣之义，如之何其废之？欲洁其身，而乱大伦。君子之仕也，行其义也。道之不行，已知之矣。"	道义、伦理、合宜。
19	子张篇 19·1	子张曰："士见危致命，见得思义，祭思敬，丧思哀，其可已矣。"	义者宜也。 不取不义之财。

附录六：《论语》论礼

总序号	篇目序号	原文	释义
1	学而篇 1·12	有子曰："礼之用，和为贵，先王之道，斯为美。小大由之。有所不行，知和而和，不以礼节之，亦不可行也。"	礼，是理的表达形式。国家制礼行礼，就是要顺应、遵守自然之理和社会公理。故礼的使用，就是要使人们懂理守礼。做到了这一点，就可以达到自然而然、从容不迫的理想状态，即和的状态。
2	学而篇 1·13	有子曰："信近于义，言可复也。恭近于礼，远耻辱也。因不失其亲，亦可宗也。"	人的言行举止，皆应符合自然之理和社会之理的要求，这样就能够维护自己做人的尊严。
3	学而篇 1·15	子贡曰："贫而无谄，富而无骄，何如？"子曰："可也。未若贫而乐，富而好礼者也。"子贡曰："《诗》云：'如切如磋，如琢如磨'，其斯之谓与？"子曰："赐也，始可与言《诗》已矣，告诸往而知来者。"	做人当不为物累，求一个心安理得。无论贫富，皆当好礼，皆当知理守礼。不然，可致贫而乐吗？
4	为政篇 2·3	子曰："道之以政，齐之以刑，民免而无耻；道之以德，齐之以礼，有耻且格。"	用道德引导之，以礼仪制度规范之，百姓就能够远恶而向善。
5	为政篇 2·5	孟懿子问孝，子曰："无违。"樊迟御，子告之曰："孟孙问孝于我，我对曰，无违。"樊迟曰："何谓也？"子曰："生，事之以礼；死，葬之以礼，祭之以礼。"	人之事亲，自始至终，皆要一于礼而不苟。
6	为政篇 2·23	子张问："十世可知也？"子曰："殷因于夏礼，所损益，可知也；周因于殷礼，所损益，可知也。其或继周者，虽百世，可知也。"	礼仪制度，一准于理。对前世之礼仪制度，当损则损，当益则益。
7	八佾篇 3·1	孔子谓季氏："八佾舞于庭，是可忍也，孰不可忍也？"	越礼僭分，不可容忍。季氏胆大妄为，为所欲为。

续表

总序号	篇目序号	原文	释义
8	八佾篇 3·2	三家者以《雍》彻。子曰："'相维辟公，天子穆穆'，奚取于三家之堂。"	仲孙、孟孙、叔孙三家越礼犯分。
9	八佾篇 3·3	子曰："人而不仁，如礼何？人而不仁，如乐何？"	仁者知礼守礼。 礼、乐皆为理之表达形式。
10	八佾篇 3·4	林放问礼之本。子曰："大哉问！礼，与其奢也，宁俭。丧，与其易也，宁戚。"	礼的本质，是社会之理和自然之理。为礼不可舍本逐末，徒务形式，而偏离礼之本质。
11	八佾篇 3·8	子夏问曰："'巧笑倩兮，美目盼兮，素以为绚兮。'何谓也？"子曰："绘事后素。"曰："礼后乎？"子曰："起予者商也！始可与言《诗》已矣。"	先认识自然之理和社会之理，然后制礼作乐。
12	八佾篇 3·9	子曰："夏礼，吾能言之，杞不足徵也；殷礼，吾能言之，宋不足徵也。文献不足故也。足，则吾能徵之矣。"	欲证古礼，需要足够的当时的文献。
13	八佾篇 3·10	子曰："禘自既灌而往者，吾不欲观之矣。"	孔子强调循理，强调行礼以诚。反对僭越悖理。
14	八佾篇 3·12	祭如在，祭神如神在。子曰："吾不与祭，如不祭。"	礼贵于诚， 礼贵于敬。
15	八佾篇 3·14	子曰："周监于二代，郁郁乎文哉！吾从周。"	三代之礼至周大备。
16	八佾篇 3·15	子入太庙，每事问。或曰："孰谓鄹人之子知礼乎？入太庙，每事问。"子闻之，曰："是礼也。"	礼贵诚敬， 礼贵恭谨。
17	八佾篇 3·17	子贡欲去告朔之饩羊。子曰："赐也！尔爱其羊，我爱其礼。"	孔子重视礼，是为了维护世道人心，反对人们悖理乱为，反对的是人的堕落。
18	八佾篇 3·18	子曰："事君尽礼，人以为谄也。"	人与人之间要互相尊重，平等相待，这是社会公理。但孔子坚信君尊臣卑是社会公理。君尊臣卑，以尊卑之礼事君，孔子可以做到心诚无谄，但势利之人未必可以做到。
19	八佾篇 3·19	定公问："君使臣，臣事君，如之何？"孔子对曰："君使臣以礼，臣事君以忠。"	一"使"一"事"，强调的是君尊臣卑，已经违背了社会公理。君臣互相尊重，互为忠诚，才是社会公德。

续表

总序号	篇目序号	原文	释义
20	八佾篇 3·22	子曰："管仲之器小哉！" 或曰："管仲俭乎？"曰："管仲有三归，官事不摄，焉得俭？" "然则管仲知礼乎？"曰："邦君树塞门，管氏亦树塞门。邦君为两君之好，有反坫，管氏亦有反坫。管氏而知礼，孰不知礼？"	孔子反对越礼犯分。
21	八佾篇 3·26	子曰："居上不宽，为礼不敬，临丧不哀，吾何以观之哉？"	礼以主敬，表达的是对理的尊崇。为礼以敬为本。
22	里仁篇 4·13	子曰："能以礼让为国乎？何有？不能以礼让为国，如礼何？"	以礼经国， 何难之有！
23	雍也篇 6·27	子曰："君子博学于文，约之以礼，亦可以弗畔矣夫！"	知礼守礼， 仁人君子。
24	泰伯篇 8·2	子曰："恭而无礼则劳，慎而无礼则葸，勇而无礼则乱，直而无礼则绞。"	恭、慎、勇、直，这些优秀品质的具体表达，皆需要有一个合理的尺度，把握好分寸。否则，将导致不好的结果。
25	泰伯篇 8·8	子曰："兴于诗，立于礼，成于乐。"	有理走遍天下。
26	泰伯篇 8·19	子曰："大哉尧之为君也！巍巍乎！唯天为大，唯尧则之。荡荡乎，民无能名焉。巍巍乎其有成功也，焕乎其有文章。"	尧以至理治天下，其功至大至伟，其礼仪制度亦至美至善。
27	子罕篇 9·3	子曰："麻冕，礼也。今也纯，俭，吾从众。拜下，礼也。今拜乎上，泰也。虽违众，吾从下。"	礼，应一准于理。
28	子罕篇 9·11	颜渊喟然叹曰："仰之弥高，钻之弥坚。瞻之在前，忽焉在后。夫子循循然善诱人，博我以文，约我以礼，欲罢不能。既竭吾才，如有所立卓尔。虽欲从之，末由也已。"	用理规范言行。
29	先进篇 11·1	子曰："先进于礼乐，野人也；后进于礼乐，君子也。如用之，则吾从先进。"	孔子强调先学习礼乐，使文质得宜。

续表

总序号	篇目序号	原文	释义
30	先进篇 11·26	子路、曾皙、冉有、公西华侍坐。子曰："以吾一日长乎尔，毋吾以也。居则曰：'不吾知也！'如或知尔，则何以哉？" 子路率尔而对曰："千乘之国，摄乎大国之间，加之以师旅，因之以饥馑，由也为之，比及三年，可使有勇，且知方也。" 夫子哂之。 "求！尔何如？" 对曰："方六七十，如五六十，求也为之，比及三年，可使足民。如其礼乐，以俟君子。"……曰："夫子何哂由也？"曰："为国以礼，其言不让，是故哂之。"	为国以理，讲究礼让。 要谦虚谨慎。
31	颜渊篇 12·1	颜渊问仁。子曰："克己复礼为仁。一日克己复礼，天下归仁焉。为仁为己，而由人乎哉？" 颜渊曰："请问其目。"子曰："非礼勿视，非礼勿听，非礼勿言，非礼勿动。"	仁者守理。言谈举止，一准于理。 依理做事，依理做人。
32	颜渊篇 12·5	司马牛忧曰："人皆有兄弟，我独亡。"子夏曰："商闻之矣：死生由命，富贵在天。君子敬而无失，与人恭而有礼。四海之内，皆兄弟也。君子何患乎无兄弟也？"	人与人之间应当像兄弟那样互相尊重，恭而有礼。
33	子路篇 13·3	子曰："名不正，则言不顺；言不顺，则事不成；事不成，则礼乐不兴；礼乐不兴，则刑罚不中；刑罚不中，则民无所措手足。"	礼乐不兴， 政事不成。
34	子路篇 13·4	子曰："上好礼，则民莫敢不敬；上好义，则民莫敢不服；上好信，则民莫敢不用情。"	礼以导敬。
35	宪问篇 14·12	子路问成人。子曰："若臧武仲之知，公绰之不欲，卞庄子之勇，冉求之艺，文之以礼乐，亦可以为成人矣。"	用礼促使自己好的品质得到恰到好处的运用。

续表

总序号	篇目序号	原文	释义
36	宪问篇 14·41	子曰："上好礼，则民易使也。"	以理服人。
37	卫灵公篇 15·18	子曰："君子义以为质，礼以行之，孙以出之，信以成之。君子哉！"	依理做事。
38	卫灵公篇 15·33	子曰："知及之，仁不能守之，虽得之，必失之。知及之，仁能守之，不庄以莅之，则民不敬。知及之，仁能守之，庄以莅之，动之不以礼，未善也。"	以理治国。
39	季氏篇 16·2	孔子曰："天下有道，则礼乐征伐自天子出；天下无道，则礼乐征伐自诸侯出。自诸侯出，盖十世希不失矣；自大夫出，五世希不失矣；陪臣执国命，三世希不失矣。天下有道，则政不在大夫。天下有道，则庶人不议。"	礼乐征伐，国之大事。
40	季氏篇 16·5	孔子曰："益者三乐，损者三乐。乐节礼乐，乐道人之善，乐多贤友，益矣。乐骄乐，乐佚游，乐晏乐，损矣。"	乐于用礼乐规范自我。
41	季氏篇 16·13	子曰："不学礼，无以立。"	礼乃立身之本。
42	阳货篇 17·11	子曰："礼云礼云，玉帛云乎哉？乐云乐云，钟鼓云乎哉？"	礼乐，其本质皆是理。
43	阳货篇 17·21	宰我问："三年之丧，期已久矣。君子三年不为礼，礼必坏；三年不为乐，乐必崩。"	宰我不懂礼乐，更不知理。
44	阳货篇 17·24	子贡曰："君子亦有恶乎？"子曰："有恶：恶称人之恶者，恶居下流而讪上者，恶勇而无礼者，恶果敢而窒者。"	无礼行为，可憎。
45	尧曰篇 20·3	孔子曰："不知命，无以为君子也；不知礼，无以立也；不知言，无以知人也。"	知礼，乃立身之本。

附录七：《论语》论乐

总序号	篇目序号	原文	释义
1	八佾篇 3·1	孔子谓季氏："八佾舞于庭，是可忍也，孰不可忍也？"	礼乐一体，乐礼相伴。乐是礼的表达手段。
2	八佾篇 3·2	三家者以《雍》彻。子曰："'相维辟公，天子穆穆'，奚取于三家之堂？"	乐以示礼僭享天子之乐，即是越礼犯分。
3	八佾篇 3·3	子曰："人而不仁，如礼何？人而不仁，如乐何？"	仁者知理，守礼，仁者知情知乐。不仁之人，是不懂乐的。
4	八佾篇 3·20	子曰："《关雎》乐而不淫，哀而不伤。"	乐，情之寄托。《关雎》忧乐，皆得其宜。其忧虽深而不害于和，其乐虽盛而不失其正。
5	八佾篇 3·23	子语鲁大师乐，曰："乐其可知也：始作，翕如也；从之，纯如也，皦如也，绎如也，以成。"	乐主和。五言相合，有如贯珠。清浊高下，相续不绝。
6	八佾篇 3·25	子谓《韶》："尽美矣，又尽善也。"谓《武》："尽美矣，未尽善也。"	《韶》颂舜之德，故尽善尽美；《武》歌武王之功，美则美矣，然未尽善也。
7	述而篇 7·10	子于是日哭，则不歌。	乐者情也。必合乎情理。
8	述而篇 7·14	子在齐闻《韶》，三月不知肉味，曰："不图为乐之至于斯也。"	《韶》，尽善尽美。
9	述而篇 7·32	子与人歌而善，必使反之，而后和之。	孔子知乐爱乐。
10	泰伯篇 8·8	子曰："兴于诗，立于礼，成于乐。"	礼乐一体。礼主理，乐主情。
11	泰伯篇 8·15	子曰："师挚之始，《关雎》之乱，洋洋乎盈耳哉！"	大师名曲，既盛且美。
12	子罕篇 9·15	子曰："吾自卫反鲁，然后乐正，《雅》《颂》各得其所。"	《雅》《颂》正乐。
13	先进篇 11·1	子曰："先进于礼乐，野人也；后进于礼乐，君子也。如用之，则吾从先进。"	学习礼乐，越早越好。

续表

总序号	篇目序号	原文	释义
14	先进篇 11·15	子曰："由之瑟奚为于丘之门？"门人不敬子路。子曰："由也升堂矣，未入于室也。"	礼以导敬， 乐以宣和。 子路鼓瑟，气质刚勇，不足于中和。
15	先进篇 11·26	子路、曾皙、冉有、公西华侍坐。 子曰："以吾一日长乎尔，毋吾以也。居则曰：'不吾知也！'如或知尔，则何以哉？"…… "求！尔何如？" 对曰："方六七十，如五六十，求也为之，比及三年，可使足民。如其礼乐，以俟君子。"	君子为政， 必重礼乐。
16	子路篇 13·3	子曰："名不正，则言不顺；言不顺，则事不成；事不成，则礼乐不兴；礼乐不兴，则刑罚不中；刑罚不中，则民无所措手足。"	礼乐政刑，皆为治国安民之必需。
17	宪问篇 14·12	子路问成人。子曰："若臧武仲之知，公绰之不欲，卞庄子之勇，冉求之艺，文之以礼乐，亦可以为成人矣。"	知、廉、勇、艺兼备，又节之以礼，和之以乐，则为全人。
18	卫灵公篇 15·11	颜渊问为邦。子曰："行夏之时，乘殷之辂，服周之冕，乐则韶舞。放郑声，远佞人。郑声淫，佞人殆。"	乐关于国家治乱。
19	季氏篇 16·2	孔子曰："天下有道，则礼乐征伐自天子出；天下无道，则礼乐征伐自诸侯出。"	制礼作乐，乃天下之大事
20	季氏篇 16·5	孔子曰："益者三乐，损者三乐。乐节礼乐，乐道人之善，乐多贤友，益矣。乐骄乐，乐佚游，乐晏乐，损矣。"	礼乐具有规范人的言行，促人向上向善向美的力量。
21	阳货篇 17·4	子之武城，闻弦歌之声。夫子莞尔而笑，曰："割鸡焉用牛刀？" 子游对曰："昔者偃也闻诸夫子曰：'君子学道则爱人，小人学道则易使也。'" 子曰："二三子！偃之言是也。前言戏之耳。"	乐具有教化功用。
22	阳货篇 17·11	子曰："礼云礼云，玉帛云乎哉？乐云乐云，钟鼓云乎哉？"	乐，表达感情，并非仅指钟鼓那样演奏的乐器。

续表

总序号	篇目序号	原文	释义
23	阳货篇 17・18	子曰："恶紫之夺朱也，恶郑声之乱雅乐也，恶利口之覆邦家者。"	邪亦有压正的时候。
24	阳货篇 17・21	宰我问："三年之丧，期已久矣。君子三年不为礼，礼必坏；三年不为乐，乐必崩。旧谷既没，新谷既升，钻燧改火，期可已矣。" 子曰："食夫稻，衣夫锦，于女安乎？" 曰："安。" "女安，则为之！夫君子之居丧，食旨不甘，闻乐不乐，居处不安，故不为也。今女安，则为之！" 宰我出。子曰："予之不仁也！子生三年，然后免于父母之怀。夫三年之丧，天下之通丧也，予也有三年之爱于其父母乎！"	宰我不懂礼乐，更不知理，是个无情的小人。
25	微子篇 18・4	齐人归女乐，季桓子受之，三日不朝，孔子行。	为政者不知所务，追求享乐，国将不国。
26	微子篇 18・9	大师挚适齐，亚饭干适楚，三饭缭适蔡，四饭缺适秦，鼓方叔入于河，播鼗武入于汉，少师阳、击磬襄入于海。	三桓乱政，淫乐扰乱雅乐，贤者隐遁。

附录八：《论语》论知

总序号	篇目序号	原文	释义
1	学而篇 1·12	有子曰："礼之用，和为贵。先王之道，斯为美，小大由之。有所不行，知和而和，不以礼节之，亦不可行也。"	知和而和，不是真知。
2	学而篇 1·15	子贡曰："贫而无谄，富而无骄，何如？"子曰："可也。未若贫而乐，富而好礼者也。"子贡曰："《诗》云：'如切如磋，如琢如磨'，其斯之谓与？"子曰："赐也，始可与言《诗》已矣！告诸往而知来者。"	好学者，当告往知来，举一反三。
3	学而篇 1·16	子曰："不患人之不己知，患不知人也。"	知人，方可明是非，辩邪正。此乃为人处世的前提条件。
4	为政篇 2·11	子曰："温故而知新，可以为师矣。"	温故知新，告往知来，是学习求知能力的体现。只有具备这种能力，才可以为人师。
5	为政篇 2·17	子曰："由，诲女知之乎！知之为知之，不知为不知，是知也。"	知者，智也。不知以为知，非惟不智，乃愚之至也。
6	为政篇 2·23	子张问："十世可知也？"子曰："殷因于夏礼，所损益，可知也；周因于殷礼，所损益，可知也；其或继周者，虽百世，可知也。"	鉴往知来。
7	八佾篇 3·11	或问禘之说。子曰："不知也。知其说者之于天下也，其如示诸斯乎！"指其掌。	知礼依礼治国，易如反掌。
8	八佾篇 3·23	子语鲁大师乐，曰："乐其可知也。始作，翕如也；从之，纯如也，皦如也，绎如也，以成。"	知事之理。
9	里仁篇 4·1	子曰："里仁为美。择不处仁，焉得知。"	求真知者，当与仁者为友。

续表

总序号	篇目序号	原文	释义
10	里仁篇 4·2	子曰："不仁者不可以久处约，不可以长处乐。仁者安人，知者利仁。"	智者知道仁德对己有利。知益知害，乃为智。
11	里仁篇 4·7	子曰："人之过也，各于其党。观过，斯知仁矣。"	善于观察分析，乃求知之道也。
12	里仁篇 4·8	子曰："朝闻道，夕死可矣。"	孔子求知真诚坚定。
13	里仁篇 4·14	子曰："不患无位，患所以立。不患莫己知，求为可知也。"	不患莫己知，求为可知，此乃真知。
14	里仁篇 4·16	子曰："君子喻于义，小人喻于利。"	喻者，知也。
15	里仁篇 4·21	子曰："父母之年，不可不知也。一则以喜，一则以惧。"	知者，记在心中。
16	公冶长篇 5·8	孟武伯问："子路仁乎？"子曰："不知也。"又问。子曰："由也，千乘之国，可使治其赋也，不知其仁也。" "求也何如？"子曰："求也，千室之邑，百乘之家，可使为之宰也，不知其仁也。" "赤也何如？"子曰："赤也，束带立于朝，可使与宾客言也，不知其仁也。"	用人之道，在于知人善任。
17	公冶长篇 5·9	子谓子贡曰："女与回也孰愈？"对曰："赐也何敢望回？回也闻一以知十，赐也闻一以知二。"子曰："弗如也；吾与女弗如也。"	闻一知十， 触类旁通。
18	公冶长篇 5·18	子曰："臧文仲居蔡，山节藻棁，何如其知也？"	当政者不务勤政安民，却谄渎鬼神，非惟不智，实属至愚。
19	公冶长篇 5·21	子曰："宁武子邦有道则知，邦无道则愚。其知可及也，其愚不可及也。"	智、愚各适其用，各逢其时，各得其所。
20	雍也篇 6·20	子曰："知之者不如好之者，好之者不如乐之者。"	知有此道，要喜爱此道，更要乐行此道。此乃对待真理的正确态度。
21	雍也篇 6·22	樊迟问知。子曰："务民之义，敬鬼神而远之，可谓知矣。"	智者，用力于人道之所宜，不惑于鬼神之不可知。

续表

总序号	篇目序号	原文	释义
22	雍也篇 6·23	子曰："知者乐水，仁者乐山。知者动，仁者静。知者乐，仁者寿。"	智者通透灵动，仁者沉静安稳。
23	述而篇 7·20	子曰："我非生而知之者，好古，敏以求之者也。"	知从何来？
24	述而篇 7·28	子曰："盖有不知而作之者，我无是也。多闻择其善者而从之，多见而识之，知之次也。"	多闻、多见，知之方也。
25	泰伯篇 8·13	子曰："笃信好学，守死善道。"	笃信真理， 探索真理。
26	泰伯篇 8·17	子曰："学如不及，犹恐失之。"	求知若渴。
27	子罕篇 9·29	子曰："知者不惑，仁者不忧，勇者不惧。"	知，君子之道者三。
28	颜渊篇 12·22	问知。子曰："知人。" 樊迟未达。子曰："举直错诸枉，能使枉者直。" 樊迟退，见子夏曰："乡也吾见于夫子而问知，子曰，'举直错诸枉，能使枉者直'，何谓也？" 子夏曰："富哉言乎！舜有天下，选于众，举皋陶，不仁者远矣。汤有天下，选于众，举伊尹，不仁者远矣。"	善于鉴别人物，知人善任，为大智慧。
29	子路篇 13·2	仲弓为季氏宰，问政。子曰："先有司，赦小过，举贤才。" 曰："焉知贤才而举之？"子曰："举尔所知。尔所不知，人其舍诸？"	知人，需大智慧，天下之事，知人难，知理难。 举尔所知。一则举者当有识人慧眼。二则是否有可举之人。
30	子路篇 13·3	子路曰："卫君待子而为政，子将奚先？" 子曰："必也正名乎！" 子路曰："有是哉，子之迂也！奚其正？" 子曰："野哉，由也！君子于其所不知，盖阙如也。名不正，则言不顺；言不顺，则事不成；事不成，则礼乐不兴；礼乐不兴，则刑罚不中；刑罚不中，则民无所措手足。故君子名之必可言也，言之必可行也。君子于其言，无所苟而已矣。"	知之为知之，不知为不知。 治国，当知其根本。不知其本，国将衰亡。 孔子知正名之理，但其君臣父子之论，却是大谬大误。

续表

总序号	篇目序号	原文	释义
31	子路篇 13·15	定公问："一言而可以兴邦，有诸？"孔子对曰："言不可以若是其几也。人之言曰：'为君难，为臣不易。'如知为君之难也，不几乎一言而兴邦乎？" 曰："一言而丧邦，有诸？" 孔子对曰："言不可以若是其几也。人之言曰：'予无乐乎为君，唯其言而莫予违也。'如其善而莫之违也，不亦善乎？如不善而莫之违也，不几乎一言而丧邦乎？"	知为君之难，则可兴邦；乐于为君之言人不敢违，则要亡国。
32	宪问篇 14·30	子曰："不患人之不己知，患其不能也。"	愚者不知提高自己。
33	宪问篇 14·35	子曰："莫我知也夫！"子贡曰："何为其莫知子也？"子曰："不怨天，不尤人，下学而上达。知我者其天乎！"	智者不怨天尤人，努力学习，追求真理。
34	宪问篇 14·38	子路宿于石门。晨门曰："奚自？"子路曰："自孔氏。"曰："是知其不可而为之者与？"	孔子以拯救乱世为己任。
35	卫灵公篇 15·8	子曰："可与言而不与之言，失人；不可与言而与之言，失言。知者不失人，亦不失言。"	智者知人又知言。
36	卫灵公篇 15·14	子曰："臧文仲其窃位者与！知柳下惠之贤而不与立也。"	知人不举，食禄窃位之徒也。
37	卫灵公篇 15·19	子曰："君子病无能焉，不病人之不己知也。"	君子以自己无能为羞。
38	卫灵公篇 15·33	子曰："知及之，仁不能守之，虽得之，必失之。知及之，仁能守之，不庄以莅之，则民不敬。知及之，仁能守之，庄以莅之，动之不以礼，未善也。"	知、仁、庄，皆需用礼统帅，治国理政者，当知此道。
39	卫灵公篇 15·34	子曰："君子不可小知而可大受也，小人不可大受而可小知也。"	观其大节，乃识人之方。
40	季氏篇 16·9	孔子曰："生而知之者上也。学而知之者次也。困而学之，又其次也。困而不学，民斯为下矣。"	孔子认为，知有生而知之和学而知之两大类。 歧视下层百姓，视其为困而不学的愚民。

续表

总序号	篇目序号	原文	释义
41	阳货篇 17・1	谓孔子曰："来！予与尔言。"曰："怀其宝而迷其邦，可谓仁乎？"曰:"不可。""好从事而亟失时，可谓知乎？"曰："不可。日月逝矣，岁不我与。"	机不可失，失不再来。此为智者之言。智者不失从事之时。
42	阳货篇 17・3	子曰："唯上知与下愚不移。"	上智的圣人，下等的愚人，都是天生的，无法改变的。
43	阳货篇 17・8	"好仁不好学，其蔽也愚。好知不好学，其蔽也荡。好信不好学，其蔽也贼。好直不好学，其蔽也绞。好勇不好学，其蔽也乱。好刚不好学，其蔽也狂。"	喜欢耍小聪明，不务学习，乃为没有真知的轻薄之徒，实则愚人。
44	阳货篇 17・13	子曰："乡愿，德之贼也。"	不辨善恶是非，貌似聪明，实则愚不可及。
45	阳货篇 17・16	子曰："古之愚也直，今之愚也诈而已矣。"	古代愚人直率为恶尚小；现在的愚人自作聪明，挟私欺诈，为恶无穷。
46	子张篇 19・7	子夏曰："百工居肆以成其事，君子学以致其道。"	学以明理， 学以致知。 知从学来。
47	子张篇 19・8	子夏曰："小人之过也必文。"	愚人爱耍小聪明，常常自欺欺人。
48	子张篇 19・22	卫公孙朝问于子贡曰："仲尼焉学？"子贡曰："文武之道，未坠于地，在人。贤者识其大者，不贤者识其小者。莫不有文武之道焉。夫子焉不学？而亦何常师之有？"	孔子向他人学习。知从学中来。
49	尧曰篇 20・3	子曰："不知命，无以为君子也。不知礼，无以立也。不知言，无以知人也。"	知人生使命责任，知理守礼，知言知人。

附录九：《论语》论信

总序号	篇目序号	原文	释义
1	学而篇 1·4	曾子曰："吾日三省吾身：为人谋而不忠乎？与朋友交而不信乎？传不习乎？"	与人交友，当实心实意。 为人谋尽心竭力，交朋友实心实意，对老师的教诲努力实践，此为做人三种品德。
2	学而篇 1·5	子曰："道千乘之国，敬事而信，节用而爱人，使民以时。"	获得人民信任，为治国之要。 治国五要：敬国事，信于民，节用，爱人，使民以时。
3	学而篇 1·6	子曰："弟子入则孝，出则悌，谨而信，泛爱众而亲仁，行有余力，则以学文。"	行谨 言实。
4	学而篇 1·7	子夏曰："贤贤易色；事父母，能竭其力；事君，能致其身；与朋友交，言而有信。虽曰未学，吾必谓之学矣。"	交朋友，当言而有信。
5	学而篇 1·8	子曰："君子不重则不威，学则不固。主忠信。无友不如己者。过，则勿惮改。"	自尊自重、忠、信、向上向善、改过，君子五种品德。
6	学而篇 1·13	有子曰："信近于义，言可复也。恭近于礼，远耻辱也。因不失其亲，亦可宗也。"	诺言合宜，就能兑现。 人之言、行、交际，皆当谨始虑终。
7	为政篇 2·19	哀公问曰："何为则民服？"孔子对曰："举直错诸枉，则民服；举枉错诸直，则民不服。"	不信不服。 做了正确的事情，就会得到人民的信赖信服。
8	为政篇 2·22	子曰："人而无信，不知其可也。大车无輗，小车无軏，其何以行之哉？"	人而无信，何以为人？
9	里仁篇 4·22	子曰："古者言之不出，耻躬之不逮也。"	守信之人，言出必行。
10	公冶长篇 5·6	子使漆雕开仕。对曰："吾斯之未能信。"子说。	诚实，是对自己人品能力的把握。

续表

总序号	篇目序号	原文	释义
11	公冶长篇 5·10	宰予昼寝。子曰："朽木不可雕也，粪土之墙不可圬也。于予与何诛？"子曰："始吾于人也，听其言而信其行；今吾于人也，听其言而观其行。于予与改是。"	言行一致，方能获得他人的信任。
12	公冶长篇 5·26	颜渊、季路侍。子曰："盍各言尔志？"子路曰："愿车马衣轻裘与朋友共敝之而无憾。" 颜渊曰："愿无伐善，无施劳。" 子路曰："愿闻子之志。" 子曰："老者安之，朋友信之，少者怀之。"	使老人安逸， 使朋友信任我， 使年轻人怀德存善。
13	公冶长篇 5·28	子曰："十室之邑，必有忠信如丘者焉，不如丘之好学也。"	忠信乃仁之美质。美质易德，至道难闻。学与不学，天壤之别。
14	述而篇 7·1	子曰："述而不作，信而好古，窃比于我老彭。"	信先王之道， 述先王之事。
15	述而篇 7·25	子以四教：文、行、忠、信。	教人学习修行恪守忠信。
16	泰伯篇 8·4	曾子有疾，孟敬子问之。曾子言曰："鸟之将死，其鸣也哀。人之将死，其言也善。君子所贵乎道者三：动容貌，斯远暴慢矣；正颜色，斯近信矣；出辞气，斯远鄙倍矣。边豆之事，则有司存。"	心有所动，必形于外。 养育中见其于外。心实色正。
17	泰伯篇 8·13	子曰："笃信好学，守死善道。危邦不入，乱邦不居。天下有道则见，无道则隐。邦有道，贫且贱焉，耻也；邦无道，富且贵焉，耻也。"	坚定信仰信念。
18	泰伯篇 8·16	子曰："狂而不直，侗而不愿，悾悾而不信，吾不知之矣。"	既无能又无诚信。 无德可取，毛病满身的人，不可教也。
19	颜渊篇 12·7	子贡问政。子曰："足食，足兵，民信之矣。" 子贡曰："必不得已而去，于斯三者何先？"曰："去兵。" 子贡曰："必不得已而去，于斯二者何先？"曰："去食。自古皆有死，民无信不立。"	治国的根本，是取信于民。

续表

总序号	篇目序号	原文	释义
20	颜渊篇 12·10	子张问崇德、辨惑。子曰："主忠信，徙义，崇德也。"	主忠信，则本立；徙义，则日新。
21	子路篇 13·4	子曰："上好礼，则民莫敢不敬；上好义，则民莫敢不服；上好信；则民莫敢不用情。夫如是，则四方之民襁负其子而至矣，焉用稼。"	上行下效。 政府重视诚信，人民就讲诚信。
22	子路篇 13·20	子贡问曰："何如斯可谓之士矣？"子曰："行己有耻，使于四方，不辱君命，可谓士矣。" 曰："敢问其次。"曰："宗族称孝焉，乡党称弟焉。" 曰："敢问其次。"曰："言必信，行必果，硁硁然小人哉！抑亦可以为次矣。" 曰："今之从政者何如？"子曰："噫！斗筲之人，何足算也。"	言而有信，是士大夫应有的品质。
23	宪问篇 14·31	子曰："不逆诈，不亿不信。抑亦先觉者，是贤乎！"	不逆不億，知人之情伪，是为贤者。贤者不会无端地怀疑别人，但可先觉先知。
24	卫灵公篇 15·6	子张问行。子曰："言忠信，行笃敬，虽蛮貊之邦，行矣。言不忠信，行不笃敬，虽州里，行乎哉？立则见其参于前也，在舆则见其倚于衡也，夫然后行。"子张书诸绅。	言谈举止，当一于忠信笃敬。忠信笃敬，为人立身处世之本。
25	卫灵公篇 15·18	子曰："君子义以为质，礼以行之，孙以出之，信以成之。君子哉！"	事无信不成。
26	季氏篇 16·4	孔子曰："益者三友，损者三友。友直，友谅，友多闻，益矣。友便辟，友善柔，友便佞，损矣。"	同正直、信实见多识广的人交朋友。
27	阳货篇 17·6	子张问仁于孔子。孔子曰："能行五者于天下为仁矣。" "请问之。"曰："恭，宽，信，敏，惠。恭则不侮，宽则得众，信则人任焉，敏则有功，惠则足以使人。"	信任，有信才有任。
28	阳货篇 17·8	子曰："好信不好学，其蔽也贼。"	诚实之人， 不学无知， 容易受害。

续表

总序号	篇目序号	原文	释义
29	子张篇 19·2	子张曰："执德不弘，信道不笃，焉能为有？焉能为亡？"	坚定信仰。
30	子张篇 19·10	子夏曰："君子信而后劳其民；未信，则以为厉己也。信而后谏，未信，则以为谤己也。"	治民，谏上，取得信任是前提条件。

附录十：《论语》论忠孝

总序号	篇目序号	原文	释义
1	学而篇 1·2	有子曰："其为人也孝弟，而好犯上者，鲜矣；不好犯上，而好作乱者，未之有也。君子务本，本立而道生。孝弟也者，其为仁之本与！"	孝弟，为人之本。 孝弟之人，对上忠诚。孝弟之人，循忠恕之道。
2	学而篇 1·4	曾子曰："吾日三省吾身：为人谋而不忠乎？与朋友交而不信乎？传不习乎？"	为人谋事办事，当尽心竭力。 尽己为忠。
3	学而篇 1·6	子曰："弟子入则孝，出则悌，谨而信，泛爱众，而亲仁。行有余力，则以学文。"	孔子教导弟子，将孝弟与信、仁并列。
4	学而篇 1·7	子夏曰："贤贤易色；事父母，能竭其力；事君，能致其身；与朋友交，言而有信。虽曰未学，吾必谓之学矣。"	竭力为孝， 致身为忠。
5	学而篇 1·8	子曰："君子不重则不威，学则不固。主忠信。无友不如己者。过，则勿惮改。"	孔子把自尊自重、忠、信、友贤、改过作为君子五德。
6	学而篇 1·9	曾子曰："慎终追远，民德归厚矣。"	丧尽其礼，祭尽其诚，孝德之厚的表现。
7	学而篇 1·11	子曰："父在，观其志；父没，观其行；三年无改于父之道，可谓孝矣。"	观察一个人的志向和行为，如果他对父亲尊敬，就是孝子。 尊敬为孝。
8	为政篇 2·5	孟懿子问孝。子曰："无违。" 樊迟御，子告之曰："孟孙问孝于我，我对曰，无违。"樊迟曰："何谓也？"子曰："生，事之以礼；死，葬之以礼，祭之以礼。"	生事丧祭，不背于理，为孝。 从亲之令，不为真孝。无违不仅是不违亲之令。
9	为政篇 2·6	孟武伯问孝。子曰："父母唯其疾之忧。"	牵挂父母身体是否健康为孝。
10	为政篇 2·7	子游问孝。子曰："今之孝者，是谓能养。至于犬马，皆有能养；不敬，何以别乎？"	孝者，敬也。

续表

总序号	篇目序号	原文	释义
11	为政篇 2·8	子夏问孝。子曰："色难。有事，弟子服其劳；有酒食，先生馔，曾是以为孝乎？"	孝敬父母，贵在和颜悦色。
12	为政篇 2·20	季康子问："使民敬，忠以劝，如之何？"子曰："临之以庄，则敬；孝慈，则忠；举善而教不能，则劝。"	孝于亲，慈于众，则民忠于己。
13	为政篇 2·21	或谓孔子曰："子奚不为政？"子曰："《书》云：'孝乎惟孝，友于兄弟，施于有政。'是亦为政，奚其为为政？"	孝于亲，友于兄弟，把此理引导到为政者之上，就是为政。
14	八佾篇 3·4	林放问礼之本。子曰："大哉问！礼，与其奢也，宁俭。丧，与其易也，宁戚。"	祭之以礼为孝。诚心尽哀为孝。
15	八佾篇 3·19	定公问："君使臣，臣事君，如之何？"孔子对曰："君使臣以礼，臣事君以忠。"	君臣以义合。事君以忠，勿欺而犯。
16	里仁篇 4·15	子曰："参乎！吾道一以贯之。"曾子曰："唯。"子出，门人问曰："何谓也？"曾子曰："夫子之道，忠恕而已矣。"	忠恕乃孔子立身处世之道。立身处世，尽己推己，至诚不息。 尽己之谓忠，推己之谓恕。以己及物为仁，推己及物为恕。
17	里仁篇 4·18	子曰："事父母几谏，见志不从，又敬不违，劳而不怨。"	父母有过，下气怡色，柔声以谏。不从再谏，劳而无怨。始终贯彻一个敬字。
18	里仁篇 4·19	子曰："父母在，不远游，游必有方。"	不要让父母为自己担心牵挂。 以父母之心为心。
19	里仁篇 4·21	子曰："父母之年，不可不知也。一则以喜，一则以惧。"	喜和惧，皆由爱和孝而生。
20	公冶长篇 5·16	子谓子产："有君子之道四焉：其行己也恭，其事上也敬，其养民也惠，其使民也义。"	子产为人为政，恭己敬上，爱民惠民，尽心尽力，竭尽忠诚。
21	公冶长篇 5·19	子张问曰："令尹子文三仕为令尹，无喜色；三已之，无愠色。旧令尹之政，必以告新令尹。何如？"子曰："忠矣。"曰："仁矣乎？"曰："未知。焉得仁？"	令尹子文忠于职守。

续表

总序号	篇目序号	原文	释义
22	公冶长篇 5·28	子曰："十室之邑，必有忠信如丘者焉，不如丘之好学也。"	孔子强调忠信之德，忠恕之道。
23	雍也篇 6·30	子贡曰："如有博施于民而能济众，何如？可谓仁乎？"子曰："何事于仁！必也圣乎！尧、舜其犹病诸！夫仁者，己欲立而立人，己欲达而达人。能近取譬，可谓仁之方也已。"	在孔子心目中，德有等差，圣德为上，其次为仁德，其次为忠，其次为恕。人亦有等差：圣人，仁人，君子。忠恕、忠信皆为君子必有之德。
24	述而篇 7·25	子以四教：文、行、忠、信。	孔子教人学习修行，恪守忠信。
25	子罕篇 9·16	子曰："出则事公卿，入则事父兄，丧事不敢不勉，不为酒困，何有于我哉？"	出忠入孝。
26	先进篇 11·5	子曰："孝哉闵子骞！人不间于其父母昆弟之言。"	孝是美德。
27	先进篇 11·17	季氏富于周公，而求也为之聚敛而附益之。子曰："非吾徒也。小子鸣鼓而攻之，可也。"	冉求亵渎职守。
28	先进篇 11·24	季子然问："仲由、冉求可谓大臣与？"子曰："吾以子为异之问，曾由与求之问。所谓大臣者，以道事君，不可则止。今由与求也，可谓具臣矣。"	以道事君，为忠。
29	颜渊篇 12·9	哀公问于有若曰："年饥，用不足，如之何？"有若对曰："盍彻乎？"曰："二，吾犹不足，如之何其彻也？"对曰："百姓足，君孰与不足？百姓不足，君孰与足？"	直言敢谏为忠。
30	颜渊篇 12·10	子张问崇德、辨惑。子曰："主忠信，徙义，崇德也。"	立身处世，恪守忠信。
31	颜渊篇 12·14	子张问政。子曰："居之无倦，行之以忠。"	忠，就是要尽心尽力做好工作。
32	颜渊篇 12·23	子贡问友。子曰："忠告而善道之，不可则止，毋自辱焉。"	对友也要尽忠。
33	子路篇 13·19	樊迟问仁。子曰："居处恭，执事敬，与人忠。虽之夷狄，不可弃也。"	对人忠诚，是仁德的一个方面。
34	宪问篇 14·7	子曰："爱之，能勿劳乎？忠焉，能勿诲乎？"	对人忠诚，尽心尽力帮助别人。

续表

总序号	篇目序号	原文	释义
35	宪问篇 14·22	子路问事君。子曰："勿欺也，而犯之。"	侍君以忠，勿欺而犯。
36	卫灵公篇 15·3	子曰："赐也，女以予为多学而识之者与？"对曰："然，非与？"曰："非也，予一以贯之。"	忠恕之道。
37	卫灵公篇 15·6	子张问行。子曰："言忠信，行笃敬，虽蛮貊之邦，行矣。言不忠信，行不笃敬，虽州里，行乎哉？立则见其参于前也，在舆则见其倚于衡也，夫然后行。"子张书诸绅。	忠信为人立身处世之本。
38	卫灵公篇 15·24	子贡问曰："有一言而可以终身行之者乎？"子曰："其恕乎！己所不欲，勿施于人。"	恕者，己所不欲，勿施于人，是人立身处世的底线。忠是尽己，恕是推己。
39	卫灵公篇 15·38	子曰："事君，敬其事而后其食。"	敬其事曰忠。
40	季氏篇 16·1	季氏将伐颛臾。冉有、季路见于孔子曰："季氏将有事于颛臾。" 孔子曰："求！周任有言曰：'陈力就列，不能者止。'危而不持，颠而不扶，则将焉用彼相矣？"	冉有、季路为政，不能尽忠，乃具臣所为。
41	季氏篇 16·10	孔子曰："君子有九思：视思明，听思聪，色思温，貌思恭，言思忠，事思敬，疑思问，愤思难，见得思义。"	君子言必由衷。
42	子张篇 19·10	子夏曰："君子信而后劳其民；未信，则以为厉己也。信而后谏；未信，则以为谤己也。"	事君以忠，勿欺而犯，信而后谏。
43	子张篇 19·14	子游曰："丧致乎哀而止。"	孝子居丧，必致于哀。
44	子张篇 19·17	曾子曰："吾闻诸夫子：人未有自致者也，必也亲丧乎！"	对孝子而言，父母去世之哀痛，其痛无比。
45	子张篇 19·18	曾子曰："吾闻诸夫子：孟庄子之孝也，其他可能也，其不改父之臣与父之政，是难能也。"	孝，贵在一个"敬"字。

附录十一：《论语》论政

总序号	篇目序号	原文	释义
1	学而篇 1·5	子曰："道千乘之国，敬事而信，节用而爱人，使民以时。"	治国五要：敬其事、信于民、节用、爱人、使民以时。
2	学而篇 1·10	子禽问于子贡曰："夫子至于是邦也，必闻其政，求之与？抑与之与？"子贡曰："夫子温、良、恭、俭、让以得之。夫子之求之也，其诸异乎人之求之与？"	采取谦虚谨慎尊重他人与人交朋友的办法，才能搞好调查研究。 孔子温良恭俭让，赢得诸侯信任并问政于他。
3	学而篇 1·12	有子曰："礼之用，和为贵。先王之道，斯为美；小大由之。有所不行，知和而和，不以礼节之，亦不可行也。"	以礼治国。 "礼者，天理之节文，人事之仪则也。"
4	为政篇 2·1	子曰："为政以德，譬如北辰，居其所而众星共之。"	以德治国，举国信服，无为而天下归之。
5	为政篇 2·3	子曰："道之以政，齐之以刑，民免而无耻。道之以德，齐之以礼，有耻且格。"	德、礼、政、刑，治国四要，其用不同。 德礼乃为政之本。
6	为政篇 2·18	子张学干禄。子曰："多闻阙疑，慎言其余，则寡尤；多见阙殆，慎行其余，则寡悔。言寡尤，行寡悔，禄在其中矣。"	为官之道， 谨言慎行。
7	为政篇 2·19	哀公问曰："何为则民服？"孔子对曰："举直错诸枉，则民服；举枉错诸直，则民不服。"	任人唯贤，人心归服。
8	为政篇 2·20	季康子问："使民敬、忠以劝，如之何？"子曰："临之以庄，则敬；孝慈，则忠，举善而教不能，则劝。"	临之以庄、孝慈、举善而教不能，才能使民敬、忠以劝。做国君当做之事，民自然会敬忠以劝，此乃教民之道。孔子强调以上率下，为民师表。
9	为政篇 2·21	或谓孔子曰："子奚不为政？"子曰："《书》云：'孝乎惟孝，友于兄弟，施于有政。'是亦为政，奚其为为政？"	孝、友乃天下治理的根本。

续表

总序号	篇目序号	原文	释义
10	八佾篇 3·19	定公问："君使臣，臣事君，如之何？"孔子对曰："君使臣以礼，臣事君以忠。"	君对臣，以礼相待；臣对君，忠诚不二。
11	八佾篇 3·26	子曰："居上不宽，为礼不敬，临丧不哀，吾何以观之哉？"	统治者，要知理守理。
12	里仁篇 4·13	子曰："能以礼让为国乎？何有？不能以礼让为国，如礼何？"	以礼治国。
13	里仁篇 4·14	子曰："不患无位，患所以立。不患莫己知，求为可知也。"	靠本领获得职位， 靠本领赢得赏识。
14	里仁篇 4·26	子游曰："事君数，斯辱矣；朋友数，斯疏矣。"	事君之道， 尽心足矣。
15	公冶长篇 5·6	子使漆雕开仕。对曰："吾斯之未能信。"子说。	孔子欣赏敬事谦虚的品格。 敬事而从政，非为个人禄位。
16	公冶长篇 5·8	孟武伯问子路仁乎？子曰："不知也。"又问。子曰："由也，千乘之国，可使治其赋也，不知其仁也。" "求也何如？"子曰："求也，千室之邑，百乘之家，可使为之宰也，不知其仁也。" "赤也何如？"子曰："赤也，束带立于朝，可使与宾客言也，不知其仁也。"	仁为大德。 才堪仁使，任才使能。 人尽其才，各得其所。
17	公冶长篇 5·16	子谓子产："有君子之道四焉：其行己也恭，其事上也敬，其养民也惠，其使民也义。"	称赞子产为政，恭己敬上，爱民惠民，合君子之道。
18	公冶长篇 5·19	子张问曰："令尹子文三仕为令尹，无喜色；三已之，无愠色。旧令尹之政，必以告新令尹。何如？"子曰："忠矣。"曰："仁矣乎？"曰："未知。焉得仁？""崔子弑齐君，陈文子有马十乘，弃而违之。至于他邦，则曰：'犹吾大夫崔子也。'违之。之一邦，则又曰：'犹吾大夫崔子也。'违之。何如？"子曰："清矣。"曰："仁矣乎？"曰："未知。焉得仁？"	仅有忠清，不能称仁。

续表

总序号	篇目序号	原文	释义
19	雍也篇 6·2	仲弓问子桑伯子。子曰："可也简。"仲弓曰："居敬而行简，以临其民，不亦可乎？居简而行简，无乃大简乎？"子曰："雍之言然。"	为政者严于自治，而行简以临民，则事不烦而民不扰。为政者疏于自治，所行又简，则法度难守。
20	雍也篇 6·4	子华使于齐，冉子为其母请粟。子曰："与之釜。" 请益。曰："与之庾。" 冉子与之粟五秉。 子曰："赤之适齐也，乘肥马，衣轻裘。吾闻之也：君子周急不继富。"	孔子为政，周急不继富。强调雪中送炭，反对锦上添花。
21	雍也篇 6·5	原思为之宰，与之粟九百，辞。子曰："毋，以与尔邻里乡党乎！"	同上
22	雍也篇 6·8	季康子问："仲由可使从政也与？" 子曰："由也果，于从政乎何有？" 曰："赐也可使从政也与？"曰："赐也达，于从政乎何有？" 曰："求也可使从政也与？"曰："求也艺，于从政乎何有？"	用人之道， 取其所长。 才尽其用， 即可从政。
23	雍也篇 6·9	季氏使闵子骞为费宰。闵子骞曰："善为我辞焉！如有复我者，则吾必在汶上矣。"	危邦不入。 闵子不仕于季氏。
24	雍也篇 6·14	子游为武城宰。子曰："女得人焉尔乎？"曰："有澹台灭明者，行不由径，非公事，未尝至于偃之室也。"	为政以人才为先。
25	雍也篇 6·22	樊迟问知。子曰："务民之义，敬鬼神而远之，可谓知矣。" 问仁。曰："仁者先难而后获，可谓仁矣。"	为政之道，应用力于人道之所宜，不获于鬼神之不可知。先付出，后收获。
26	雍也篇 6·30	子贡曰："如有博施于民而能济众，何如？可谓仁乎？"子曰："何事于仁！必也圣乎！尧、舜其犹病诸！夫仁者，己欲立而立人，己欲达而达人。能近取譬，可谓仁之方也已。"	推己及人，积德成仁。 仁圣所向，博施济众。
27	泰伯篇 8·1	子曰："泰伯，其可谓至德也已矣！三以天下让，民无得而称焉。"	泰伯的至德，体现在三个方面。一是不从其父翦商之志。二是顺从其父打破立嫡之制，与二弟仲雍一起出逃。三是让贤。三弟季历立，其后季历之子姬昌、姬昌之子姬发完成伐纣兴周之功。

续表

总序号	篇目序号	原文	释义
28	泰伯篇 8·6	曾子曰："可以托六尺之孤，可以寄百里之命，临大节而不可夺也。君子人与？君子人也。"	君子是国之栋梁，堪当国之大任，节操坚如磐石。
29	泰伯篇 8·9	子曰："民可使由之，不可使知之。"	孔子等级观念强，瞧不起下层百姓。此言是中国古代愚民政策的理论基础。
30	泰伯篇 8·11	子曰："如有周公之才之美，使骄且吝，其余不足观也已。"	骄傲、吝啬，是统治者的致命之伤。 骄、吝是谦让无私的对立面。谦让无私（像泰伯那样），乃为至德。
31	泰伯篇 8·12	子曰："三年学，不至于谷，不易得也。"	为学的目的，并非仅仅为了获得禄位。为学之旨，当为完善自我，服务于社会。
32	泰伯篇 8·13	子曰："笃信好学，守死善道。危邦不入，乱邦不居。天下有道则见，无道则隐。邦有道，贫且贱焉，耻也；邦无道，富且贵焉，耻也。"	危邦不入，乱邦不居，有道则见，无道则隐，成了中国古代官员明哲保身哲学的理论基础。 与本章"守死善道"，与他在宪问篇讲的"见危授命"，和泰伯篇讲的"临大节而不可夺也"有矛盾。 与孔子本人知不可为而为之也有矛盾。孔子贫贱富贵思想对后世的消极影响也很大。其富贵贫贱思想本身也有矛盾。
33	泰伯篇 8·14	子曰："不在其位，不谋其政。"	不在其位，不谋其政，也是明哲保身。
34	泰伯篇 8·18	子曰："巍巍乎，舜禹之有天下也而不与焉！"	舜禹无私。
35	泰伯篇 8·19	子曰："大哉尧之为君也！巍巍乎！唯天为大，唯尧则之。荡荡乎，民无能名焉。巍巍乎其有成功也，焕乎其有文章。"	尧行天道，无为而治。功德之大，与天比肩。

续表

总序号	篇目序号	原文	释义
36	泰伯篇 8·20	舜有五人而天下治。武王曰："予有乱臣十人。"孔子曰："才难，不其然乎？唐虞之际，于斯为盛。有妇人焉，九人而已。三分天下有其二，以服事殷。周之德，其可谓至德也已矣。"	人才乃之至宝。 人才难得。孔子歧视妇女，给中国社会发展带来极大危害。 孔子反对篡逆。
37	泰伯篇 8·21	子曰："禹，吾无间然矣。菲饮食而致孝乎鬼神，恶衣服而致美乎黻冕；卑宫室而尽力乎沟洫。禹，吾无间然矣。"	禹，大公无私。薄于自奉，厚于公事。
38	先进篇 11·14	鲁人为长府。闵子骞曰："仍旧贯，如之何？何必改作？"子曰："夫人不言，言必有中。"	孔子反对执政者劳民伤财。
39	先进篇 11·17	季氏富于周公，而求也为之聚敛而附益之。子曰："非吾徒也。小子鸣鼓而攻之，可也。"	孔子痛恨谄事上司，为虎作伥。
40	先进篇 11·24	季子然问："仲由、冉求可谓大臣与？"子曰："吾以子为异之问，曾由与求之问。所谓大臣者，以道事君，不可则止。今由与求也，可谓具臣矣。"曰："然则从之者与？"子曰："弑父与君，亦不从也。"	为官当以道事上，不可只做充位之官。
41	先进篇 11·25	子路使子羔为费宰。子曰："贼夫人之子。" 子路曰："有民人焉，有社稷焉，何必读书，然后为学？" 子曰："是故恶夫佞者。"	德才不配其位，害政误己。
42	颜渊篇 12·2	仲弓问仁。子曰："出门如见大宾，使民如承大祭。己所不欲，勿施于人。在邦无怨，在家无怨。"	为官当谦虚谨慎，恪尽职守，体恤别人。
43	颜渊篇 12·7	子贡问政。子曰："足食，足兵，民信之矣。"子贡曰："必不得已而去，于斯三者何先？"曰："去兵。" 子贡曰："比不得已而去，于斯二者何先？"曰："去食。自古皆有死，民无信不立。"	为政之要，取信于民。
44	颜渊篇 12·9	哀公问于有若曰："年饥，用不足，如之何？"有若对曰："盍彻乎？"曰："二，吾犹不足，如之何其彻也？"对曰："百姓足，君孰与不足？百姓不足，君孰与足？"	君民一体。 反对厚敛。为政当节用恤民。

续表

总序号	篇目序号	原文	释义
45	颜渊篇 12·11	齐景公问政于孔子。孔子对曰："君君、臣臣，父父，子子。"公曰："善哉！信如君不君，臣不臣，父不父，子不子，虽有粟，吾得而食诸？"	君君、臣臣、父父、子子，是孔子政治思想的核心，是中国封建专制统治的最核心的理论基础。君臣父子，上下尊卑，不失伦序，社会安定。
46	颜渊篇 12·12	子曰："片言可以折狱者，其由也与？"	子路忠信明决，善于听讼折狱。
47	颜渊篇 12·13	子曰："听讼，吾犹人也。必也使无讼乎？"	听讼，治之末；以礼让为国，使之无讼，乃为治之本。
48	颜渊篇 12·14	子张问政。子曰："居之无倦，行之以忠。"	为政者当忠于职守，诚心爱民，切勿倦怠。
49	颜渊篇 12·17	季康子问政于孔子。孔子对曰："政者，正也。子帅以正，孰敢不正？"	为政者，当正己率下。已正方能正人。治国者，行正道，天下大治。溺于利欲，国家必乱。
50	颜渊篇 12·18	季康子患盗，问于孔子。孔子对曰："苟子之不欲，虽赏之不窃。"	上无私心贪欲，下亦知耻不窃。
51	颜渊篇 12·19	季康子问政于孔子曰："如杀无道，以就有道，何如？"孔子对曰："子为政，焉用杀？子欲善而民善矣。君子之德风，小人之德草。草上之风，必偃。"	上行下效。 自本条而上三章，皆言此理。
52	颜渊篇 12·20	子张问："士何如斯可谓之达矣？"子曰："何哉，尔所谓达者？"子张对曰："在邦必闻，在家必闻。"子曰："是闻也，非达也。夫达也者，质直而好义，察言而观色，虑以下人。在邦必达，在家必达。夫闻也者，色取仁而行违，居之不疑。在邦必闻，在家必闻。"	从政者，当潜心修德，质直好义。不可徒务虚名。
53	颜渊篇 12·22	樊迟问仁。子曰："爱人。"问知。子曰："知人。" 樊迟未达。子曰："举直错诸枉，能使枉者直。" 樊迟退，见子夏曰："乡也吾见于夫子而问知，子曰：'举直错诸枉，能使枉者直'，何谓也？" 子夏曰："富哉言乎！舜有天下，选于众，举皋陶，不仁者远矣。汤有天下，选于众，举伊尹，不仁者远矣。"	为政之要，知人善任。 在上者无私，下下者亦仿效之。 知人善人，既智且仁。

续表

总序号	篇目序号	原文	释义
54	子路篇 13·1	子路问政。子曰："先之劳之。"请益。曰："无倦。"	为政之要，以身作则，永不懈怠。
55	子路篇 13·2	仲弓为季氏宰。问政。子曰："先有司，赦小过，举贤才。" 曰："焉知贤才而举之？"子曰："举尔所知。尔所不知，人其舍诸？"	为政三要： 以身作则，不求全责备，举贤使能。
56	子路篇 13·3	子路曰："卫君待子而为政，子将奚先？" 子曰："必也正名乎！" 子路曰："有是哉，子之迂也！奚其正？" 子曰："野哉，由也！君子于其所不知，盖阙如也。名不正，则言不顺；言不顺，则事不成；事不成，则礼乐不兴；礼乐不兴，则刑罚不中；刑罚不中，则民无所措手足。故君子名之必可言也，言之必可行也。君子于其言，无所苟而已矣。"	正名，是孔子政治理论的重要内容。 孔子强调正名定分，并把它作为实现国家治理的根本前提。 正名，即辨正名分，即君君、臣臣、父父、子子的名分，做到人伦正，天理得，名正言顺，方可得人心，实现国家治理。
57	子路篇 13·4	子曰："上好礼，则民莫敢不敬；上好义，则民莫敢不服；上好信，则民莫敢不用情。"	上行下效。
58	子路篇 13·6	子曰："其身正，不令而行；其身不正，虽令不从。"	身端行正，才有号召力和影响力，才能竖起权威。
59	子路篇 13·9	子适卫，冉有仆。子曰："庶矣哉！"冉有曰："既庶矣，又何加焉？"曰："富之。"曰："既富矣，又何加焉？"曰："教之。"	为政两件大事：富民、教民。
60	子路篇 13·11	子曰："'善人为邦百年，亦可以胜残去杀矣。'诚哉是言也！"	孔子推崇仁政。
61	子路篇 13·12	子曰："如有王者，必世而后仁。"	同上。
62	子路篇 13·13	子曰："苟正其身矣，于从政乎何有？不能正其身，如正人何？"	政者，正也。 其身正，不令而行。
63	子路篇 13·14	冉子退朝。子曰："何晏也？"对曰："有政。"子曰："其事也。如有政，虽不吾以，吾其与闻之。"	政与事不同。 政乃国政，事为家私。

续表

总序号	篇目序号	原文	释义
64	子路篇 13·15	定公问："一言而可以兴邦，有诸？"孔子对曰："言不可以若是其几也。人之言曰：'为君难，为臣不易。'如知为君之难也，不几乎一言而兴邦乎？" 曰："一言而丧邦，有诸？" 孔子对曰："言不可以若是其几也。人之言曰：'予无乐乎为君，唯其言而莫予违也'。如其善而莫之违，不亦善乎？如不善而莫之违也，不几乎一言而丧邦乎？"	为君者，当知为君之难，战战兢兢，如临深履深渊，如履薄冰，如此，国必兴；为君者，如乐于"唯其言而莫予违也，"则君日骄而臣日谄，国必亡。
65	子路篇 13·16	叶公问政。子曰："近者说，远者来。"	为政要使人民满意。
66	子路篇 13·17	子夏为莒父宰，问政。子曰："无欲速，无见小利。欲速则不达；见小利则大事不成。"	为政不要急于求治，不要因小失大。
67	子路篇 13·20	子贡问曰："何如斯可谓之士矣？" 子曰："行己有耻，使于四方，不辱君命，可谓士矣。"…… 曰："敢问其次。"曰："言必信，行必果。"曰："今之从政者何如？"子曰："噫！斗筲之人，何足算也！"	为政者，当身端行正，恪尽职守。言必信，行必果。
68	子路篇 13·25	子曰："君子易事而难说也。说之不以道，不说也。及其使人也，器之。小人难事而易说也。说之虽不以道，说也。及其使人也，求备焉。"	君子为政，一心为公。小人为政，一心为私。
69	子路篇 13·29	子曰："善人教民七年，亦可以即戎矣。"	加强国防教育国防动员，教育人民保卫国家，乃国之大事。
70	子路篇 13·30	子曰："以不教民战，是谓弃之。"	同上
71	宪问篇 14·1	宪问耻。子曰："邦有道，谷；邦无道，谷，耻也。"	为官但为食禄，可耻。 邦有道必须有为，邦无道必须独善，才是为官之道。
72	宪问篇 14·3	子曰："邦有道，危言危行；邦无道，危行言孙。"	邦无道言语谦顺，乃明哲保身哲学。

续表

总序号	篇目序号	原文	释义
73	宪问篇 14·11	子曰："孟公绰为赵、魏老则优，不可以为滕、薛大夫。"	用人之道，在于量才适用，使人尽其才，各得其所。
74	宪问篇 14·15	子曰："晋文公谲而不正，齐桓公正而不谲。"	政者，正也。为君不正，其政可知。
75	宪问篇 14·16	子路曰："桓公杀公子纠，召忽死之，管仲不死。"曰："未仁乎？"子曰："桓公九合诸侯，不以兵车，管仲之力也。如其仁，如其仁。"	管仲相桓公，称霸诸侯，息兵安民，推行仁政。
76	宪问篇 14·17	子贡曰："管仲非仁者与？桓公杀公子纠，不能死，又相之。"子曰："管仲相桓公，霸诸侯，一匡天下，民到于今受其赐。微管仲，吾其被发左衽矣。岂若匹夫匹妇之为谅也，自经于沟渎而莫之知也。"	同上。 评价一个人，当看其大节。
77	宪问篇 14·18	公叔文子之臣大夫僎与文子同升诸公。子闻之，曰："可以为'文'矣。"	公叔文子知人、无私，官德可嘉。
78	宪问篇 14·22	子路问事君。子曰："勿欺也，而犯之。"	不欺，犯颜谏诤，皆臣之职守也，是忠的具体表现。
79	宪问篇 14·37	子曰："贤者辟世，其次辟地，其次辟色，其次辟言。" 子曰："作者七人矣。"	明哲保身。
80	宪问篇 14·38	子路宿于石门。晨门曰："奚自？"子路曰："自孔氏。"曰："是知其不可而为之者与？"	孔子自己"知其不可而为之"与他提倡的明哲保身哲学有矛盾之处。
81	宪问篇 14·41	子曰："上好礼，则民易使也。"	以礼治国。
82	宪问篇 14·42	子路问君子。子曰："修己以敬。"曰："如斯而已乎？"曰："修己以安人。"曰："如斯而已乎？"曰："修己以安百姓。修己以安百姓，尧、舜其犹病诸？"	为政当恪尽职守，本于恭敬。 为政之责，在于济世安民。
83	卫灵公篇 15·5	子曰："无为而治者其舜也与？夫何为哉？恭己正南面而已矣。"	己正可以正人。统治者正，天下可无为而治。
84	卫灵公篇 15·7	子曰："直哉史鱼！邦有道，如矢；邦无道，如矢。君子哉蘧伯玉！邦有道，则仕；邦无道，则可卷而怀之。"	孔子称史鱼"直"。赞许蘧伯玉为君子。其明哲保身哲学是显而易见的。

续表

总序号	篇目序号	原文	释义
85	卫灵公篇 15·8	子曰："可与言而不与之言，失人；不可与言而与之言，失言。知者不失人，亦不失言。"	为政不可失人。
86	卫灵公篇 15·11	颜渊问为邦。子曰："行夏之时，乘殷之辂，服周之冕。乐则《韶》、《舞》。放郑声，远佞人。郑声淫，佞人殆。"	远小人。
87	卫灵公篇 15·14	子曰："臧文仲其窃位者与！知柳下惠之贤而不与立也。"	任贤使能，为官者之职守也。
88	卫灵公篇 15·32	子曰："君子谋道不谋食。耕也，馁在其中矣；学也，禄在其中矣。君子忧道不忧贫。"	孔子主张学以求禄，这一思想对后世读书人影响很大。
89	卫灵公篇 15·34	子曰："君子不可小知而可大受也，小人不可大受而可小知。"	识人之道， 观人之法。
90	卫灵公篇 15·38	子曰："事君，敬其事而后其食。"	先尽职守，再拿俸禄。
91	季氏篇 16·1	孔子曰："求！周任有言曰：'陈力就列，不能者止。'危而不持，颠而不扶，则将焉用彼相矣。" 孔子曰："丘也闻有国有家者，不患寡而患不均，不患贫而患不安。盖均无贫，和无寡，安无倾。"	恪尽职守，不得苟且，是为官者之天职。危而不持，颠而不扶，与危邦不入乱邦不居有矛盾。 治国，追求均和安。
92	季氏篇 16·2	孔子曰："天下有道，则礼乐征伐自天子出；天下无道，则礼乐征伐自诸侯出。……天下有道，则政不在大夫。天下有道，则庶人不议。"	礼乐征伐，国之大事。 上无失政，下无私议。
93	季氏篇 16·11	孔子曰："见善如不及，见不善如探汤。吾见其人矣，吾闻其语矣。隐居以求其志，行义以达其道。吾闻其语矣，未见其人也。"	明哲保身。
94	阳货篇 17·1	阳货谓孔子曰："来，予与尔言。"曰："怀其宝而迷其邦，可谓仁乎？"曰："不可。""好从事而亟失时，可谓知乎？"曰："不可。""日月逝矣，岁不我与。" 孔子曰："诺，吾将仕矣。"	仁者知者，当效力于国家社会。

续表

总序号	篇目序号	原文	释义
95	阳货篇 17·4	子之武城，闻弦歌之声。夫子莞尔而笑，曰："割鸡焉用牛刀？" 子游对曰："昔者偃也闻诸夫子曰：'君子学道则爱人，小人学道则易使也。'" 子曰："二三子！偃之言是也。前言戏之耳。"	以礼乐治国。
96	阳货篇 17·5	公山弗扰以费畔，召，子欲往。子路不说。曰："末之也，已，何必公山氏之之也？" 子曰："夫召我者，而岂徒哉？如有用我者，吾其为东周乎？"	孔子积极从政。
97	阳货篇 17·6	子张问仁于孔子。孔子曰："能行五者于天下为仁矣。" "请问之。"曰："恭、宽、信、敏、惠。恭则不侮，宽则得众，信则人任焉，敏则有功，惠则足以使人。"	仁者为政，恭、宽、信、敏、惠。
98	阳货篇 17·7	佛肸召，子欲往。 子路曰："昔者由也闻诸夫子曰：'亲于其身为不善者，君子不入也'。佛肸以中牟畔，子之往也，如之何？" 子曰："然，有是言也。不曰坚乎，磨而不磷；不曰白乎，涅而不缁。吾岂匏瓜也哉？焉能系而不食？"	孔子积极从政。
99	阳货篇 17·15	子曰："鄙夫可与事君也与哉？其未得之也，患得之。既得之，患失之。苟患失之，无所不至矣。"	患得患失者，必蠹政害民。
100	微子篇 18·6	长沮、桀溺耦而耕，孔子过之，使子路问津焉。 …… 曰："滔滔者天下皆是也，而谁以易之？且而与其从辟人之士也，岂若从辟世之士？" 子路行以告。 夫子怃然曰："鸟兽不可与同群，吾非斯人之徒与而谁与？天下有道，丘不与易也。"	孔子慨然以拯救天下为己任。 应与人为群，不可绝人逃世以为洁。

续表

总序号	篇目序号	原文	释义
101	微子篇 18·7	子路曰："不仕无义。长幼之节，不可废也；君臣之义，如之何其废之？欲洁其身，而乱大伦。君子之仕也，行其义也。道之不行，已知之矣。"	知不可为而为之。 朱熹有五伦之说。即父子有亲，君臣有义，夫妇有别，长幼有序，朋友有信。
102	微子篇 18·8	逸民：伯夷、叔齐、虞仲、夷逸、朱张、柳下惠、少连。 子曰："不降其志，不辱其身，伯夷、叔齐与！"谓："柳下惠、少连，降志辱身矣，言中伦，行中虑，其斯而已矣"。谓："虞仲、夷逸，隐居放言。身中清，废中权。我则异于是，无可无不可"。	可仕则仕， 可止则止。 可久则久， 可速则速。
103	子张篇 19·1	子张曰："士见危致命，见得思义，祭思敬，丧思哀，其可已矣。"	此四者，立身之大节。
104	子张篇 19·13	子夏曰："仕而优则学，学而优则仕。"	学仕相长。 学而促仕， 仕而促学。
105	子张篇 19·18	曾子曰："吾闻诸夫子：孟庄子之孝也，其他可能也；其不改父之臣与父之政，是难能也。"	后任用前任贤人，行前任善政，殊为可嘉。
106	尧曰篇 20·2	子张问于孔子曰："何如斯可以从政矣？" 子曰："尊五美，屏四恶，斯可以从政矣。" 子张曰："何谓五美？" 子曰："君子惠而不费，劳而不怨，欲而不贪，泰而不骄，威而不猛。" 子张曰："何谓惠而不费？" 子曰："因民之所利而利之，斯不亦惠而不费乎？择可劳而劳之，又谁怨？欲仁而得仁，又焉贪？君子无众寡，无小大，无敢慢，斯不亦泰而不骄乎？君子正其衣冠，尊其瞻视，俨然人望而畏之，斯不亦威而不猛乎？" 子张曰："何谓四恶？" 子曰："不教而杀谓之虐，不戒视成谓之暴，慢令致期谓之贼，犹之与人也，出纳之吝谓之有司。"	孔子强调为政，当利民惠民，使民以时。因民之所利而利之，择可劳而劳。还要自尊尊人。反对虐民、暴民、贼民。

附录十二：中国传统文化发展简明历程

中国是世界上人类文明最早的发源地之一，是文明发展源远流长、绵延不绝、从来没有中断过的唯一国家。5000多年的中华文明史，是人类文明发展的奇迹，是中华民族的骄傲。

习近平总书记指出："文化是一个国家、一个民族的灵魂。""文化自信，是更基础、更广泛、更深厚的自信，是更基本、更深沉、更持久的力量。"[1]"要深入了解中华文明5000多年的发展史，把中华文明历史研究引向深入，推动全党全社会增强历史自觉，坚定文化自信，坚定不移走中国特色社会主义道路，为全面建设社会主义现代化国家、实现中华民族伟大复兴而团结奋斗。"[2]

为深入贯彻落实习近平总书记重要指示精神，我们梳理了中国传统文化发展历程，供读者朋友在阅读本书时参考。

一、中国传统文化发展的历史分期及其文化特色

（一）远古文化

考古发现和历史传说表明，早在原始社会，我们中华民族的祖先就创造了多姿多彩的远古文化。原始农业、手工业、服饰、建筑和早期医药、武器等的发明和发展，彰显了远古时代人们的勤劳、智慧和巨大创新创造能力，也逐渐地促进和改善着他们的生产生活条件。中华大地在物质文明萌发的同时，思想文化也开始孕育和生长起来。比如女娲造人的传说，反映了人们对于人类起源问题的思考。共工的故事，表明了人们对中华大地

山川形势的认识和希望改天换地的精神。《淮南子·天子训》曰：“昔者共工与颛顼争为帝，怒而触不周之山，天柱折，地维绝。天倾西北，故日月星辰移焉；地不满东南，故水潦尘埃归焉。”[3]伏羲氏始作八卦，反映了远古人们的逻辑思维和辩证思维。《易传·系辞下》：“古者包牺氏之王天下也，仰则观象于天，俯则观法于地，观鸟兽之文与地之宜，近取诸身，远取诸物，于是始作八卦，以通神明之德，以类万物之情。”[4]尧舜禹“禅让”的传说，反映了当时部落联盟集体推举天下盟主的制度和用人唯贤的思想意识。

（二）夏商西周文化

约公元前21世纪，夏王朝建立了，这是中华大地出现的最早的奴隶制国家。国家的诞生，是人类历史发展的一个巨大进步，它结束了漫长的原始部落之间经常性的、无休止的争斗和屠杀，在国家有效管辖的疆域之内，建立了属于全体国民的利益和命运共同体。从此，国民有了一个较为可靠的安全依托，社会开始相对地安定下来，并为经济和文化发展提供了有利的政治和社会环境。

夏商时期，奴隶制社会政治、经济有了较大发展，与之相适应的思想文化也逐步形成特色。比如宣传政治神秘主义，鼓吹王权神授。所谓“天命玄鸟，降而生商”[5]之说，即是对商王受命于天、统治天下的神化渲染。“殷人尊神，率民以事神。”[6]再比如宣扬宗法等级观念，倡行礼仪制度等，都是从意识形态上维护奴隶制统治秩序。

公元前1046年，武王伐纣，周王朝代商而立。周朝对夏商制度加以斟酌损益，建立了系统完善的奴隶制国家制度。诸侯分封制度和井田制的推行，有力地促进了奴隶制政治和经济的发展。在思想文化和意识形态领域，宗法等级观念进一步强化，礼乐文化臻于完善。诚如《左传》所言：“故天子建国，诸侯立家，卿置侧室，大夫有贰宗，士有隶弟子，庶人工商各有分亲，皆有等衰，是以民服事其上而下无觊觎。”[7]对西周的礼乐文化，孔子倍加赞誉。他说：“周监于二代，郁郁乎文哉！吾从周。”[8]他“在齐闻《韶》，三月不知肉味”。他说：“不图为乐之至于斯也。”[9]

商周时期，我国已经有了比较成熟的文字——甲骨文和金文。文字的使用，有力地促进了文化发展。夏商西周时期，学校教育不断进步，“夏曰校，殷曰序，周曰庠。学，则三代共之”。[10]到了西周，教育制度日趋完备。在都城设立国学，国学又分为大学和小学；在全国各地设立乡学。学校教学的内容，主要是“六艺”，即礼、乐、射、御、书、数。

这一时期的文化，最难能可贵的是，周人总结夏商统治者失德而亡的教训，提出了明德保民的思想。他们认识到，“天畏棐忱，民情大可见”。[11]要“知稼穑之艰难”，“怀保小民，惠鲜鳏寡”。“无淫于观、于逸、于游、于田，以万民惟正之供”。[12]

（三）春秋战国时期的文化

公元前770年，周平王将都城从镐京（今陕西西安）东迁到洛邑（今河南洛阳），中国历史进入了东周时期即春秋战国时期，进入了从奴隶制社会向封建制社会过渡的大动荡、大分化、大变革的时期。社会剧变，激发了人们对人生和社会问题的思考，各诸侯国的统治者，同样在寻求强国安民之道，各种思想流派应时而生。“时君世主，好恶殊方，是以九家之术，蜂出并作，各引一端，崇其所善。”[13]就是在这样的历史和时代背景下，中华文化的发展进入了一个繁荣昌盛的时期，百花齐放，百家争鸣，群英荟萃，精彩纷呈，人们思想之活跃，成果之丰硕，其格局和气象之远大，推动着春秋战国时期的思想文化走上了中国传统文化发展的顶峰。

对诸子百家学说，《史记》作者司马迁之父司马谈将其概括为阴阳、儒、墨、名、法、道德六家。《汉书·艺文志》引用刘歆《七略》的诸子略，将其分为十家，即儒、道、阴阳、法、名、墨、纵横、杂、农、小说。

关于各家学说，司马谈认为它们有一个共同的宗旨，就是为了把国家和社会治理好。他引《易大传》“天下一致而百虑，同归而殊途”之言，指出，“夫阴阳、儒、墨、名、法、道德，此务为治者也，直所从言之异路，有省不省耳”。[14]

先秦诸子百家，成就最大、对后世影响最为深远的是儒、法、墨、道四家，在秦汉以后中国思想文化发展过程中，其他思想流派的学说（甚至包括墨家学说）则渐渐融入儒、道、法家学说之中。

儒家以孔子、孟子、荀子为代表。孔子是儒学的创始人。儒学的核心思想是仁、义，以礼、乐为实现形式，希望通过“列君臣父子之礼，序夫妇长幼之别”，[15]以实现国家和社会治理，建立安定和谐的社会。

法家强调“尊主卑臣”“正君臣上下之分”“分职不得相踰越”，认为治国当“不别亲疏，不殊贵贱，一断于法”。[16]法家思想的集大成者是韩非。韩非反对复古，强调顺应时变，“世异则事异”“事异则备变”。他认为“今欲以先王之政，治当世之民，皆守株之类也”。[17]

墨家创始人是墨子（墨翟）。墨家强调兼爱、非攻、尚贤、尚同、节葬、节用。尚贤和兼爱是墨家政治思想的核心。墨子指出“国有贤良之士众，则国家之治厚；贤良之士寡，则国家之治薄”，尚贤使能，乃为政之本。最可贵的是，墨子强调“官无常贵，而民无终贱，有能则举之，无能则下之。举公义，辟私怨”。他主张向“农与工肆之人”开放政权，“有能则举之，高予之爵，重予之禄，任之以事，断予之令”。[18]关于兼爱，他认为：“诸侯相爱，则不野战；家主相爱，则不相篡；人与人相爱，则不相贼；君臣相爱，则惠忠；父子相爱，则慈孝；兄弟相爱，则和调。天下之人皆相爱，强不执弱，众不劫寡，富不侮贫，贵不敖贱，诈不欺愚。凡天下祸篡怨恨可使毋起者，以相爱生也。”他强调，“兼相爱，交相利，此圣王之法，天下之治道也”。[19]

道家的代表人物是老庄，老子是创始人。老庄哲学是先秦哲学的最高峰。关于世界万物之起源，老子认为“天下万物生于有，有生于无”[20]“道生一，一生二，二生三，三生万物”。[21]老子强调，世界是对立统一的矛盾组合，事物矛盾的双方，相互依存，相互转化。他指出：“有无相生，难易相成，长短相较，高下相倾，音声相和，前后相随。”[22]“祸兮福之所倚，福兮祸之所伏。”[23]对于治理国家和社会，老子强调“无为，又曰无不为”，即不必要做的事情不去做，这也同时意味着，必要做的事情一定要做，而且一件都不能少。司马谈称之为“其术以虚无为本，以因循为用”，“时变是守”，“究万物之情”；[24]班固誉之为“知秉要执本，清虚以自守，卑弱以自持，此君人南面之术也”。[25]老子强烈谴责国家统治者为所欲为，认为一切社会问题，都是由于统治者胡作非为造成的。他说：“民之饥，以其上食税之多，是以饥。民之难治，以其上之有为，是以难治。民之轻死，以其求生之厚，是以轻死。”[26]关于为人处世，道家强调与世无争，功遂身退，低调做人，像水那样“善利万物而不争”；[27]强调“精神专一，动合无形，赡足万物”，“与时迁移，应物变化”；[28]强调“依乎天理，因其固然”，“安时而处顺”。[29]道家学说，是春秋战国时期博大精深的文化成就，完全可以与同一时期古希腊哲学家、思想家苏格拉底、柏拉图、亚里士多德的学术成就媲美并论。

（四）秦汉时期的文化

秦汉是中国传统文化经历春秋战国文化高峰之后走向大衰落的时期，也是中国传统文化从繁荣昌盛、生机勃发，走向僵化保守、愚昧反动的时期。

公元前221年，秦始皇一统天下，建立了统一的多民族的封建国家。秦王朝统一文字，置博士官，诸子百家，包括儒家在内，皆立博士，为文化事业的发展创造了有利条件。但是不久，公元前213年，因“诸生不师今而学古，以非当世，惑乱黔首”，“人闻令下，则各以其学议之，入则心非，出则巷议，夸主以为名，异取以为高，率群下以造谤”，[30]其中一些儒生还存在复辟六国割据的思想，秦始皇遂采纳丞相李斯的建议，下令焚书坑儒。这虽是在巩固国家统一的斗争中发生的极端事件，但对思想文化发展无疑产生了遏制和阻碍作用。

西汉初年，提倡黄老之学，蔑视儒学儒生。汉武帝时期，出于维护汉王朝“大一统”专制统治的需要，汉武帝采纳董仲舒的建议，罢黜百家，独尊儒术。董仲舒指出：“《春秋》大一统者，天地之常经，古今之通谊也。今师异道，人异论，百家殊方，指意不同，是以上亡以持一统；法制数变，下不知所守。”他建议“诸不在六艺之科孔子之术者，皆绝其道，勿使并进”。[31]汉武帝的这一举措，对加强中央集权，维护国家统一是有一定作用的，但“对于学术文化的发展是非常不利的”。[32]如果说，秦始皇焚书坑儒对文化发展是一时之害，那么，罢黜百家，独尊儒术，则限制、阻碍和束缚了中国两千多年思想文化的发展，使中国失去了学术自由和思想自由的空气，使中国传统文化走上了儒学霸权和畸形扩张的道路。

汉武帝建元六年（公元前135年），笃好黄老之学的窦太后辞世，汉武帝起用田蚡为相。田蚡优礼延揽儒生数百人，全员罢黜不治儒家五经的太常博士，排斥黄老刑名百家之言于官学之外。从此以后，儒学成了官学，取得了独霸学术的地位，但它同时也失去了与其他学术流派相互争鸣论辩健康发展的环境条件，成为御用文化，成为儒生仕进和博取功名的“禄利之路”，[33]成为维护封建专制统治的工具。汉武帝时，博士弟子仅五十人，到汉成帝时已达三千人，至东汉顺帝时，博士弟子达到了三万人。

在儒学独尊的环境下，儒学传授出现了繁荣昌盛的局面，传经解经成为时尚。《诗》《书》《礼》《易》《春秋》等儒家经典，各有师承传授。对这些经典的解释，日趋繁杂，有时一经的解释达百万余言。两汉儒学在先秦儒学君君、臣臣、父父、子子之名分观念和“仁义”学说之外，出于维护封建专制统治的需要，增添了唯心主义哲学和神化专制皇权的学说。董仲舒首创天人感应学说，主张“道之大原出于天，天不变道亦不变”，[34]并将君臣、夫妻、父子称为“王道之三纲”，认为三纲“可求于天”，[35]把封建政权与神权、夫权糅合在了一起。到了后来，出现了今文经学与古文经学之争，还出现了宣扬神灵怪异、荒诞不经的谶纬之学。这些情况，对儒学的健康发展，对中国传统文化的发展，都产生了极坏的影响。

一切事物都有它的对立面。在两汉经学走向反动的时候，出现了桓谭、尹敏、郑兴、张衡等一批有识之士，出现了唯物主义思想家王充。桓谭反对将今文经谶纬化，极陈“诸巧慧小才伎数之人，增益图书，矫称谶记，以欺惑贪邪，诖误人主”，[36]力言谶不合经。王充不仅攻击今文经和谶纬，还跳出了经学的圈子，建立了较为系统的唯物主义哲学。他强调天道自然，反对天人感应的说教。他认为人之精神依存于形体，“形须气而成，气须形而知，天下无独燃之火，世间安得有无体独知之精？”[37]

史学的发展，在两汉出现一个高峰。我国有重视历史的优良传统，彰显了中华民族的政治文化自觉。班固指出：“古之王者世有史官，君举必书，所以慎言行，昭法式也。左史记言，右史记事，帝王靡不同之。”[38]春秋时期，孔子有感于当时礼崩乐坏、王道衰微的政治现状，为“拨乱世反之正”，乃作《春秋》，“上明三王之道，下辨人事之纪，别嫌疑，明是非，定犹豫，善善恶恶，贤贤贱不肖，存亡国，继绝世，补敝起废”。[39]《春秋》是我国第一部比较成熟的编年体史学著作，是我国鉴戒史学的样本。秦汉时期，中国史学在先秦史学的基础上，有了更大的发展。司马迁写的《史记》和班固写的《汉书》的出现，标志着中国史学已成为中国传统文化发展一个十分重要的领域。

司马迁极力称赞孔子的《春秋》，他说：“有国者不可以不知《春秋》，前有馋而弗见，后有贼而不知。为人臣者不可以不知《春秋》，守经事而不知其宜，遭变事而不知其权”。于是，他效法孔子《春秋》之榜样，祖述三皇五帝以来旧闻，论次汉初“明主贤君忠臣死义之士”[40]之史文，写成了一部“究天人之际，通古今之变，成一家之言”[41]的伟大著作《史记》。这部书，是中国政治文化和思想文化的一座宝藏。

在思想文化走向僵化保守的时候，两汉文学发展却取得了一定成就。以贾谊《陈政事疏》《过秦论》和晁错《论贵粟疏》为代表的汉初政论；以贾谊《吊屈原赋》、枚乘《七发》和司马相如《子虚赋》《上林赋》为代表的汉赋；还有“感于哀乐，缘事而发”[42]的乐府诗，都是中国传统文化的璀璨明珠。

（五）魏晋南北朝时期的文化

魏晋南北朝时期，是中国社会继春秋战国之后又一次大分裂、大动荡的时期。群雄并起，朝代更迭，战乱连绵，人生多艰，打破了秦汉以来国家统一、社会相对安宁的生产生活秩序，政治、经济、军事等各方面都处于波谲云诡之中。冷酷无情的社会现实，激发着人们对人生和社会问题的思考，中国传统文化进入了一个在无奈无助痛苦呻吟和呐喊挣扎中发展的特殊阶段。

社会动荡，人事纷扰，冲击了儒学的独尊地位，魏晋玄学取代两汉经学，成为思想文化领域主流思潮。以王弼、何晏、阮籍、嵇康、向秀、郭象为代表的玄学家，采取“清谈”方式，使用玄奥、诡秘和隐讳的语言，用老庄思想糅合儒家经义，探讨天道、自然、无、有、名教等重大哲学问题，讨论国家和社会治理，讨论人生逻辑，丰富和发展了春秋战国时期诸子百家学说。何晏认为：“天地万物以无为本。无也者，开物成务，无往而不存者也。”[43]嵇康主张：“崇简易之教，御无为之治，君静于上，臣顺于下。”[44]“当其得意，忽忘形骸。”[45]郭象注《庄子》，认为："天地万物，凡所有者不可一日而相无。"[46]"圣人虽在庙堂之上，然其心无异于山林之中。"[47]"虽终日挥形而神气无变，俯仰万机而淡然自若。"[48]

社会动荡，儒学独尊地位的动摇，也为佛教和道教的传播发展创造了条件。魏晋南北朝时期，儒释道相互排斥，相互攻讦；又相互借势，相互融合。到了东晋以后，玄学衰微，玄学佛学合流，儒、佛、道杂糅，成了当时中国思想文化发展的特殊现象。

佛教自汉代传入中国后，最早的信徒是帝王贵族，并因佛教的某些教义与黄老学说相似才得以生存下来的。楚王刘英"喜黄老学，为浮屠（佛）斋戒祭祀"。[49]汉桓帝在"宫中立黄老浮屠之祠"。当时的人们把佛教教义理解为清心无为，"省欲去奢"。[50]到了三国两晋南北朝，动荡不安的社会环境，无所适从的大众心态，促成了佛教在中华大地的繁荣兴盛。在统治者看来，佛教的因果报应、悟道、劝善、度己度人等教义，可以激发人们行善去恶，遏制人民反抗。因此，很多皇帝支持佛教的发展。南朝宋文帝曾说："若使率土之滨皆敦此化，则朕坐致太平，夫复何事？"[51]何尚之在《答宋文帝赞扬佛教事》中说："夫能行一善则去一恶，一恶既去，则息一刑，一刑息于家，则万刑息于国……即陛下所谓坐致太平也。"[52]对广大人民来说，烧香拜佛，成了他们祈求福佑摆脱苦难的精神寄托。

道教形成于东汉时期，是民间巫书与黄老学说结合的产物。道教在统治者与民间有不同内容。前者融合儒学，宣扬"道者儒之本也，儒者道之末也"，[53]希望用道学遏制人民反抗，维护封建专制统治。后者宣扬散财救穷，在东汉末年黄巾起义中成为起义农民的组织手段。魏晋南北朝时期，道教通过符水治病等办法，吸纳了一部分苦难的人民作为信徒。但"道教教理杂乱，哲学思想较为贫乏"，[54]其势力和影响与佛教相差甚远。

魏晋南北朝时期的思想文化，最值得称道的是范缜及其《神灭论》。梁天监六年（507年），范缜发表了轰动一时、影响深远的哲学著作《神灭论》。他针对玄学、佛学合流的南朝思想界长期存在的形神因果之争，鲜明地提出："神即形也，形即神也，是以形存而神存，形谢则神灭也。""形者神之质，神者形之用……神之于质，犹利之于刃；形之于用，犹刃之于利……舍利无刃，舍刃无利。未闻刃没而利存，岂容形亡而神在？"[55]他的论断，指明了形和神的统一，沉重地打击了佛教神不灭思想。最难能可贵的是，他不畏权贵、捍卫真理的精神。当时，梁武帝属意臣僚60余人向他发起攻击，他"辨摧众口，日服千人"，[56]始终没有退却。对南朝佛教盛行，"浮屠害政，桑门蠹俗"[57]之弊，他向齐竟陵王萧子良直陈因果报应说教之荒谬。萧子良集僧非难，文士著论反对，都不能使他屈服。萧子良命王融用周孔明教胁迫他，用中书郎美职诱惑他，他说："使范缜卖论取官，已至令仆矣，何但中书郎耶？"[58]

魏晋南北朝时期的文学，是一个姹紫嫣红的文化百花园。以曹操、曹丕、曹植为代表的建安诗人，直面惨淡人生，真切描绘社会动荡之下人民的苦难。曹操"铠甲生虮虱，万姓以死亡。白骨露于野，千里无鸡鸣。生民百遗一，念之断人肠"[59]的诗句，寄托了对人民疾苦的关切。在曹氏父子周围，聚集了"建安七子"和女诗人蔡琰等一批才华横溢的诗人。晋以后的诗人，各展才华，各显风采。左思之诗愤世嫉俗，思想深邃；陶渊明之诗蔑视权势，怡然自乐；鲍照之诗题材广泛，骨力强劲；谢灵运之诗寄情山水，风光无限。以《敕勒歌》《木兰词》为杰出代表的乐府民歌，脍炙人口，质朴感人。以干宝《搜神记》为代表的志怪小说和刘义庆的《世说新语》，文字精练，思想内容耐人寻味。曹丕《典论·论文》，提出文章乃"经国之大业，不朽之盛事"，[60]是我国最早也是十分重要的文学批评著作。刘勰在《文心雕龙》中提出"文变染乎世情，兴废系乎时序"，[61]见解深刻独到。钟嵘《诗品》，认为诗弘兴、赋、比三义，"酌而用之，干之以风力，润之以丹采，使味之者无极，闻之者动心，是诗之至也”。[62]还要指出的是，魏晋文学在硕果累累的同时，却因一部分文人缺乏对社会现实的关切，写诗属文过分追求词藻华丽，导致他们的俪体文内容空洞，思想贫乏，偏离了文以载道的正确道路。

史学在魏晋南北朝时期也取得了较大成就。《后汉书》《三国志》与《史记》《汉书》合称四史，保存了大量历史文化材料，是研究东汉和三国时期思想文化不可缺少的重要著作。

（六）隋唐时期的文化

隋唐时期，中国传统思想文化的发展继春秋战国之后又出现一个高峰。唐王朝在隋王朝基础上，内修政理，外拓疆土，建成了当时世界上最强大的封建帝国。国家的统一，经济的繁荣，相对宽松开放的文化环境，为思想文化的发展提供了前提条件。

政治文化是全部思想文化的集中体现，又规定和影响着其他领域思想文化的发展。唐太宗是中国古代历史上最有作为的皇帝之一，也是一位最开明、最富于政治自觉的皇帝。为了把唐帝国建设好，唐太宗时常召集群臣，总结历代治国理政的经验教训，研究讨论国家和社会治理的重大问题。一部《贞观政要》生动地记录了唐太宗求治若渴的圣贤风采，记述了贞观时期开明开放、严肃活泼的政治局面。唐太宗君臣，坦诚相见，知无不言，言无不尽，他们从君道政体谈到任贤择官、求谏纳谏，从仁义忠孝谈到公平诚信，从慎言慎行谈到俭约、谦让、杜谗远邪、戒奢戒贪；从礼乐文史谈到崇儒尚学，从尊师重教谈到教诫太子，从务本力农谈到刑法贡赋，从慎始慎终谈到征伐安边，他们研究政治之兴衰成败、历史之治乱得失，研究君臣鉴诫，研究民生休戚，包罗万象，纵论古今，彰显了唐太宗君臣治国安邦的政治理念和政治智慧。《贞观政要》记述唐太宗一代“良法善政，嘉言嫩行”，[63]是唐太宗君臣留给中华民族一份极其宝贵的政治文化遗产，是中国传统优秀政治文化的集大成者和杰出代表。

唐诗是中国语言文化的精华，是东方美的象征。在唐朝这个辽阔美丽的东方大国，上至皇帝，下到黎民百姓，吟诗言志成为时尚，很多人都有诗作传世。清康熙皇帝御定《全唐诗》：“凡得诗48900余首，作者2200余人。”[64]唐诗体裁多样，内容宏富，争奇斗艳，千峰竞秀。初唐四杰王勃、杨炯、卢照邻、骆宾王的诗神采飞扬，陈子昂的诗刚健素朴；盛唐诗人王翰、王之涣、王昌龄的诗文简意深，李颀、岑参的诗韵调高亢，孟浩然、王维寄情田园山水，高适吟诗倾吐农民疾苦；中唐元结、顾况的诗质朴无华，白居易和元稹的诗平易通俗、观察犀利，韩愈、孟郊的诗险僻奇奥、气势雄浑，李贺诗奇异艳丽；晚唐杜牧诗明朗俊爽，李商隐诗婉转含蓄；在唐末动乱的年代里，皮日休、聂夷中、杜荀鹤等诗人吟诗揭露社会矛盾，韦庄、韩偓、司徒空等诗人着意逃避现实。一部唐诗，就是唐王朝强大繁华和由盛转衰的实录。[65]

唐代诗坛，群星灿烂，李白、杜甫是其中最耀眼的两颗明星。他们比肩而立，双峰并峙，相怜相惜，相得益彰。

李诗热情奔放，气势磅礴，想象丰富，语言晓畅。《望庐山瀑布》中“飞流直下三千尺，疑是银河落九天”的庐山飞瀑，《黄鹤楼送孟浩然之广陵》中“孤帆远影碧空尽，唯见长江天际流”的长江远帆，《将进酒》中“君不见黄河之水天上来”的大河雄姿，《蜀道难》中“难于上青天”的奇绝蜀道，他把伟大祖国大好河山描绘得惟妙惟肖、美不胜收。他用“昔别雁门关，今成龙庭前”，“谁怜李飞将，白首没三边”[66]“白骨横千霜，嵯峨蔽榛莽”“三十六万人，哀哀泪如雨。且悲就行役，安得营农圃”[67]这样沁血溢泪的诗句，强烈谴责统治阶级穷兵黩武的行为。他吐露出“安能摧眉折腰事权贵，使我不得开心颜”的心声，表达蔑视富贵荣华维护人生尊严的高尚情怀。[68]

杜诗感情细腻真挚，格调雄浑沉郁，像一位饱经沧桑的老人，向人们讲述世间的美好和苦难。他的《春日忆李白》，挥洒着对李白的敬仰和诗仙诗圣相知相识的情谊："白也诗无敌，飘然思不群。清新庾开府，俊逸鲍参军。渭北春天树，江南日暮云。何时一樽酒，重与细论文？"他的《望岳》，铺陈着对中华大地锦绣河山的热爱，寄寓着诗人壮志凌云的情怀："岱宗夫如何？齐鲁青未了。造化钟神秀，阴阳割昏晓。荡胸生曾云，决眦入归鸟。会当凌绝顶，一览众山小。"他的《闻官军收河南河北》，洋溢着诗人对官军平定安史之乱、和平重回人间的喜悦。他的《春望》《对雪》"三吏""三别"，如泣如诉地倾吐着社会的灾难和人民的痛苦。

哲学和宗教在唐朝有了新的发展。唐朝强大繁荣，巍然屹立于世界东方，以开放包容的姿态鼓励、支持中外经济文化交流，促进思想文化发展。从南北朝末年开始，佛教在中国传播发展中出现了宗派。隋唐时期，佛教宗派林立，主要宗派有天台宗、法相宗、华严宗、禅宗、密宗，出现了玄奘、智凯、法藏、弘忍、慧能、神秀等一大批著名佛教人物，著成《成唯识论》《华严经》《金刚经》等一系列佛教经典。唐朝皇室追尊老子李耳为其祖先，大力提倡道教。开元时期，唐玄宗亲注《老子》，令两京和诸州各州置玄元皇帝庙和崇玄学，置生徒令习老子、庄子、列子、文子，每年依明经例考试。有赖于国家提倡支持，在唐朝上层社会，道教盛行，许多著名的道士为皇帝所宠信，李白、贺知章等文学家也信仰道教。除大力支持道教和佛教发展外，唐王朝还欢迎外国思想文化的转播。随着中西交通的发展，西方的袄教、景教、摩尼教、伊斯兰教等宗教也相继传入中国。

唐王朝重视儒学，但对之不持"独尊"态度。国家提倡儒、释、道三教论衡，促进了儒学、道学思想对儒学的渗透。

这一时期，出现了傅奕、韩愈、李翱、柳宗元、刘禹锡等一批著名思想家。傅奕猛烈抨击佛教，批判佛主人生命运的谎言。他说："生死寿天，由于自然；刑德威福，关之人主。”“贫富贵贱，功业所招，而愚僧矫诈，皆云由佛。窃人主之权，擅造化之力，其为害政，良可悲矣。”[69]韩愈反对佛、道，否认两汉以来的儒学，暗示自己承继尧、舜、禹、汤、文、武、周公、孔、孟之儒家道统，强调人性分上、中、下三等，力图通过阐发《大学》《孟子》之要义，建立新儒学。李翱倡言性情，认为圣人得性不惑，不为情累；凡人当祛除情欲，达到情性两忘。柳宗元批判韩愈之天命论，并提出帝王“受命不于天，于其人”。[70]社会的进步，“非圣人意也，势也”。[71]刘禹锡著作《天论》三篇，着力探讨有神论产生的社会根源，探索天人关系。

隋唐史学成就很大，建立了官修正史和宰相监修制度，完成了《晋书》《梁书》《陈书》《北齐书》《周书》《隋书》和《南史》《北史》等八部正史的编著。刘知几《史通》，是我国第一部史学批评和史学理论著作。杜佑《通典》，分门别类记述了先秦以迄唐朝天宝年间的典章制度。

（七）宋元明清时期的文化

物盛而衰。中国封建社会在经历了唐“贞观之治”和“开元盛世”后，开始走下坡路。从安史之乱到南宋灭亡，中华大地又像春秋战国、三国两晋南北朝那样，出现了第三次长时期的社会动荡和割据混战状态。自北宋立国到清朝灭亡，更是一个长达1000余年极端专制的历史时期。宋元明清时期的文化，除文学在谴责社会黑暗、揭露社会矛盾上取得了突出成就外，其他方面没有明显进步，更没有像欧洲文艺复兴、思想启蒙运动和资产阶级革命那样，提出诸如人道主义、思想解放、崇尚科学、自由平等之类的先进思想。在极端专制集权的封建统治下，唐以前引领世界文明前行的中国，思想文化的发展长期处于僵化停滞状态，越来越跟不上历史前进的步伐，被世界文明进步的潮流远远地甩在了后面。

宋元明清，专制统治登峰造极，宋明理学被奉为儒学正宗，成了维护专制统治的工具。宋明理学，又分以张载、程颢、程颐、朱熹为代表的程朱理学和以陆九渊、王守仁为代表的陆王心学两个流派，建立了较为系统的客观唯心主义和主观唯心主义理论体系。他们探究宇宙本源，探究事物的运动变化，探讨事物的矛盾和认识问题，对哲学发展做出了一定的贡献。但他们极力维护孔孟以来儒学之纲常名教，视其为“天理”，把恪守封建伦理道德说成是“致良知”。他们的学说，被历代专制王朝所尊崇，成为束缚人民群众的精神枷锁，成了阻碍中国社会前进的巨大障碍。

可喜可贵的是，这一时期，出现了陈亮、叶适、李贽、王夫之、黄宗羲、顾炎武、颜元、李塨、戴震等一大批进步思想家。陈亮、叶适批评理学家们空谈道德性命理气等抽象问题，强调要注重事业功利有补国计民生。李贽强烈谴责言行不一欺世盗名的假道学，他说：“学道，其实也。”“道学，其名也。故世之好名者必讲道学，以道学之能起名也。无用者必讲道学，以道学之足以济用也。欺天罔人者必讲道学，以道学之足以售其欺罔之谋也。”[72]王夫之反对君主专制，要求革新政治。他大胆质疑“溥天之下，莫非王土”[73]的教条，提出土地是人民得以生存的天赋恒畴，不是帝王私产和恩赐，他说：“若土，则非王者之所得私也。天地之间，有土而人生其上，因资以养焉。有其力者治其地，故改姓受命而民自有其恒畴，不待王者之授之。”[74]黄宗羲是中国封建时代难得一见的民主主义思想家，他猛烈抨击专制君主“以天下之利尽归于己，以天下之害尽归于人”，“敲剥天下之骨髓，离散天下之子女，以奉我一人之淫乐”，指出“为天下之大害者，君而已矣”。[75]顾炎武反对空谈心、理、性、命，提倡经世致用；反对君主专制，强调天下兴亡，匹夫有责。颜元、李塨反对宋明理学，主张实用、实行。戴震指出理学家以理杀人，其为恶甚于酷吏以法杀人，猛烈抨击封建统治者用“理义”“名教”残害人民的罪行。

宋元明清时期，文学发展成绩辉煌，成为这一时期中华优秀传统文化的代表。

宋词与唐诗比肩，是中国传统文化的又一个姹紫嫣红、争奇斗艳的百花园。在这个百花园里，范仲淹、欧阳修、晏殊、秦观、柳永、苏轼、贺铸、周邦彦、李清照、岳飞、辛弃疾、姜夔、吴文英等大师云集，他们的作品，各领风骚，各显神通，令人拍案叫绝。或如昆仑横空出世，阅尽人间春色；或似长城蜿蜒万里，凝视历史云烟；或慷慨豪放，壮怀激越；或歌喉婉转，如泣如诉。

宋诗是唐诗的延续。北宋诗人以杨亿、刘筠、欧阳修、梅尧臣、王安石、苏轼、黄庭坚为代表，南宋诗人中尤袤、范成大、杨万里、陆游最为著名。陆游是宋代诗坛最伟大的爱国诗人。陆游心地善良纯洁，坦荡无私，念念不忘的是人民的疾苦，是反抗侵略收复中原。他用诗作抒怀言志，字字血，声声泪，报国之呐喊惊天动地。“僵卧孤村不自哀，尚思为国戍轮台。夜阑卧听风吹雨，铁马冰河入梦来。”[76]“死去原知万事空，但悲不见九州同。王师北定中原日，家祭无忘告乃翁。”[77]这些千古不朽的诗作，充分展示了中华民族优秀儿女的赤子之心。

元曲是元代优秀思想文化的代表。元代出现了关汉卿、马致远、王实甫、白朴、宫天挺、纪君祥等一大批著名剧作家。关汉卿的《窦娥冤》《拜月亭》《救风尘》《单刀会》《望江亭》，马致远的《汉宫秋》，王实甫的《西厢记》，宫天挺的《范张鸡黍》，白朴的《墙头马上》和纪君祥的《赵氏孤儿》，都是千载流传的名著。这些作品，或揭露社会黑暗、官场龌龊，鞭挞人性的自私、丑陋和罪恶；或颂扬反抗压迫的斗争精神，伸张人间正义；或反对封建礼教束缚，讴歌男女爱情，争取自由解放。

明清时期，戏剧继承元曲的传统，有了新的发展，成为城乡人民不可缺少的文化生活来源。汤显祖的《牡丹亭》，孔尚任的《桃花扇》，成为讲述爱情故事的经典。他们的作品，抨击落后反动的传统伦理道德观念，探究生命的价值和意义，释放出不可遏止的社会革新和个性解放的先声。

明清小说是中国传统文化的杰出代表之一。诸子学说、唐诗宋词、明清小说，三足鼎立，筑起了美轮美奂的中国传统文化大厦。

小说是从唐代俗讲和变文、宋代的话本发展演变而来的。其生动活泼、轻松自由的艺术表现形式，为作者表达感情传递思想提供了便利。明清是中国极端专制集权的封建社会走向彻底堕落的时期，也是中国传统文化走向衰败、中国文化谋求新生的时期。曹雪芹、施耐庵、罗贯中、蒲松龄、吴敬梓等一批杰出作家，用写作小说的方式，揭露封建社会的矛盾，颂扬人间公平正义，试图在社会极度颓废中为中国未来寻找一点希望。

《水浒传》通过讲述官逼民反的故事，强烈抨击封建时代政治腐败、奸佞当道的社会罪恶，深刻揭示哪里有压迫哪里就有反抗的天理铁律。《西游记》蔑视世俗权威，蔑视一切妖魔鬼怪，颂扬坚定执着和敢于斗争、敢于胜利的精神。《金瓶梅》谴责官商勾结恃强凌弱，描绘封建社会衰败背景下的社会丑态。《红楼梦》揭示世态炎凉、人情冷暖，全面曝光封建伦理道德的虚伪和价值观念的荒谬，颂扬人性真善美的光辉，是中国封建社会的百科全书，是在黑暗中引领人们探索前行建立新秩序的一盏明灯。

宋元明清时期的史学有了新的发展进步。除编纂了历代正史外，《资治通鉴》《续资治通鉴长编》《续资治通鉴》等编年体历史著作，《通鉴纪事本末》《明史纪事本末》等纪事本末体史书，《明实录》《清实录》等历史资料书，《廿二史考异》《廿二史札记》《十七史商榷》等考史著作，《宋元学案》《明儒学案》等学术史，《太平寰宇记》《元丰九域志》《读史方舆纪要》等历史地理著作，还有各种各样的地方史、杂史、笔记，更有《永乐大典》《古今图书集成》和《四库全书》的问世，都为保存历史文化做出了重要贡献。

司马光组织编写的《资治通鉴》是中国史学的一颗明珠。司马光和司马迁并称史学“二司马”。宋神宗时期，是一个值得大书特书的时代。在东京汴梁，在宋神宗大力支持下，王安石以“不畏浮云遮望眼，自缘身在最高层”[78]的博大胸襟和坚定自信，以“天变不足畏，祖宗不足法，人言不足恤”[79]的英雄气概，从政治、经济和军事各领域变法图强，创造新的历史。在西京洛阳，司马光带领刘攽、刘恕、范祖禹等一批史学大家，总结过去历史的得失成败。他们用了19年的时间，将“关国家盛衰，系生民休戚，善可为法，恶可为戒”的历史文献“删削冗长，举撮机要”[80]编写成一部上起韩赵魏三家分晋下讫五代包括1362年历史的《资治通鉴》。这部书是研究五代以前中国历史的重要著作，也是研究中国传统思想文化必须高度重视的一本大书。

考据学是清代学术的一个特色。它首先是由明末清初顾炎武、黄宗羲发起的，其宗旨是经世致用，通过考订古书，研究经史，矫宋明空谈义理之弊，引导人们务实力行，反抗清朝统治。后来随着清王朝推行极端专制统治，实行民族高压政策，清代的考据学从“经世”转向了“避世”道路。除顾炎武、黄宗羲外，清代出现了阎若璩、胡渭、惠栋、戴震、段玉裁、王念孙、江永、王引之、王昶、毕沅、钱大昕、王鸣盛、赵一清、卢文弨等一大批考据名家，写出了一批很有分量的著作。清代考据学脱离实际，思想狭隘，但其严谨治学的作风和其中体现的某些科学研究的方法，却是十分宝贵的。

（八）近现代文化的兴起和传统文化发展进程的终结

鸦片战争之后，中国开始沦为半殖民地半封建社会。在清王朝专制腐败统治之下，内忧外患日趋加剧，中国社会在政治、经济和思想文化领域都开始发生剧烈变化。伴随着救亡图存运动的发展，中国近现代文化逐渐兴起。1911年的辛亥革命，推翻了统治中国长达2000多年的封建帝制。与封建政治、经济相适应的封建文化——中国传统文化，就其整个发展进程来说，也走到了尽头。

新文化的萌芽。在清王朝极端专制主义统治之下，鸦片战争之前的清代学人，无论是乾嘉考据学派还是桐城古文学派，都奉行泥古不化和明哲保身的原则，钻进故纸堆中，刨取功名利禄。鸦片战争之后，以龚自珍、林则徐、魏源为代表的进步知识分子，在政治上主张抵抗西方列强侵略、反对妥协退让的同时，在思想文化方面，重新举起顾炎武、黄宗羲经世致用的旗帜，主张了解西方国家情况，学习外国先进技术，师夷长技，改进和加强国家防御力量。龚自珍、魏源虽然研究旧学，且学力深厚，但他们的治学宗旨却是讲求时务和革新政治。在那学术空气令人窒息的时代，龚自珍发出了“九州风气恃风雷，万马齐喑究可哀。我劝天公重抖擞，不拘一格降人才”[81]的呼唤。林则徐被誉为近代中国开眼看世界的第一人，他在广东领导禁烟运动和抗英斗争时，就组织翻译西文书刊。1841年译出英国人慕瑞的《世界地理大全》，并据之编成《四洲志》，介绍世界30多个国家的地理、历史。后来，林则徐因查禁鸦片被革职流放，他把《四洲志》书稿和资料托付给好友魏源。1843年，魏源据《四洲志》和中外文献资料，编成《海国图志》，这是一部介绍世界史地和总结鸦片战争经验教训的重要著作，对中国人了解世界变革现状、御侮图强发挥了极为重要的作用和影响。龚自珍、林则徐、魏源在经世致用中奋起，强烈要求认识世界和发愤图强，他们的学术思想开始摆脱旧学的束缚羁绊，具有了新文化萌芽的性质。

新文化的出现。十九世纪七八十年代以后，在救亡图存斗争中，近代新文化应运而生。郑观应著作《盛世危言》，要求实行政治变革，提出了中学为主、西学为辅的学术思想。他们倡导的西学，和洋务派讲的西学不同，除自然科学外，还包括西方社会学说。康有为效法西方生物进化论，提出大同学说。梁启超倡导“史学革命”，要求研究人群进化，找出公理公例。章炳麟著作《国故论衡》，用旧学推演反清民主革命。谭嗣同著作

《仁学》，提出革新思想。严复翻译亚当·斯密《原富》、斯宾赛《群学肄言》、穆勒《名学》等著作，希望借此推动中国政治和社会变革。留日学生大量转译西方社会学说，译出卢梭《民约论》、孟德斯鸠《万法精理》[82]等名著，将天赋人权学说和共和政治思想传入儒学一统专制独裁的中国，有力地推动了中国思想界的破冰运动。孙中山先生提出民族、民权、民生三民主义，领导和发动辛亥革命，推翻了统治中国两千多年的封建帝制。陈独秀、李大钊、胡适、鲁迅等人发起新文化运动，提倡民主与科学，从根本上挑战中国封建专制统治。

当近代资产阶级文化在中国尚未很好地适应生长环境的时候，伴随着西方列强瓜分中国的沉重灾难和俄国十月革命的胜利，更先进的思想文化即马克思列宁主义开始传入中国。1918年，李大钊发表《法俄革命之比较观》《布尔什维克主义的胜利》等文章。1919年，中国爆发了“五四运动”，新文化运动迅速升级为学习和传播马克思列宁主义的运动，并催生了中国伟大的新民主主义革命。

传统文化发展进程的终结。自汉武帝罢黜百家、独尊儒术之后，倡导君君臣臣以维护专制统治为根本宗旨的儒学，占据了统治地位。这种情况一直持续到民国时期。在中国近现代文化兴起和发展并把斗争矛头直指君主专制的时候，儒家封建专制文化，和封建专制政治一样，不仅没有自动退出历史舞台，而且发起了疯狂反扑。曾国藩提出保卫“名教”，抵制太平天国农民革命。张之洞主张“中学为体，西学为用”，他虽然注重学习西方先进生产技术，积极参与洋务运动，发展近代工业，但在政治文化上，极力反对西方资产阶级革命的思想学说，极力维护儒学专制文化的正统地位。康有为领导戊戌变法，祭起孔子旗帜，实行托孔改制。清末君主立宪运动，康有为提出救国必须提倡孔教。袁世凯复辟帝制，掀起了尊孔复古的逆流。北洋政府继续尊奉孔子为“至圣先师”，公开下令尊孔读经。但是，时代是前进的，历史潮流不可逆转。1911年，辛亥革命直接促进了清王朝的灭亡。袁世凯复辟帝制失败，更是宣告了封建专制统治已经退出中国历史舞台。作为封建统治上层建筑的孔教，也必然是无可奈何花落去，走到了它独霸中国文化舞台的尽头。伴随着中国共产党领导的无产阶级革命时代的到来，特别是中华人民共和国的建立，滋生、发展于奴隶社会和封建社会的中国传统文化，也必然要让位于先进的社会主义新文化。尽管中华优秀传统文化可以为社会主义新文化发展服务，但就其历史发展进程来讲，在新中国建立以后，它同样终结了其历史发展进程。

二、对中国传统文化的总体认识

前面，我们简要回顾了中国传统文化发展历程，深为中华文化源远流长、绚烂多彩而自豪。五千年文脉从未中断，这是中华民族的骄傲，也是世界文明的奇迹。但是，事物都有两面性，中国传统文化在展示其美丽和魅力的同时，也有其不足甚至丑陋的一面。这里作一概括论说。

（一）中国传统文化体量大、品类全、精品多

中国传统文化体量极为庞大，内容极其丰富。仅就文化典籍而言，就是一份品类齐全、精品众多的文化宝藏。清朝乾隆时期，朝廷对当时保存的书籍进行了一次全面检查整理，选派纪昀等160余人，历时10年，编辑成《四库全书》。共收书3457种，79070卷。此外，清政府还删改销毁了大批不利于清朝统治的书籍。中国传统文化体量之大，由此可见一斑。

本书探讨的中国传统文化，主要是思想文化，除此以外，中国传统文化还包括其他很多方面。一是科学文化，包括天文历算、理工农医等各个领域，诞生了大批传之不朽的著作和重大科学文化成果。火药、造纸、指南针、印刷术四大发明，是中国对世界文明发展作出的突出贡献。中国是世界上科学文化发展最早的国家之一。从现有的文献记载看，早在西周时

期，《尚书·洪范》《周易》等著作中，就有科学思维的萌芽。《周髀算经》提出了“勾三股四弦五”的勾股定理。《诗经》已有关于日食的观测记录：“十月之交，朔日辛卯，日有食之，亦孔之丑。”[83]《周礼》中有关于医学分科和医学理论的记载。遗憾的是，在漫长的封建社会里，迷信盛行，统治阶级思想意识僵化保守，严重阻碍了科学文化事业的发展。二是艺术文化，包括音乐、舞蹈、雕刻、绘画、书法等，成就斐然，充分彰显了中国人民的智慧和对美的追求。敦煌莫高窟、大同云冈石窟、龙门石窟等石窟艺术闻名遐迩，震惊世界；《兰亭集序》《女史箴图》《洛神赋图》《清明上河图》等书画名作，其艺术造诣登峰造极。三是物质文化，中国人民在创造丰富多彩的精神文化的同时，也创造了灿烂辉煌的物质文化。长城、故宫浸透着劳动人民的血泪，但也展示着中国人民伟大的创造力，已成为中国传统文化的象征。这几个方面的文化，应当说，大多数都是中华优秀传统文化。

（二）封建社会主流文化僵化保守，阻碍社会发展进步

汉武帝罢黜百家、独尊儒术之后，儒家学说成了中国封建王朝占支配地位的意识形态，成了中国社会的主流文化。两汉及宋元明清时期，儒家更取得了一家独霸的地位。儒学君君臣臣父父子子的社会伦理，结合礼乐制度，配上仁、义、忠、孝的行为准则，这些儒学学说最基本的理论，在春秋战国时代没有派上用场，到了汉武帝时期，在封建帝国基本稳固的时代背景和社会环境下，找到了知音，找到了发挥作用的舞台，为封建统治建构了理论基础，这就是儒学长期主导中国封建社会思想意识的最根本原因。

儒学作为中国封建社会主流地位的政治和社会学说，除其合理成分外，也有牵强附会的成分，更有不少错误的东西，有不少糟粕。在其后来的发展过程中，儒学为满足专制统治的需要，僵化保守的程度日益加剧，

严重地阻碍了中国社会发展进步。

首先是等级观念。人都是平等的。人们在社会中生活，只有劳动分工的不同，没有高低贵贱、上下尊卑之分。儒学诞生在东周奴隶制时代，孔子对西周奴隶主贵族世袭统治制度，对周王朝的礼乐制度是高度赞誉的，他提出君君臣臣的思想理论，是很自然的事情，也并没有什么理论上的创新，只不过他把君臣分工神圣化了。然而他提出君君臣臣、父父子子的理论，便新添了父父子子概念，这是他在理论上迈出的新步伐。他把父父子子这一人类生息繁衍的自然关系，移植嫁接到君臣政治关系之上，强化了他尊崇的等级观念等级秩序的合理性，这倒是他的创新。其实，这种移植嫁接，是没有任何道理的，也没有半点逻辑关系。他把两个原本没有什么联系的概念搅和在一起，把君臣之间的国家公事与父子之间的家庭私事生拉硬扯在一起。父子之间，主要是自然现象，是自然关系，是家庭之私事。君臣之间，主要是社会现象，是社会关系，是国家之公事。君、臣之位不同，是分工的不同。父子之别，在于父生子，要养育之、教导之。子对父，尤其对于父之正确的教诲要听从吸纳，对于父亲正确的指导和命令要服从。或许是由于这个原因，孔子把父对子的引导、强制，子对父在正确方面的服从和遵照执行，理解为一种权威，进而理解为一种上下尊卑的等级观念，再进而与君臣关系等同起来。这样，就建立了他的君君臣臣、父父子子的政治关系学说，就用父子之间的自然关系，把属于社会分工范畴的君臣关系，误读曲解为上下尊卑关系，并把这种错误观念说成是天经地义的事情。这显然是荒谬的。何况这种移植和嫁接，在基础理论方面，本来就有片面性。孔子只用父之正确的东西儿子要服从便武断地以偏概全地得出父之权威的结论，那父之错误的东西儿子还要服从吗？显然不能服从！这也是社会公理。他只利用了父子关系的一面，却无视漠视另一面，这就是他理论出发点和理论逻辑的错误所在。他把这种错误逻辑嫁接到君臣关系之上，就把专制君主的一切行为都说成了臣子们必须绝对服从的东西，进而建立了专制君主的绝对权威。

孔子倡导尊崇的等级观念，本来就是十分错误的。在董仲舒之后，又加上了许多附会粉饰的东西，这就使得等级观念更加荒谬。董仲舒把人分为圣人之性、中民之性、斗筲之性三等。他还提出了君臣、夫妻、父子的人伦纲常，把其视为“王道之三纲”，强调三纲“可求于天”[84]与天地、阴阳、冬夏相当，不能改变。他为贩卖等级观念的歪理邪说，不惜把自然、社会、家庭中本来互不相干的东西混为一谈。到了唐朝，韩愈把人性分为上、中、下三品，用人性善恶附会尊卑贵贱，强化等级观念。至宋，司马光进一步发挥了孔子君君臣臣的思想。他说：“文王序《易》，以乾、坤为首。孔子系之曰：‘天尊地卑，乾坤定矣。卑高以陈，贵贱位矣。’言君臣之位犹天地之不可易也。”[85]司马光径直把君臣等级贵贱观念与天地乾坤挂起钩来。

等级观念在中国社会发生了极其反动的影响。它扭曲了人们的心灵，污染了人们的灵魂，带来了数不尽的社会罪恶，严重地阻碍了人类健康发展和社会进步。在封建等级观念影响之下，皇权至高无上，人们对专制皇帝的权威不能提出半点质疑。如同君臣地位有如天壤之别，各级官员之间也是等级森严。上对下如驱犬马，吆三喝四，颐指气使，生杀予夺恣意妄为；下对上卑躬屈膝，诚惶诚恐，战战兢兢，表面上唯唯诺诺，惟命是从，内心深处却积怨累恨，咬牙切齿。各级官员，都视百姓为粪土。如此一个等级社会，带来了人们对权力、对功名利禄的膜拜，此病不医，中国封建社会就不可能有半点前进的希望。

其次是愚民理论。封建专制王朝要维护其特权政治，维护以皇室为首的、以各级官员为依托的等级制统治秩序，维护人剥削人、人压迫人、人欺辱人的“吃人”统治，在借助儒学等级观念的同时，又借助儒家的愚民理论。孔子本人就是一个瞧不起劳动人民的人，他把贵族称作君子，把黎民众庶视为小人。他说：“君子而不仁者有矣夫，未有小人而仁者也。”[86]“君子之德风，小人之德草。”[87]“君子谋道不谋食。耕也，馁在其中矣；学也，禄在其中矣。”[88]他公开提出他的愚民理论，他说：“民可使由之，不可使知之。”[89]对这一荒谬反动的论调，董仲舒以后的儒学家均尊为祖训，历代封建王朝都奉为至宝。儒家的愚民理论，对中国社会产生了极为恶劣的影响。这个理论产生的根源，就是对广大人民群众的蔑视、轻视和极大的不尊重，对统治阶级、对官员的敬畏，实际上是对权势和财富的崇拜。对上仰视、对下鄙视作为一种罪恶的社会心态，污染了人们的灵魂，影响了人的健康发展。人民群众是推动历史前进的决定力量。愚民理论和愚民政策，严重地阻碍了人民力量的成长壮大，严重地影响了中国社会发展进步，这是导致2000多年中国社会发展长期处于停滞状态的根本原因之一。

最后是迷信说教。儒学用迷信神化专制皇权，推销等级观念；用迷信迷惑人民，帮助统治阶级推行愚民政策。等级观念、愚民理论、迷信说教三足鼎立，支撑起中国封建专制统治的大厦，严重影响了人民群众健康的生存和发展，严重阻碍了中国社会的改善、更新和进步。

“子不语怪力乱神。”[90]在孔子那里，本来是没有什么迷信观念的。他主张：“敬鬼神而远之。”[91]有一次，他的学生向他讨教服事鬼神的方法。他说：“未能事人，焉能事鬼。”[92]但是，到了后来，那些以继承孔子衣钵自居的儒学家们，却在儒学中糅进了迷信的内容。独尊儒术的倡言者董仲舒，就提出了“天人感应”说。到了西汉末年，更是出现了谶纬之学。当时的儒生大肆宣扬神灵怪异，假托神意解释儒家经典，伪托神灵预言国家大事。王莽、刘秀称帝，都曾利用过谶纬。中元元年（公元56年），刘秀“宣布图谶于天下”，[93]图谶成了法定的儒学经典。汉章帝时，用阴阳五行和谶纬之学附会儒学经义，著成《白虎通义》，确立了儒家神秘主义的迷信说教。此后，在长达2000年的中国封建社会里，儒学迷信说教一直是束缚人民的精神枷锁和麻痹人民的工具。

（三）中华优秀传统文化维系着中国古代社会世道人心，阻止了中国封建社会走向彻底堕落

与愚昧、落后、僵化、保守、荒谬、反动的专制对立的，是中华优秀传统文化。中华优秀传统文化，凝聚着中国人民的智慧，凝聚着一代又一代有识之士的思维创造，彰显着中华民族光荣与梦想。中华优秀传统文化，是中华民族几千年延绵不断的精神血脉，维系着中国古代社会的世道人心，阻止了中国社会在专制统治的漫漫长夜里走向全面溃败和彻底堕落。中华优秀传统文化体大思精，这里略述以下三个方面。

一是民本思想。在中国古代社会，一些开明君主，一部分进步思想家、政治家，包括像孔子、孟子、荀子那样的儒家代表人物，出于维护国家长治久安的需要，提出了一系列关于君民关系、民众的地位作用、爱民惜民等方面的思想理论，构成了独具特色的东方民本思想文化。民本思想是中华优秀传统文化的重要组成部分，它在一定程度上削弱了官本位和特权观念对中国社会的破坏和侵蚀，它有效地遏制了专制暴君残民害民的行为，为饥寒交迫、辛苦劳作的黎民百姓带来了一丝温暖和生存的希望。遗憾的是，中国古代的民本思想的发展，始终被限制在封建统治阶级所能许可的范围之内，也就没有且根本不可能发展为近代的民主思想。

二是向上、向善、向美的追求。在中国古代的阶级剥削、阶级压迫制度下，在特权观念、官本位和极端自私自利思想的作用下，中国古代社会积聚了数不尽的社会罪恶，假恶丑的东西堆积如山。政治腐败、奸佞当道，促成了一个又一个专制王朝的垮台。到了鸦片战争之后，中国愚昧落后的封建文化遇上了西方近代资产阶级文化的挑战，更暴露了它自身的弊病和无能，中国一步步沦入半殖民地半封建社会的深渊。但是，中国奴隶制社会、封建社会延续了四千多年，虽然经历一次又一次社会灾难，出现了一次又一次生存和发展危机，中国社会却始终没有溃烂到无药可医的地

步，中华民族越挫越勇，更加伟大和坚强。究其原因，其中一个很重要的因素就是中华优秀传统文化向上、向善、向美的追求。这个追求，体现为人们对国家治理的探索，对人生和社会问题的思考，对祖国的赞美等多个方面，转化为劳动创造，转化为对国家和社会的奉献，汇聚成中华民族生生不息一往无前的精神力量。

三是不信邪、不怕鬼。在等级森严、迷信盛行的中国古代社会，敢于斗争、敢于胜利的优秀传统文化傲然挺立。从陈胜、吴广“王侯将相宁有种乎”[94]对权贵的质疑和挑战，到王充的无鬼论，到范缜的神灭论，再到黄宗羲对君主专制制度的批判，都为人民群众在中国封建社会的漫漫长夜里反抗压迫的斗争点亮了一盏明灯。

习近平总书记《在庆祝中国共产党成立100周年大会上的讲话》指出：“坚持把马克思主义基本原理同中国具体实际相结合、同中华优秀传统文化相结合。”我们要深入贯彻落实习近平总书记的指示和要求，倍加珍惜中华优秀传统文化，使之服务于社会主义文化建设，服务于发展当代中国马克思主义，服务于建设社会主义现代化强国。

注释

[1] 习近平：《要有高度的文化自信》，《习近平谈治国理政》第二卷，外文出版社2017年11月第1版，第349页。

[2]《人民日报》2022年5月29日第1版。

[3]《淮南子·天文训》。

[4]《易传·系辞下》。

[5]《诗·商颂·玄鸟》。

[6]《礼记·表记》。

[7]《左传·桓公二年》。

[8]《论语·八佾》。

[9]《论语·述而》。

[10]《孟子·滕文公上》。

[11]《尚书·康诰》。

[12]《尚书·无逸》。

[13]《汉书·艺文志》。

[14][15][16]《史记·太史公自序》。

[17]《韩非子·五蠹》。

[18]《墨子·尚贤》。

[19]《墨子·兼爱》。

[20]《道德经》第四十章。

[21]《道德经》第四十二章。

[22]《道德经》第二章。

[23]《道德经》第五十八章。

[24]《史记·太史公自序》。

[25]《汉书·艺文志》。

[26]《道德经》第七十五章。

[27]《道德经》第八章。

[28]《史记·太史公自序》。

[29]《庄子·养生主》。

[30]《史记·秦始皇本纪》。

[31]《汉书·董仲舒传》。

[32] 翦伯赞主编：《中国史纲要》上册，人民出版社1983年3月第1版，第213页。

[33]《汉书·儒林传赞》。

[34]《汉书·董仲舒传》。

[35]《春秋繁露·基义》。

[36]《后汉书·桓谭传》。

[37]《论衡·论死》。

[38]《汉书·艺文志》。

[39]《史记·太史公自序》。

[40]《史记·太史公自序》。

[41]《汉书·司马迁传》。

[42]《汉书·艺文志》。

[43]《晋书·王衍传》。

[44]《嵇中散集》卷五《声无哀乐论》。

[45]《晋书·阮籍传》。

[46]《庄子·大宗师》注。

[47]《庄子·逍遥游》注。

[48]《庄子·大宗师》注。

[49]《后汉书·楚王英传》。

[50]《后汉书·襄楷传》。

[51]《高僧传》卷七《释慧严传》。

[52]《广弘明集》卷一一。

[53]《抱朴子·明本》。

[54] 翦伯赞主编：《中国史纲要》上册，人民出版社1983年3月第1版，第385页。

[55]《梁书·范缜传》。

[56]《弘明集》卷九萧琛《难〈神灭论〉》。

[57]《梁书·范缜传》。

[58]《南史·范云传》附范缜传。

[59]《蒿里行》。

[60]《典论·论文》。

[61]《文心雕龙·时序》。

[62]《梁书·钟嵘传》。

[63]《钦定四库全书》卷五一，《史部七·杂史类》。

[64]《钦定四库全书》卷一九〇，《集部四三，总集类五》。

[65] 参见翦伯赞主编《中国史纲要》。

[66]《古风五十九首》其六。

[67]《古风十九首》其十四。

[68]《梦游天姥吟留别》。

[69]《旧唐书·傅奕传》。

[70]《柳河东集》卷一《贞符》。

[71]《柳河东集》卷三《封建论》。

[72]《初潭集》卷二〇《师友》。

[73]《诗经·小雅·北山》。

[74]《噩梦》。

[75]《明夷待访录·原君》。

[76]《十一月四日风雨大作》。

[77]《示儿》。

[78] 王安石：《登飞来峰》。

[79]《宋史·王安石传》卷八六。

[80]《资治通鉴·进书表》。

[81] 龚自珍：《己亥杂诗》。

[82] 这本书后来被译称《法意》《论法的精神》。

[83]《诗经·小雅·十月之交》。

[84]《春秋繁露·基义》。

[85]《资治通鉴》卷一，威烈王二十三年。

[86]《论语·宪问》。

[87]《论语·颜渊》。

[88]《论语·卫灵公》。

[89]《论语·泰伯》。

[90]《论语·述而》。

[91]《论语·雍也》。

[92]《论语·先进》。

[93]《后汉书·光武帝纪》。

[94]《史记·陈涉世家》。

后　记

我在《明代都察院研究》后记中说："人生是人的全部际遇机缘的总和。"《论语的智慧——12个重要概念解读》这本书，也是很多际遇机缘带来的。

我与《论语》结缘，是在兰州大学。1982年，我到兰州大学历史系读书。大学第一个学期，侯文蕙老师给我们讲授先秦两汉史。开课不久，她在讲到诸子百家的时候，给我们布置作业，要求全班同学每人写一篇论文。侯先生讲课中，讲了很多关于孔子的事情，讲孔子的身世和人生经历，讲《论语》和儒学。侯先生的讲授，在我几乎完全空白的学术思想园地种下了一颗学术的种子。就是缘于侯先生的讲授和对孔夫子的景仰，我在完成先生布置的论文写作任务时，写下了《孔子及其学说浅述》这篇大学新生的习作。在写作过程中，读了《论语》。作业交上去，侯先生给了很高的评价。正是缘于先生的鼓励，从此以后，便迈上了对孔子及其学术思想的学习和研究之路。

上大学的时候，有缘与刘英相识。此后30多年来，学习和研究《论语》，成了我们人生中的一件大事。我们的学习研究，从品读《论语》章句开始，到集中研究《论语》基本概念和重大命题，我们发现，孔子师徒讨论问题，基本上是围绕学、友、君子、仁、义、礼、乐、知、信、忠、孝、政这些基本概念展开的，由此形成了较为系统的关于人生与社会问题的学说，形成了关于治国理政的理论方法。有了这个发现，也就有了写作本书的念头。

最终决定写出这本书，是缘于遇上了今天这个伟大的时代。党的十八大以来，在以习近平同志为核心的党中央坚强领导下，中国特色社会主义进入新时代。习近平总书记强调，“我们坚持把马克思主义基本原理同中国具体实际相结合，同中华优秀传统文化相结合，不断推动马克思主义中国化时代化，推进了中华优秀传统文化创造性转化、创新性发展”。（《人民日报》2022年5月29日第一版）今天，中国特色社会主义文化事业呈现出大繁荣大发展的局面。我们感到，著作《论语的智慧——12个重要概念解读》，为中华优秀传统文化的转化发展作一点贡献，是新时代赋予我们的责任，也是一份义务。

与中国出版集团（研究出版社）结缘，是我们莫大的荣幸。衷心感谢赵卜慧社长，感谢丁波副社长、副总编辑，感谢编辑二部副主任寇颖丹及该社编审团队，衷心感谢他们的关心鼓励和指导帮助。

书中缺点错误，敬请读者们批评指正。

陆振兴

2022年6月16日